Foreign Constitution

外国宪法

孙大雄 主编

知识产权出版社

全国百佳图书出版单位

图书在版编目（CIP）数据

外国宪法／孙大雄主编. —北京：知识产权出版社，2014.8
ISBN 978 - 7 - 5130 - 2908 - 7

Ⅰ．①外…　Ⅱ．①孙…　Ⅲ．①宪法 - 国外 - 高等学校 -
教材　Ⅳ．①D911

中国版本图书馆 CIP 数据核字（2014）第 188815 号

责任编辑：彭小华　　　　　　责任校对：韩秀天
特约编辑：张凤丽　　　　　　责任出版：刘译文

外国宪法
Wai Guo Xian Fa

孙大雄　主编

出版发行：知识产权出版社 有限责任公司　　网　　址：http：//www. ipph. cn
社　　址：北京市海淀区马甸南村 1 号　　　　邮　　编：100088
责编电话：010 - 82000860 转 8115　　　　　责编邮箱：pengxiaohua@ cnipr. com
发行电话：010 - 82000860 转 8101/8102　　传　　真：010 - 82005070/82000893
印　　刷：北京市凯鑫彩色印刷有限公司　　经　　销：新华书店及相关销售网点
开　　本：720mm×960mm　1/16　　　　　印　　张：14.25
版　　次：2014 年 8 月第 1 版　　　　　　　印　　次：2014 年 8 月第 1 次印刷
字　　数：277 千字
ISBN 978 - 7 - 5130 - 2908 - 7　　　　　　　定　　价：38.00 元

目　　录

第一章　英国宪法

英国是世界上最早发生资产阶级革命的国家，也是最早制定资本主义类型的宪法性法律的国家。英国宪法虽然已有 300 余年的历史，但至今未制定一部成文法典的宪法。我们今天所说的英国宪法，是指英国资产阶级革命以来的 300 多年间，英国制定出的一系列成文的宪法性法律文件，以及在实践中形成的不成文的若干宪法惯例，英国宪法所确立的具有英国特色的英王制度、议会制度、内阁制度、司法制度，反映了其持续不断的宪政改革所取得的成果。英国在历史进程中积淀下来的宪政原则，包括议会主权原则、责任内阁制原则、分权原则、法治原则等，对其他国家的宪法理论和宪政实践产生了持久而深远的影响。

第一节　英国宪法的历史发展

与世界上绝大多数宪政国家相比，英国没有一部统一的成文宪法典。正如麦基文所言，"英格兰，也许是现代欧洲国家中最具宪法精神的国家，但却是唯一没有将其宪法诉诸正式文件的国家"。[1] 这种情形反而构成了英国宪法与世界上其他国家宪法最大的不同，是英国宪法的最大特色。至于为什么没有成文宪法，麦基文解释，"对专断统治的限制已经深植于民族传统之中，以至于英格兰并不存在对国民幸福的严重威胁，从而他们根本就没有必要采用正式法典"。[2] 但这一特色并不能否认英国是有宪法的，只不过英国宪法有其独特的表现形式。一般而言，英国宪法的渊源除不同历史时期的成文法外，还包括判例法、司法解释、宪法惯例及宪法的权威著作等。

一、英国宪法的产生

英国被冠以"宪政母国"之称谓，即英国是世界历史上最先实行宪政的国家。以现代宪政观念观之，宪政的前提是成文宪法，但有成文宪法却不一定就是宪政。以英国的实际情况观之，无成文宪法也不一定意味着无宪政。所以，我们对英国宪政的考察不能局促于成文宪法的狭隘眼光，而应该以更开阔的视野去观察。

单就英国宪法的产生时间而言，学界历来有两种观点。英国及西方国家部分

---

❶　［英］麦基文：《宪政古今》，翟小波译，贵州人民出版社 2004 年版，第 11 页。

❷　同上。

法学家认为英国宪法应追溯到 13 世纪。理由是 1215 年颁布的《大宪章》（又称《自由大宪章》）被公认为英国宪法最早的渊源，《大宪章》的颁布标志着英国宪法的产生。❶ 另一种观点认为，英国宪法产生于资产阶级革命取得胜利后的 17 世纪，因为《大宪章》是在封建时代制定的，反映封建主阶级的意志，保护封建主阶级利益，而资本主义性质的宪法只能在资产阶级夺取政权后，由掌握国家政权的资产阶级制定，是资产阶级意志的反映和保护资产阶级利益的产物。❷ 一般而言，"我国出版的有关论著及教科书大多数持后一种观点，认为 1688 年'光荣革命'和 1689 年《权利法案》标志着英国宪法的产生，其主要理论依据是宪法的产生须以近代市民社会的形成和资产阶级的政治崛起为历史前提"。❸

鉴于《大宪章》在英国宪法中的特殊地位，我们有必要对《大宪章》的制定背景和主要内容进行介绍。

（一）1215 年《大宪章》

《大宪章》的制定有其复杂的内部外部环境。英王约翰继承王位后肆意践踏封建契约关系，进一步激化了与贵族的矛盾，而且随着英法之间战争的爆发，英王约翰为筹措军费，又滥用封建领主的权利继续对贵族进行横征暴敛，但对法战争最终以失败告终。在贵族们看来，约翰不仅是一个任意践踏封臣权利的"暴虐领主"，而且是一个没有尽到领主责任的"失职领主"。贵族们忍无可忍，终于联合发动了武装起义。❹ 1215 年 6 月 15 日，贵族代表向英王呈递了一份文件，迫于贵族、骑士和市民压力，国王签署了这份文件，即著名的《大宪章》。❺

《大宪章》由序言和 63 条条文组成，涉及问题颇多，主要是重申王国贵族的封建权利和防止侵夺这些权利，并对国王的权力进行了一定的限制。主要内容有❻：

第一，教会的自由和权利不受侵犯（第 1 条）；

第二，宣布了国王不可擅自征税的原则，强调除传统捐税供赋外，任何赋税的征收都必须得到"全国人民的一致同意"；

第三，应承认伦敦及其他城市拥有自由和习惯之权（第 13 条）；

第四，赋予国民一定的权利，其中较为重要的有被协商权、享有人身自由的

---

❶ 何勤华主编：《英国法律发达史》，法律出版社 1999 年版，第 73 页。

❷ 赵宝云主编：《西方五国宪法通论》，中国人民公安大学出版社 1994 年版，第 135～137 页。

❸ 程汉大："《大宪章》与英国宪法的起源"，载《南京大学法律评论》2002 年秋季号。

❹ 同上。

❺ 何勤华、张海斌主编：《西方宪法史》，北京大学出版社 2006 年版，第 312 页。

❻ 同上。

权利、监督国王与反抗政府暴政的权利等。

《大宪章》第 61 条规定："为保证《自由大宪章》的实行，应成立一个有 25 名男爵组成的常设委员会监督国王和大臣的行为。"此条首次提出建立专门委员会以行使对王国政府的监督权，表明英国贵族希望借助一种常设机构，采用和平的而非公开叛变的方式获取政治上的成功，这对英国日后的政治生活有很大影响。❶

一般认为 1215 年《大宪章》的签订是英国法律发展和政治发展的一个转折，它被看作是英国宪法中最早的组成部分。英国一些学者认为，《大宪章》是英国民主制度的基石，英国全部的制宪历史都不过是对自由大宪章的注释而已。当然，被称为自由大宪章的《大宪章》，其重要意义大多是由于资产阶级革命的需要而赋予的，是从贵族手中接过来用以反对封建专制的武器。但无论如何，《大宪章》提出了一个重要法律原则并体现了现代宪法的精神，即王权的有限性原则和社会的法治精神。《大宪章》第 39 条规定，任何自由民未经同等贵族的依法审判不得被逮捕、监禁、没收财产、剥夺法律保护权、流放或加以任何其他伤害。第 40 条规定，国王不得向任何人出售、拒绝或延搁其应享之权利与公正裁判。第 12 条规定，无全国公意许可，国王不得随意征收任何免役税和贡金。

尽管多数的研究者鉴于《大宪章》诞生的封建主义历史背景，以及其维持封建主义契约关系的订立目的而未给予其"英国宪法产生标志"的历史评价，但是其重要的历史价值、实际功用及形成近代意义上的英国宪法的开源作用却几乎是公认的。❷ 就《大宪章》的影响力而言，它"在英国现代宪政广阔历史进程的早期产生了最重要的影响，不仅如此，《大宪章》还影响了英国普通法和很多宪法文件包括美国宪法的形成"❸。

（二）1628 年《权利请愿书》

英国资产阶级革命爆发前的 1628 年《权利请愿书》在英国宪法产生的过程中也是值得大书一笔的重要事件。《权利请愿书》的背景：英王查理一世上台以后，滥用监禁和征税的权力，强制推行借债政策，因而导致国内关系紧张。❶ 为解决财政问题，查理一世在 1628 年 3 月召开他在位期间的第三届议会，在会上，国王与议会相互妥协，一方面，议会批准了总数为 30 万英镑的补助金款项；另一方面，国王查理一世也接受了议会议员提出的《权利请愿书》（Petition of Right）。这是一部从都铎王朝（1485～1603）以来第一个对王权加以限制的文

❶　沈权、刘新成：《英国议会政治史》，南京大学出版社 1991 年版，第 19～20 页。

❷　胡锦光主编：《外国宪法》，法律出版社 2011 年版，第 5 页。

❸　韩大元主编：《外国宪法》，中国人民大学出版社 2009 年版，第 15 页。

❶　宗传军："英国宪法形成过程"，载《人大研究》2004 年第 4 期。

件，在英国宪政史上居重要地位，为国会与查理一世斗争胜利的成果之一。❶

《权利请愿书》全文共八条。其主要内容是：第一，重申《大宪章》对王权的限制，规定非经国会同意，国王不得强迫征收任何赋税。第二，列举了国王滥用权力的种种行为，规定非经国会同意，国王不得强制任何人交纳任何租税、特种地产税、捐税或类似的税收。第三，重申了《大宪章》对臣民权利的允诺，规定非依同级贵族之依法审批或经国会判决，任何自由人都不得被逮捕、拘禁、驱逐或剥夺其继承权和生命。❷

《权利请愿书》是议会争取自由和权利的胜利果实。但查理一世接受《权利请愿书》只是权宜之计，并无意真正执行它，当议会批准补助金后，查理一世对议会抗议他征收吨税和磅税恼羞成怒，遂下令解散议会，自此英国进入无国会的专制统治时期，《权利请愿书》也被抛弃。资产阶级革命胜利后，议会对《权利请愿书》重新解释，赋予其新的内涵，并把它认定为英国宪法的渊源之一。❸

标志着英国宪法产生的法律文件，主要有英国在资产阶级革命的进行过程中，以及革命结束以后的初期阶段，先后制定的《人身保护法》（1679 年）、《权利法案》（1689 年）、《王位继承法》（1701 年）。

（三）1679 年《人身保护法》

1679 年资产阶级提出并迫使英王查理二世签署的《人身保护法》，全文共 20条。该法规定，除叛国犯、重罪犯，以及战时或遇紧急状态外，非经法院签发的写明缘由的逮捕证，不得对任何人实行逮捕和羁押；已依法逮捕者应根据里程远近，定期移送法院审理；法院接到在押人后，应于两日内做出释放、逮捕或取得开释的决定；经（拘禁人）被捕人或其代理人申请，法院或法官可签发人身保护状，着令逮捕机关或人员说明拘禁的理由；不得以同一罪名再度拘押已准予保释的人犯；英格兰的居民犯罪，不得押送到其他地区拘禁。该法的主要目的是限制王权和司法机关的专横，逐步建立资本主义的司法审判制度，用以维护资产阶级在司法活动中的人身权利，为英国后来逐步建立资本主义的司法体制提供法律基础和依据。因此，许多历史学家与法学家认为《人身保护法》是保障人权与英国宪法的奠基石。❶

（四）1689 年《权利法案》

1640 年爆发资产阶级革命后，经过内战时期、克伦威尔军事独裁时期和斯

---

❶　北京大学法学大百科全书编委会主编：《北京大学法学大百科全书》（外国法制史部分），北京大学出版社 2000 年版，第 646 页。转引自何勤华、张海斌主编：《西方宪法史》，北京大学出版社 2006 年版，第 313 页。

❷　何勤华、张海斌主编：《西方宪法史》，北京大学出版社 2006 年版，第 313～314 页。

❸　宗传军："英国宪法形成过程"，载《人大研究》2004 年第 4 期。

❶　何勤华、张海斌主编：《西方宪法史》，北京大学出版社 2006 年版，第 313～314 页。

图亚特王朝复辟时期。1685 年继位的詹姆斯二世获得了比之前任何一位国王都要牢固的专制统治基础，他的倒行逆施破坏了资产阶级与封建贵族先前达成的妥协机制，超出了议会的容忍限度。经过密谋，1688 年议会国王的支持派与反对派联合策划宫廷政变，敦请詹姆斯二世的女儿玛丽和女婿荷兰执政威廉到英国继承王位，詹姆斯二世仓皇逃往法国。此乃英国历史上著名的"光荣革命"。光荣革命吸取了资产阶级革命前期正反两方面的经验和教训，既摒弃了无限制的斗争，又避免了无原则的妥协。英国资产阶级与封建地主为了将英国的权力控制在自己的权限之内，就需要确立议会至上原则，用议会权力来遏制王权。于是，资产阶级便制定出以限制王权、确立议会至上、实行君主立宪制为基本内容的《权利法案》。1689 年 12 月 16 日，《权利法案》经英王和女王共同签署生效。[1]

　　1689 年的《权利法案》，全文 800 字，共 13 条，它确认了英国人自古以来应享受的 13 项权利和自由，确立起英国现代君主立宪政治体制。其内容的核心是限制王权，确立了议会至上的资产阶级宪法原则。其具体内容是：（1）以国王权威停止法律或停止法律实施为违法；（2）以国王权威擅自废除法律为违法；（3）设置审理宗教事务之钦差法庭及其他类似的法庭为违法；（4）未经议会准许征收金钱为违法；（5）公民有对国王的请愿权；（6）未经议会同意平时不得保留常备军；（7）新教徒有携带武器权；（8）有选举议员的自由；（9）在议会内议员有言论自由；（10）禁止过多的保释金、罚金和残酷异常之刑罚；（11）依法选出陪审官；（12）未经审判的罚金及没收财产为违法；（13）议会应经常集会。

　　从上述内容可以看出，该法各条款限制王权的作用是显而易见的，其中关于国王无权废止法律的规定，保证了议会的立法权；不得征税的规定，保证了议会在财政上对国王的监督与限制；不得征集和维持常备军的规定，则彻底剥夺了国王建立独裁统治所必需的武器；不得终止议员自由发表言论的规定，则意味着国王不能再带领卫队搜查逮捕议员了；而不得设宗教法庭，在司法权上对国王权力作了限制。[2] 由此可见，《权利法案》对英国宪政体制形成的意义是直接的。英国传统中的"王在法下""法律至上""议会至上"宪法原则不但在《权利法案》中获得清晰的体现，而且通过《权利法案》具有了持续、稳定的法律效力，并且在其后不断得以巩固。这是《权利法案》作为英国宪法确立的标志比《大宪章》获得更高的认可度的主要解释。[3] 而且，《权利法案》的制定亦标志着君主立宪制在英国的确立，是奠定君主立宪制政体的重要宪法性法律。

---

❶　何勤华、张海斌主编：《西方宪法史》，北京大学出版社 2006 年版，第 315 页。

❷　同上书，第 316 页。

❸　胡锦光主编：《外国宪法》，法律出版社 2011 年版，第 7 页。

（五）1701 年《王位继承法》

为了巩固新建的君主立宪制度，英国资产阶级不仅需要通过《权利法案》控制在位的英王行使权力的活动，更加需要通过制定关于王位继承的法律，保证后继的国王仍为资产阶级所控制。1696 年年底玛丽女王病故，威廉三世无子嗣，关于王位继承问题引起广泛关注，经过反复讨论，议会于 1701 年 1 月通过了《王位继承法》。❶

1701 年的《王位继承法》，是一部旨在通过王位继承问题，保证资产阶级的权利和自由的宪法性文件。该法在序言中明确表示"本法为更加限制皇位之继承并确保臣民权利和自由"。序言之后，共列 4 条，其中第 1 ~ 2 条是对王位继承的顺序和条件、对王位继承者的资格规定，有资格的王位继承者，如果本人信奉天主教，或与信奉天主教的教徒结婚，都将因此丧失继承王位的资格。该规定排斥信奉天主教者继承王位，为实现资产阶级和新贵族对国王权力的控制创造条件。第 3 条规定，未经国会批准而由国王颁布的法律一律无效，对国会下议院提出的弹劾案，国王无权予以赦免。第 4 条规定，英国法律是"英国人民出生之后之既得权利"，因而国王和女王"都应依照英国法律的规定管理政务"。《王位继承法》的制定，将王位的继承问题与王权的行使范围，明确置于法律的规制之下，这为英国建立资产阶级议会民主制度，实行以议会为中心的君主立宪制度，又增加了一个宪法依据。❷ 把国王置于法律之下，实际上是把国王置于资产阶级控制的立法机关——国会之下，这就肯定了议会权力至上的资产阶级宪法原则。

上述三个宪法性文件，是资产阶级和新贵族与国王和封建贵族既斗争又妥协的产物。在这三部宪法性文件中，肯定了某些资产阶级宪法的基本原则。如《人身保护法》否定了国王肆意侵害资产阶级人身权利的专横行为，规定由专门的司法机关依司法程序进行司法审判活动，确立了司法独立的原则；而《权利法案》和《王位继承法》则否定了王权至上的专制制度，确立了议会权力至上，议会权力高于国王权力的资本主义宪法原则；将王权的行使范围及王位的继承问题，置于资产阶级制定的法律之下，为在英国建立资产阶级议会民主制度，实行以议会为中心的君主立宪制提供了宪法依据。正因为如此，我们认为这三个宪法性文件的制定和颁布，标志着英国资本主义宪法的产生。

英国宪法的形成经过了漫长的历史过程，从《大宪章》的提出到《王位继承法》的通过，历时近五个世纪，正是在这一过程中先后制定和通过的具有里程碑意义的宪法性文件，逐步地限制了王权，确立了议会主权原则、分权原则、法治原则，建立了英国的君主立宪制政体，从而使得英国宪法的产生具有"鲜明的

---

❶ 何勤华、张海斌主编：《西方宪法史》，北京大学出版社 2006 年版，第 317 页。

❷ 同上。

原生性、连续性和继承性等特点"❶。

二、英国宪法的发展

《权利法案》和《王位继承法》标志着议会的胜利，否定了至上的国王专制权力，但是这两个法案都没有确保议会对国王的、政府的控制。议会控制政府的重要原则是从 18 世纪开始才逐渐得以发展起来。并且，这个原则是英国宪政实际运作的产物，而不是由法律来加以规定的。❷

英国自完成第一次工业革命后，英国国内政治力量的变化，生产方式的变革，国际民族独立运动的推进，以及国际政治经济新秩序的形成，也推动了英国宪法的变迁。

这一变迁的起点是 1832 年的《选举改革法》。在 1832 年议会改革选举之前，不仅广大国民的选举权没有保障，而且关于选区的划分、议员比例分配等方面也存在许多混乱与不合理的地方，这种状况引起了广大国民的强烈不满。在英国有可能爆发如同法国革命的最后关头，英国统治者达成了妥协，他们不愿意看到法国革命后的政治制度在英国出现❸，贵族院最终通过了 1832 年《选举改革法》，并于 1832 年 6 月 7 日经国王签署后正式生效。该法通过调整选区，增加新兴工业城市和地区的议员选举名额，扩大了拥有选举权的公民人数，尤其是扩大了工业资产阶级在英国政治生活中的政治权利，同时也推动了英国立宪政体由早期政党政治向现代政党政治的转变。1832 年《选举改革法》是英国对选举制度进行重大的宪法性改革的第一步，它既是选举制度的改革，也是宪法的发展。从英国历史的发展轨迹看，1832 年《选举改革法》被称为"伟大的改革法"，它第一次对英国议会选举制度进行了重大调整，标志着从贵族寡头制度向西方民主制度的转变，"奠定了一个现代工业国家扼守渐进和非暴力的道路"。❹ 1867 年和 1884 年英国又进行了两次选举改革，修改《选举改革法》，选举资格进一步降低，选民人数进一步增加。在此基础上，1918 年英国颁布了历史上第一个成文的议会选举法——《人民代表法》。❺

1918 年《人民代表法》由 5 章 47 条构成，该法的主要内容有：（1）选举权。该法第一章规定了享有选举权的几种具体情形。（2）选民登记。该法第二

---

❶ 宗传军："英国宪法形成过程"，载《人大研究》2004 年第 4 期。

❷ 韩大元主编：《外国宪法》，中国人民大学出版社 2009 年版，第 16 页。

❸ 刘成："民主的悖论——英国议会选举制度改革"，载《世界历史》2010 年第 2 期。

❹ 埃文斯：《1832 年的伟大改革法》（E. J. Evans, The Great Reofm Act of 1832），伦敦和纽约 1983 年版，第 41 页，转引自刘成："民主的悖论——英国议会选举制度改革"，载《世界历史》2010 年第 2 期。

❺ 何勤华、张海斌主编：《西方宪法史》，北京大学出版社 2006 年版，第 320～321 页。

章详细规定了选民登记制度的相关内容，选举人每年登记两次，即春季登记与秋季登记。（3）选举方式及费用。该法规定全国各地的投票选举应在同一天进行，各选区接受提名的日期也应一致。（4）议员名额的重新分配。

作为对 1918 年《人民代表法》的修改与补充，英国议会通过了英国第二部成文选举法，即 1928 年《人民代表法》，又称《男女平等法》。该法的颁布，使选民人数（特别是女性选民总数）增加了约 500 万人，这彻底冲垮了中世纪选举制度设置的财产、性别两道篱笆，基本实现了人民普选权。❶ 1948 年《人民代表法》则统一了参加全国选举与地方选举的选民资格，规定参加议会议员选举的选举人应具有三个条件，即取得投票资格之日为某一选区的居民、是联合王国公民或爱尔兰共和国公民并且在选举日年满 21 周岁。

1911 年的《议会法》使上院丧失了对财政法案的否决权，其对其他公议案也只有两年的搁置权。这意味着上议院丧失了对下议院通过的一切案件的否决权，而只有延搁权，因此，该法又称为"议会延搁法"。1949 年《议会法》是对 1911 年《议会法》的修改和补充，它将上议院对非财政案的延搁次数由三次变为两次，延搁时间由两年变为一年。这两部《议会法》进一步削弱和限制了议会上议院的权力，使上议院丧失了对下议院通过的一切决议的否决权。

1906 年议会通过了《劳资争议法》，确认了工人享有罢工权。1925 年的《司法法》，保证了法官的独立地位，1931 年的《威斯敏斯特法》承认了加拿大、南非、澳大利亚和新西兰等国的独立。1947 年的《印度独立法》承认了印度的独立与印巴分治，规范了英国与独立国家的国家关系规则。1936 年的《退位法》、1937 年的《国王大臣法》、1963 年的《贵族法》规范了国王大臣和贵族的权利。1946 年的《国民保险法》将社会保障制度具体化。1972 年的《地方政府法》重新规范了中央与地方的关系。20 世纪 90 年代公民投票通过的《马斯特里赫特条约》，使英国议会权受到了限制。1998 年《人权法案》则将《欧洲人权公约》中的大量实质性条款引入英国的国内法，使得英国公民基本权利的保护具有了确定和稳定的宪法保障。

上述几个具有代表性的宪法性文件标示着英国宪法的变迁历程，标示着英国宪法自身独特的气质，它是在英国独有的历史文化和传统习惯长时期积累过程中的浓厚沉淀，是孕育英国"宪政之母"先天的肥沃土壤。

三、英国宪法的渊源

英国宪法的渊源或称宪法结构的总体构成，包括成文法、判例法、习惯法、宪法惯例、权威性著作的阐释和公民投票。

---

❶ 蒋劲松：《议会之母》，中国民主法制出版社 1998 年版，第 85 页。转引自何勤华、张海斌主编：《西方宪法史》，北京大学出版社 2006 年版，第 320～321 页。

（一）成文法

这是英国宪法结构中的主体，它是议会在各个历史时期通过的立法及其在母法的附属法。但并不是所有议会立法都是宪法的组成部分，只有具有宪法性质的立法才是英国宪法的组成部分。构成英国宪法渊源的主要宪法性文件一如前述1215 年《大宪章》、1628 年《权利请愿书》、1679 年《人身保护法》、1689 年《权利法案》、1701 年《王位继承法》、1832 年《选举改革法》、1911 年《议会法》、1918 年《人民代表法》、1925 年《司法法》、1931 年《威斯敏斯特法》、1937 年《国王大臣法》、1972 年《地方政府法》、1998 年《人权法案》等。

（二）判例法

判例法是英国法院，特别是高等法院在司法实践中对某些案例的判决和解释。根据遵循先例原则，所遵循的是先例体现、确立的法律规则，这些“先例”被称为普通法，它们具有宪法性法律解释的意义，对后来各级法院法官的判决具有某种宪法性原则指导和约束的作用。作为英国宪法渊源普通法即那些牵涉国王特权的判例，公民挑战公共权力和官员的非法行为的判例，及英国法为了保护公民的人身自由免受非侵害而形成的人身保护令。这些案例均极具权威地存在于法律报告中，并为英国的立宪主义提供了法律基础。❶ 如 1670 年确认的“司法独立”和 1678 年法官的某些豁免权等都是从判例中引申出来的。除此之外，法院在审理具体案件时，如果法律的正确含义发生争议，法院也有负有解释法律的义务，这种解释有时也可以构成宪法规范。❷

（三）习惯法

英国具有普通法的传统，遵循先例原则是其重要特征，而作为英国宪法渊源的习惯在被认可为法的依据是先例的确认，但习惯法仅是一种非制度化的宪法渊源，习惯法大多是在立宪政治过程中形成的经法院承认的宪法性法律规则。“除非被法院认可，否则习惯就仅仅是实在道德规则。在得到法院认可之时，（习惯）就间接地成为主权者的命令了。”❸ 如国王的权力、司法机构的审判权等。习惯法在英国宪法结构中的比重随着立宪政治的成熟而逐渐降低。

（四）宪法惯例

宪法惯例是在立宪政治实践中得到社会肯定和公民认同，并经法律和司法实践认可的，具有宪法性规范意义的习惯。这些宪法性惯例主要包括关于国王权力的宪

---

❶ 韩大元主编：《外国宪法》，中国人民大学出版社 2009 年版，第 18 页。

❷ 根据传统的理论原则，法院无权对议会制定的法律的效力作出裁决。参见许崇德主编：《宪法学》，高等教育出版社 1996 年版，第 10 页。

❸ John Austin, The Provinece of Jurisprudence Determined. Ed. H. L. A. Hart . London：Wei dendeld and Ni cholson. （1st ed. 1832.） 1954，p. 163 ~ 164.

法惯例，如"国王统而不治""国王不能为非"的惯例；关于首相的宪法惯例，如"首相主持内阁政务""首相自选大臣组织政府和内阁"的惯例；议会与内阁关系的宪法惯例，如"内阁失去议会下议院信任应辞职""内阁首相可以解散议会下议院"。还有议会由上院和下院组成；上院议员为世袭，下院议员由选举产生；内阁大臣必须是议会议员等。戴雪认为英国宪法是由两套系统支撑的：一套是制定的法律，另外一套是惯例，即习惯，政治实践中形成的规则等。尽管后者调整宪法权力以及政府各部门之间的行为，但算不上真正的法律，因为在法庭上没有强制力，它可以被定义为"宪法惯例"或者"宪法道德"。❶ 但是，宪法惯例完全可以通过议会的立法过程而上升为法律。如果议会通过一项法律，将某一宪法惯例予以整合，则该惯例不再是一项宪法惯例，而自此成为一项法律。❷

（五）权威性著作的阐释

在没有成文法或其他成文来源的情况下，一些权威的政治学和法学著作中阐释或声明的有关理论，就被司法裁决所引用。如 19 世纪英国分析法学派创始人约翰·奥斯汀的《法理学范围》和《法理学讲义》、戴雪的《英宪精义》（又称《宪法研究导论》）、白芝浩的《英国宪法》、20 世纪詹宁斯的《法与宪法》等都是经典的权威性著作，他们在这些著作中有关英国宪法或宪法原理的阐释常能起到这种作用。

（六）公民投票

公民以直接投票的方式来表达某些内政外交政策和行为的态度是 20 世纪以来英国宪法和宪政发展的结果。公民意志的最高表现形式就是宪法，因此公民投票作为直接表达公民意志的形式就成了构成宪法的要素。如 1910～1911 年要求改革上院的公民投票，1979 年对苏格兰和威尔士的放权问题的公民投票和 1975 年关于重新加入欧共体的投票及 20 世纪 90 年代关于加入欧盟的公民投票。

以上英国宪法的渊源表明英国宪法结构的复合性特点，这种复合性的特点至少表征了英国宪法的两个特征：一是英国宪法的不成文性，即英国宪法不是以一部包含基本政治制度与公民权利的统一的宪法典面世，而是散见于宪法性法律、法院判例甚至是大量的约定俗成的宪法惯例和习惯；二是英国宪法形成的渐进性，即它是在英国社会发展的过程中逐步积累的，是有着鲜活生命力的实践的宪法。❸ 这种复合性的特点亦是英国宪政发展过程的传统力量与现代因素对比关系的具体表现。这种复合性的特点所具有的独特功能深刻地影响着英国宪政体制发

---

❶　Colin Turpin and Adam Tomkins, British Government and the Constition (6ᵗʰ ed.) Cambridge press, p. 167.

❷　胡锦光主编：《外国宪法》，法律出版社 2011 年版，第 14 页。

❸　同上书，第 15 页。

展过程中英国宪法的连续性和稳定性。

第二节 英国宪法的基本原则

对于英国宪法的原则，戴雪在《英宪精义》中作了详尽的论述。他认为，英国宪法有三项基本原则：正式的法律规则和非正式的宪法惯例之间的密切联系；国会在立法方面的最高权力；法治原则。第一项原则实际上阐述了宪法渊源的多样性，重点论证了惯例之所以成为宪法渊源的必要性。后两项原则经后人继承与补充，现已发展为英国宪法的四大基本原则。❶

一、议会主权原则

英国是世界上最早奉行"议会主权"原则的国家，这一原则集中体现在：议会作为国家最高立法机关，享有制定和废除一切法律的权力；任何法律或司法判例都不能约束议会上述权力；任何机关、团体和个人都无权宣布议会法案无效；只有议会自己才能修改、废除自己所制定的法律。❷

16世纪，以限制王权为核心的议会主权思想开始出现，但直到17世纪英国资产阶级革命爆发，议会取代国王的地位，尤其是1688年"光荣革命"后的《权利法案》的制定，保证了"议会中的国王"的法律地位，即英王服从议会、遵守议会的立法，议会的权力高于王权，这意味着议会开始成了"主权者"。❸1701年的《王位继承法》则进一步将王权置于资产阶级控制的议会之下，再次明确了议会权力至上、议会权力高于国王权力的资产阶级宪法原则。

自从"光荣革命"后确立议会主权原则以来，英国议会不仅在立法方面树立了议会至高无上的权威，而且还拥有对政府行政行为的监督权和理论上由上议院行使最高司法权。而议会主权的精髓正是议会立法权的至上，即英国不存在与议会立法权相杭衡的其他立法权，议会的立法权与立法的效力不受任何挑战；也不存在与议会立法权相抗衡的司法权，司法权相对于议会的立法权处于绝对的弱势地位，法院无权审查议会制定的任何法律。❹

20世纪以来，随着垄断经济的增强，英国政府的行政权力不断扩大，加之

---

❶ 何勤华、张海斌主编：《西方宪法史》，北京大学出版社2006年版，第333~338页。

❷ 叶秋华、柴英："试析议会主权原则在现代英国的发展变化"，见何勤华主编：《20世纪西方宪政的发展及其变革》，法律出版社2005年版，第87页。

❸ 洪邮生："英国的'议会主权'：理论的演进与概念辨析"，载《南京大学学报（哲学·人文科学·社会科学版）》2010年第4期。

❹ 褚江丽："英国宪法中的议会主权与法律主治思想探析"，载《河北法学》2010年第9期。

欧盟法的加入，无论戴雪的学说本身，还是英国议会的权限，都受到日益严峻的挑战。❶ 以立法权为例，议会讨论、通过并批准政府的财政补助金，并且下议院起着审查和批准政府活动的作用，但随着政府权力的扩张，一切财政法案等重要法案都必须由政府提出，议会对财政法案只能在细节上作些修改。由于政府规模的扩大，行政管理范围的扩张，委任立法的增多，英国议会的权威受到政府的严重挑战，议会在国家政治生活中的作用发生重大变化，议会主权原则的历史命运也必然是日渐式微。

二、责任内阁制原则

所谓"责任内阁制"即内阁必须集体向议会下院负责，这一原则的具体内容包括，内阁必须由下议院多数党组成，首相和内阁成员都必须是下议院议员；首相通常是下议院多数党领袖；内阁成员彼此负责，并就其副署的行政行为向英王负责；内阁向议会负连带责任，如果下议院对内阁投不信任票，内阁必须集体辞职，或者通过呈请英王要求解散下议院，进行重新选举；如果新选出的下议院仍对内阁投不信任票，内阁必须辞职。

工业革命对英国至少造成两个方面的影响：一是资产阶级的经济地位和政治地位都提高了，它们的利益要求越来越强烈；二是社会问题和阶级矛盾大量暴露。这种影响要求国家尤其是行政机构在行使其职能时发挥更积极的作用，需要有较健全的各种行政机构。正是在这种情势的强烈作用下，自 19 世纪以来，英国内阁的行政权呈现不断增长的趋势。具体表现在以下三个方面：

第一，行政管理范围扩大。政府的职能从主要局限于外事活动与维持治安扩大到涉及财政、货币、各工业部门等有关国家经济命脉的重要领域，还包括医疗卫生、教育、科研等社会服务部门。随着政府职能范围的扩大，内阁与政府的规模亦不断扩大。到 20 世纪初，归属内阁管辖的中央部一级行政机构就达 20 多个。

第二，委任立法增多。随着政府地位的提高，议会授权行政机关制定的各种行政管理法规逐渐增多，如 1974 年议会仅通过 58 个公法案，而行政机关制定通过的行政管理法规却有 2213 件。❷

第三，内阁逐渐支配、控制议会。内阁对议会立法工作全面进行支配。内阁依仗其在议会的多数票优势，一再更改议会工作日程表，使议案和辩论尽量集中于"国家中心问题"即内阁事务，政府运用这种方法可以确保大部分政府所提的法案能顺利通过。据有关资料统计，在 1900 年前后，内阁已合法地占用了下议院 4/5 的议事时间，这种趋势导致了许多议员提出的私议案无法列入议事日

---

❶ 褚江丽："英国宪法中的议会主权与法律主治思想探析"，载《河北法学》2010 年第 9 期。

❷ 王名扬：《英国行政法》，中国政法大学出版社 1987 年版，第 109 页。

程；20 世纪初，每年平均只有 10～15 件私议案能在议会通过，而政府议案在议会每次会期中平均有 97% 的议案能获得通过。❶

三、分权原则

英国不是典型的三权分立国家，立法、行政、司法之间的分权与制衡不是十分严格，三者之间的关系比较复杂。基于英国特有的议会君主制政体，英国的三权分立具有其鲜明的特色，具体表现在：

第一，议会拥有制定、修改与废除法律的权力，拥有财政权和对政府工作的监督权，而且上议院和下议院各司其职，相互制约。

第二，行政权由内阁行使，但必须向议会负责，接受议会尤其下议院的监督。但随着内阁权力的扩张，内阁逐渐控制、支配议会。

第三，司法权由法院享有。英国奉行司法独立原则，法官独立行使审判权且一般情形下得任职终身。但长期以来，上议院仍是最高司法机关，审理内容涉及对全国有普遍重大意义的上诉案件。

第四，英王象征权力的存在，在某种程度上也构成了对议会和内阁的制约。但这种制约仅是礼仪性、程序性的不具有实质意义的制约。

但在英国现代宪政体制下，议会、内阁和法院的关系历经变化，并逐渐走向纯粹化的三权分立，以适应民主潮流的发展趋势，尤其是 20 世纪末期以来，英国进行的深层次的宪政改革，逐步取得重大的具有里程碑意义的实质性成果，诸如改革上议院以剥离其司法职能，并设立真正的最高法院，以彻底地实现上议院单纯的立法职能，把司法的事务归属于新设立的最高法院来保障司法独立在英国的贯彻。

四、法治原则

法治原则强调法律面前人人平等，任何人都不能享有超越法律的特权；政府也必须在法律明确规定的范围内活动，不得滥用权力侵犯个人的权利与自由。

1688 年 "光荣革命" 后，英国资产阶级取得了对封建势力的整体性或全局性胜利，议会权力和立宪政体确立下来，与此同时，资产阶级用确认了英国人自古以来应享有的 13 项权利和自由的《权利法案》宣布了以 "法的统治"（Rule of Law）为原则的宪法文件，并在当时法治思想影响下，形成了 "英国人受法律的统治而且只受法律的统治" 的法治模式。英国的法治模式包含着这样一种观念，即 "除了代议制立法机构的权力之外，所有政府权力都应当由适当明确的法

---

❶　吴大英、沈蕴芳：《西方国家政府制度比较研究》，社会科学文献出版社 1995 年版，第 261 页。

律来分配和限定"。❶

戴雪在 1885 年所著的《英宪精义》中，对英国的法治原则作了最早而又最完整的阐述：

第一，法治是以绝对的或超越的法治反对政府专断的、自由裁量的、毫无限制的特权。

第二，法律面前人人平等。具体表现为：非经法院的合法审判，不得剥夺任何人的生命、自由与财产；英国人不分等级受制于同一法律体系和同一法院管辖，即一律受普通法与普通法院的管辖。

第三，对于英国人来说，宪法不是产生法律规范的渊源，而是个人权利与自由的结果，因此，英国公民所拥有的自由权利并不体现在成文宪法之中，而是一种"自然权利"，既不由任何法律所赋予，也不能随意剥夺，当公民自由受到侵犯时，应根据习惯法在法院寻求保护，而不能依靠形式上的宪法寻求保护。

戴雪的法治原则是在 19 世纪提出的，它体现了法治的中心思想——消灭特权，在法律面前人人平等。随着时代的进步，戴雪的法治原则得到不断的修正与完善，发展成为现代意义的法治原则。❷

第三节　英王制度

在实行君主立宪制的英国，作为国家之首的英王，同议会、内阁、法院等国家机构一样，是国家政治制度的一个组成部分。因此，有关英王的制度，就是其宪政制度的构成内容之一。英王制度主要包括英王制度的形成及其演变，英王权力的二重性、英王在英国宪政体制中的地位和作用，王位继承及王室机构等。

一、英王地位的历史演变

以英王权力的来源合法性的认识为基础，英王地位大致经历了军事部落制、封建君主制和君主立宪制三个发展阶段。❸

（一）军事部落制下的英王

英国历史上最早的国王是由选举产生的。盎格鲁—撒克逊人入侵并统治不列

---

❶ 褚江丽："英国宪法中的议会主权与法律主治思想探析"，载《河北法学》2010 年第 9 期。

❷ 何勤华、张海斌主编：《西方宪法史》，北京大学出版社 2006 年版，第 338 页。

❸ 叶娟丽："英国王权的合法性基础及其发展"，载《武汉大学学报（哲学社会科学版）》1995 年第 3 期。

颠岛后，贤人会议（Witenagemot）从同一王族中选举出了国王。❶ 这说明，英国"王"的最初形成是从盎格鲁—萨克逊征服开始的。在公元 5 世纪中叶，日耳曼民族开始了大迁徙，其中的盎格鲁人、萨克逊人和朱特人进入了不列颠岛，当时的盎格鲁—萨克逊部落来到英国时，是由那些有特殊军事才能的人来领导的。这些军事首领领导自己的部落，在凯尔特人的土地上建立起了许多封建小王国，并领导了对其他部落和小王国的兼并战争。在这种征服过程中，一些部落和小王国逐渐被吞并，征服者的部落和小王国逐渐强大起来，其内部的部落民主制逐渐衰落、瓦解，军事首长取得了统治地位。由于受到征服者的武力威胁，不列颠岛上的封建小王国开始归于统一，幸存者的首领成为了统一王国唯一的国君和最高的军事首脑❷。就这样，在公元 5 世纪开始的盎格鲁萨克逊征服过程中，英国历史上最初的"王"以军事首领的形式出现了，并且随着征服战争规模的不断扩大和军事力量的增强，"王"的地位越来越重要，力量越来越强大。而"王"的地位的稳固，标志着国家开始形成。

这是英国历史上的盎格鲁萨克逊时期。由于长期的征服战争，盎格鲁—萨克逊人的氏族公社逐渐为农村公社所取代，土地私有制开始形成。国王拥有大量土地，并把其中的大部分用来赏赐给战争中有突出表现的军队首领和士兵，以此培养起了最初一批土地贵族。并且，随着战争对小农经济的破坏，一些自由农民纷纷出让土地所有权，以求依附于土地贵族，形成最初的依附农民❸。由于部落民主制的遗风还大量存在，这一时期的国王从未取得过绝对统治权，他要受很多因素的影响，其中之一就是部落习俗。可见，在最初阶段，"王"的出现完全是由于社会职能的需要，即维持部落自身生存和扩张领土范围的需要。"王"的实质是一群不开化的人的军事首领，贵族即是军事首领最亲近的兵丁。"王"的产生既非依神意而授，也非依血统继承，战争胜利是"王"存在的前提，军事才能是其唯一的合法性基础。

（二）封建君主制下的英王

1066 年，诺曼公爵威廉征服不列颠，英国王权的特征和内容发生了许多根本性的变化。国王不再是野蛮人中最为勇敢的指挥者，而成为凌驾于社会之上的各级贵族的军事领袖。军事征服的第一个显著后果就是王权进一步加强，王权对武力和军事才能的依赖也更加强化。征服者威廉占领不列颠，很自然地成为英国

---

❶　吴大英、沈蕴芳：《西方国家政府制度比较研究》，社会科学文献出版社 1995 年版，第 190 页。

❷　[美] 戈德温·史密斯：《英国宪法和法律史》，纽约多塞特出版社 1990 年英文版，第 5 页。

❸　沈汉、刘新成：《英国议会政治史》，南京大学出版社 1991 年版，第 2 页。

国王，他依靠武力取得了王位，同时也依靠武力在英国建立起新的王权统治秩序。威廉宣布自己是英国最高的土地所有者，一切土地归国王个人所有。除留部分土地作为王室直辖领地外，国王将其余的土地和领地自治权同时分封给诺曼贵族。接受国王分封的贵族将其所得土地留下部分直接经营，把其余封土及领地自治权再分封出去，形成层层受封的封君封臣关系。在这种分封制下，各级封臣均有义务为国王服兵役，称为骑士义务。此外，国王还可享受其直接封臣的贡赋。而国王对封臣的义务就是保护其封土不被侵犯，承认并维护封臣的经济利益和政治权力❶。诺曼征服后，英国国王的实质仍然是军事首领，是战争中勇气和民族威力的象征，只是他的兵丁已成为遍布全国的大小贵族。随着封建秩序的确立和巩固，封建主内部兼并战争不断，封建国家对外的民族战争也连年发生，国王在维护封建统治秩序方面的重要性日益明显。不过，由于受部落遗风和习俗的影响，国王只在领兵打仗这一点上才体现了真正的"一国之王"，在其他很多方面都与贵族平起平坐，尤其是其经济权力和对各级领地的政治统治权被大小封君严重分割。

这一时期，教会的权力开始渗透到王权统治中。1073 年，格雷戈里七世当上教皇，他强调教皇权力高于世俗君主，他要求威廉向教皇宣誓效忠，英国向教皇称臣，并定期向罗马教皇纳税❷。此后，教会势力进人政治生活中，大主教、主教、教士成为国王的亲信和重臣。尽管教皇要求英国称臣纳贡的愿望一直没有得逞，但教会已形成一股强大的精神和政治力量。后来，由于针对教皇的战争失败，英国被迫向教皇称臣纳贡，从此开始进入"主权在神"的时期。国王作为领兵打仗的军事领袖，武力和军事才能仍是王权的最终根源，同时，"神的旨意"和教会支持也成为王权的重要基础。

英国王权是在征服战争中产生的，一开始就比较强大，并且随着社会进一步向前发展，王权的范围也越来越大。与王权加强同步，贵族与国王之间的权力之争越来越激烈，贵族作为一个统一整体，越来越多地对王权提出限制。他们以国民的名义同国王对抗，以等级代表会议的形式参政议政。14 世纪初英国议会的确立，标志着国民意志开始成为王权的重要基础。

贵族以国民意志的名义，首先利用议会限制了国王的财政权。而对国王来说，财政不能自主，他就离不开议会，因而他从一开始就得承认议会的高度权威，他的一切行为都得以"为了教会和全民的利益"相标榜，从而体现所谓的"国王在议会中"的原则。可事实上，这一时期，国王在接受议会的同时，就开

---

❶　沈汉、刘新成：《英国议会政治史》，南京大学出版社 1991 年版，第 5 页。

❷　[美] 戈德温·史密斯：《英国宪法和法律史》，纽约多塞特出版社 1990 年英文版，第 75～76 页。

始利用议会，使议会为加强王权服务。此时的议会也并未全部代表全体国民的意志，它只是大贵族为了维护自己的经济利益和政治利益对王权加以限制的一种工具，广大的中小贵族并没有加入进来，他们的利益和意志并没有在议会中得到反映，因此，国民意志虽然成了这一时期王权存在的基础，但并非是唯一的、根本的。

这一时期的西欧是"君权神授"理论的大市场。各国封建君主面对贵族势力的扩张，纷纷为王权的存在和强化寻求理论根据，而"君权神授"便是其得出的最终解释。在罗马教皇的强大统治下，整个中世纪的欧洲都笼罩在神秘的"神"的气氛里，"君权神授"似乎真的解释了王权存在和发展的合理，为国王对抗贵族、王权对抗议会创造了理论条件。同时，教会参与世俗政治，教士成为参加议会的重要代表。王权一方面受到议会的分割，同时又受到教会的分割。王权的行使和强化既要以"君权神授"为依据，又要以国民意志相标榜，这两者同时成为这一阶段英国王权必不可少的两个生存基础。

15 世纪末，亨利七世在废墟上开始建立都铎王朝的统治。都铎王朝实行一种新的君主制，国王从中等阶级中选立新贵族，授予他们以崇高的地位和荣誉，甚至还有广大的地产，但新贵族没有独立的领地自治地，使之失去了与国王抗衡的力量源泉。同时，新贵族蒙受国王的恩典，心甘情愿服务于国王，为专制王权的出现打下了基础。都铎王朝的形成时代同时也是资本主义经济开始萌芽和发展的时代，建立强有力的中央政权和统一、独立的民族国家已成为时代的要求。于是，原来被认为是最高首领的国王很自然地成了民族的领袖、国家的化身，被赋予了统一国家的历史重任和巨大权力，就这样，王权与国家成为一体，民族的意志成了王权存在和强化的基础。此后，亨利八世的宗教改革使英国摆脱了罗马教皇的统治，国王成了英国教会的最高首脑。王权从此摆脱了贵族和教会的双重制约，体现出"主权在王"的特征。

但王权至上并非国民之最终意志。到 17 世纪，英国已成为欧洲大国，一个统一、富强的民族国家已在专制王权下形成，专制王权已失去其存在的合理性了。但都铎王朝的君主们继续把"君权神授"理论推向登峰造极的地步，国王的权力被认为直接来自上帝，国王取代了教会而成为上帝在人间的使者，王权肆意扩大，国民意志遭到践踏。就这样，王权与民族的结合开始破裂，国王与议会的关系走向对抗，1640 年终于爆发了资产阶级革命。专制王权结束了，"君权神授"的神话也被历史全盘否定了。1688 年的"光荣革命"建立了一种崭新的君主制，即立宪君主制。国王仍是世袭的国家元首，但其权力不仅仅是基于血统继承，也不是因为武力，更不是出于"神的旨意"，而是顺乎民意的结果。国王必须受到宪法，也就是受到民意的约束，王权是宪法所确立、所赋予的。这便开始了"人民主权"的时代，也就是"议会主权"的时代，议会取代国王，成为国家政治生活的中心，宪法成为国王行动的依据，民意是王权的唯一合法性基础，血统必须依据宪法规定才能在王位继承中起作用。

（三）君主立宪制下的英王

君主立宪制下的英王制度，形成于英国 1689 年"光荣革命"的宫廷政变之后，英国资产阶级由于自身的妥协性、保守性和封建势力的特殊性和强大性以及英国的历史传统，使英国在形式上保留了王位，确立了君主立宪制度，建立了一个"戴王冠的民主国家"。[1] 英国为何保留英王的存在，实行君主立宪制，有两种解释：第一种解释认为，是当时英国资产阶级与封建贵族阶级力量对比状况的产物。因为当时不仅英国国内的封建贵族力量还十分强大，而且国际上的法国、荷兰等实行君主制度的国家，都一直在窥测方向、寻找机会，伺机对英国资产阶级革命进行干涉和镇压。面对国内及国际的封建专制势力十分强大的现实，为了能在国内及国际封建势力的前后夹击中求得一席生存之地，孱弱的英国资产阶级便以保留英王的存在为筹码，与国内及国际的封建贵族势力实行了政治妥协，建立了资产阶级、封建贵族、国王联合执政，分离权力的君主立宪制。第二种解释认为，传统力量在英国走向现代君主立宪制的过程中扮演重要角色而影响了英国现代立宪政治的基本格局的关键环节，是土地贵族的商品化趋势。土地贵族商品化的趋势，一方面使传统力量自觉投入到向现代生产方式和生活方式的变迁进程中去，同时使英国现代立宪政治的建立和发展走上了从暴力革命到渐进主义的变迁过程；另一方面旧有的农业结构和领主制经济最终土崩瓦解的时候，传统力量在现代社会中找到了生存的基础，同时缓解了现代与传统之间的张力。所以，资产阶级和资产阶级化了的贵族在保留君主的同时，提出了一个至为根本的要求：承认议会的权力，核心是"王在法下"以及"王在议会中"，这就宣告了一种新的政治框架的诞生。[2] 在英王发展的历史进程中，这种传统的力量体现在"从 16 世纪二三十年代起，特别是从亨利八世进行宗教改革以来，都铎王朝历代君主都不否认'王在议会'的政治现实与必要性"[3]。都铎年代中形成的国王不在会期之时驾临议会的宪法惯例，不论在当时或是之后，对于保持两院议员活动的相对独立性和行为自由，都具有重要意义，这种做法为以后英国"国王不能为非"的宪法惯例，直至"虚君制"的形成提供了先决条件。[4]

伴随着绝对君主制演变为君主立宪制，英王的政治地位、政治权力、对国家政治生活的参与程度及方式，都发生了重大的演变。

---

[1] 韩大元主编：《外国宪法》，中国人民大学出版社 2009 年版，第 20 页。

[2] 同上书，第 21 页。

[3] 阎照祥：《英国政治制度史》，人民出版社 1999 年版，第 115 页。

[4] 何勤华、张海斌主编：《西方宪法史》，北京大学出版社 2006 年版，第 323 页。

首先，英王在国家中所处的政治地位发生了演变。在资产阶级革命以前实行的绝对君主制度下，"王权至上""君主主权"，英王处于至高无上的国家最高统治者地位。在资产阶级革命以后建立的君主立宪制下，"议会权力至上""议会主权"，英王不再处于国家最高统治者的地位，而是置于议会权力之下。

其次，英王拥有的政治权力发生了变化。在资产阶级革命前，英王不仅名义上集立法、行政、司法大权于一身，而且事实上是各种大权独揽的最高统治者。在君主立宪制下，昔日由英王行使的立法、行政、司法等权力，都逐渐从英王手中转移到议会、内阁、法院手中。即使是从形式上仍保留在英王手中的部分权力，英王在行使时也要受到议会、内阁、法院和法律的限制。英王成为"虚位国家元首"。

再次，英王实际参与国家政治统治的方式也发生了变化，在绝对君主制下，英王实际行使国家的各项统治权，参与并裁定国家的政治决策，英王处于国家政治生活的核心。在君主立宪制下，特别是在"国王统而不治""国王不能为非""首相主持内阁政务""首相自行组阁""内阁对议会负责并向议会承担政治责任"等宪法惯例相继形成后，英王对国家政治活动的参与程度愈来愈弱化，英王不再实际参与国家的政治决策，也不再对国家的政治活动承担政治责任，英王也不再是国家政治生活的核心。

总之，经过君主立宪制形成300多年的历史演变，今天的英王是一个既不处于国家权力的最高地位，也不实际行使政治权力、参与国家政治决策的统而不治的虚位君主。英王作为名义上的国家元首，只参加一些礼仪性和形式性的活动，成为一个被议会和内阁编制的政治程序所控制的政治机器人。

二、英王权力的现实功能

（一）英王的宪法权力

从法律上讲，如今英王在英国宪政体制中依然享有至尊的地位。其地位主要体现为下列各种权力：

（1）国家元首权。英王是"国家的化身"，构成一切权力的来源。英王作为世袭的国家元首，对内有权解散议会和组织政府并任命官吏，对外有权代表国家与他国缔约、建交、宣战或议和。

（2）立法权。从法律上讲，英王是整个立法机关的组成部分。具体而言，议会进行立法都以英王的名义，而且英王有权召集议会开会、讨论立法并宣布议会闭会。在议会具体立法的过程中，英王有权随时宣布终止对某项议案的审议和讨论。英王还有权下令解散任期尚未结束的下议院，有权册封上议院议员。议会两院审议讨论通过的议案生效成为法律，在程序上也是要呈请英王批准和签署并以英王的名义公布。

（3）行政权。在英国，政府被称为"英王陛下的政府"。政府任何权力的行使都是以国王的名义进行的。"国王是中央政府行政部门的首长，并在法律的执行需要任何中央公务机关参与的时候，执行法律。"❶根据美国学者罗威尔的论述，英王作为中央政府行政部门的首长，法律上有权任免内阁首相、任命首相提名的内阁大臣及其中央政府的高级官员；内阁所作出的一切重大决策，必须由首相亲自向英王汇报；内阁所发表的一切重要文件，必须由英王签署（首相或大臣副署）才能生效。

（4）司法权。英王是司法公正的象征和源泉，是司法系统的首领。这一地位通过任命高级法官，赦免犯人、减少犯人的刑罚甚至停止刑事追诉等权力实现。

（5）其他权力。英王全权统率英国的武装力量，英国军队称为"皇家部队"；对外宣战权；英王是英国国教的世俗领袖，是英联邦的元首。英王个人享有特权，除法律明文规定外，法律一般不适用英王本人，英王不能被起诉。

尽管英王的权力从形式上看十分强大，但在实际上却非常微弱，其权力的行使要受到诸多限制。❷

（1）就对议会的权力来看，议会制定的法律虽然在形式上需要由英王批准，但自从1707年安妮女王拒绝批准英格兰国民军法案之后，280多年以来没有发生过议会通过的法案不被批准的情况❸，多年积累的习惯在英国人心目中已形成一种观念，如果英王不批准议会通过的法案，就是一种违宪活动。也就是说，立法权完全归于议会而不属于英王。❹至于召集、解散议会的权力更是仅有虚名，议会开幕、闭会的讲演词，英王只是例行公事宣读一下，内阁首相若呈请解散议会，英王只能照例表示同意。

（2）就对内阁的权力而言，首相及各部大臣虽然都由英王任命，但首相人选限于在下议院中多数党领袖，仅在个别特殊情形下才发生由英王选择裁量的事例。其他一切政务活动，均由内阁安排决定，英王只能听从安排。

（3）在司法机关权力问题上，自从1701年《王位继承法》颁布后明确规定"非经国会解除职务，法官得终身任职"，司法的独立性得以保障，司法权归属于法院而不属于英王。

因此，英王形式上的权力与实际上的权力相差很大，许多学者经常以"统而

❶　［美］罗威尔：《英国政府：中央政府之部》，秋水译，上海人民出版社1959年版，第19页。

❷　何勤华、张海斌主编：《西方宪法史》，北京大学出版社2006年版，第323～325页。

❸　吴大英、沈蕴芳：《西方国家政府制度比较研究》，社会科学文献出版社1995年版，第193页。

❹　许崇德主编：《宪法学（外国部分）》，高等教育出版社1996年版，第15页。

不治""形同虚设"来形容，君主虽是君主立宪制国家机器的一个组成部分，但他仅是不起决定性作用的装饰性零件。❶

与"统而不治"相适应，"国王不能为非"体现了对王权的进一步限制。其意义是指国王永远没有错误，国家政策中出现的一切错误，都不可归责于英王，英王永远不对国家的任何政治决策负政治责任。"国王不能为非"深层次的原因在于立法权由议会掌握，英王仅在名义上签署与公布，行政权由内阁掌握，英王在行政方面的事务大多由内阁安排与控制，特别是责任内阁制形成之后，凡不经内阁副署的行为均无效，而一经内阁副署的行为，其责任即由内阁承担，不能推给英王。由此，"国王不能为非"的功能是排斥英王参与政治活动，排斥英王干预议会的立法权与内阁的行政权，从而将英王隔离于资本主义国家政治活动之外。因为参与政治活动难免出错，只有置身局外，才可以永远保持不犯错误、没有错误的政治形象。❷

（二）英王的宪政作用

英王在英国宪政体制中的作用主要表现在以下方面：

1. 英王是国家统一的象征

如《女王万岁》被定为英国国歌，英王的生日是英国法定的国庆日，至今仍有81%的英国人情愿保留君主。英王在英国宪政体制和政治统治中起着精神支柱的作用。英王可以凭借其威望和号召力加强全国人民的团结，激励忠君爱国的热情，保障英国长期稳定发展。❸ 英王的象征作用还体现在英联邦关系方面。至今英联邦仍有49个国家。英国国王是英联邦的元首，同时兼任包括英国、加拿大、澳大利亚、新西兰等18个国家的国家元首。英王通过任命总督代国王在除英国以外的17个国家行使国家元首的职权。

2. 英王是国家宪政体制连续性和稳定性的体现和保证

对此点，马克斯·韦伯曾作过论述，他认为，单是君主的存在就保持了社会制度的重要性，因为一切决定都是以他的名义作出的。王位世袭制使国家权力在现代政党政治和代议制政府的条件下在形式上得到了连续性的体现。君主与政府的联系，赋予了政府尊严和正统性，从而加强了政府体制和政府运作的合法性，这就在一定程度上保证了英国宪政体制的稳定性。君主的存在在英国已成为一个广为接受的事实，英国是个有着悠久历史、比较保守的国家，这种保守的民族特性决定了它不会轻易抛弃形成已久的制度。❹

---

❶　何勤华主编：《英国法律发达史》，法律出版社1999年，第95页。

❷　何勤华、张海斌主编：《西方宪法史》，北京大学出版社2006年版，第325页。

❸　赵宝玉：《西方五国宪法通论》，中国人民公安大学出版社1994年版，第164页。

❶　何勤华、张海斌主编：《西方宪法史》，北京大学出版社2006年版，第325页。

3. 英王是英国政党斗争和社会矛盾的协调者和缓解器

在实行政党政治的现代英国，政党之间围绕国家政权存在激烈的冲突，执政党与在野党之间的冲突威胁着宪政体制的稳定性与有效性。在实行多元主义民主政治的现代英国社会阶级、阶层和社会利益集团矛盾的分化和整合日益明显与剧烈。在政党冲突和社会矛盾影响社会秩序和宪政体制时，英王作为超党派、超阶级、阶层和利益集团的"中立者"，出面调解这些冲突和矛盾，从而在"国家利益"的形式下使这些冲突和矛盾得到协调和缓解。英王多次成为平息和化解政治危机的重要角色。

4. 英王通过咨询、鼓励、忠告等形式，对内阁的执政活动作出实际影响

英王以其世袭、长期任职的地位，通过调阅内阁文件和其他文件的特权，以及听取首相、大臣报告政务的机会，为掌权者提供一些经验。通过咨询、鼓励和忠告，在现代政党政治过程中保持政策的理性和效率。如维多利亚女王在位长达64年，其间经历了20届内阁共11位首相，漫长的在位时间让她积累了丰富的经验，对一些外交事务和国内重要政治问题常常有独到而深刻的见解，因此，她经常在内阁更替过程中，对新任首相及时地提出一些合理化的建议，从而保证政府政策的连续性。❶

第四节　英国议会

议会是英国的最高立法机关，从理论上讲，英国议会是由英王、上议院、下议院三部分构成的，英王是议会的三个构成部分之一。但在实践中，由于英王是国家元首，加之在现代英国议会制度下，英王并不实际参与议会的活动，议会的权力主要是由议会两院操作，因而法学界在研究英国的宪政制度时，通常都将英王作为国家元首研究，而不将其作为属于议会的一个构成部分来研究。因而这里所指的英国议会，主要指上、下议院。

一、英国议会的产生

英国议会是现代"议会之母"。而英国议会的前身可追溯到1265年召开的封建等级大会议。1265年起召开的封建等级会议已经不同于之前已有的御前会议。御前会议只限于英王及其陪臣参加，从不邀请骑士和市民参加。1265年1月，当时英格兰的实际统治者革新派首领贵族西门·德·孟福尔为获得各阶层支持而召集了一个范围广泛的会议。这届会议与以往的会议相比，除有部分贵族和骑士代表参加外，还有经过选举产生的平民代表参加，而入选的资格几乎遍布当时所有的有产者。这届会议使得社会地位比骑士更低、成分更为复杂的市民也逐步进入

---

❶ 何勤华、张海斌主编：《西方宪法史》，北京大学出版社2006年版，第326页。

到国家决策中来。❶ 但封建等级会议并不是现代意义上的资本主义议会，封建时代的英国国会总体上说是封建王朝的附属物，国会完全由国王操纵。议员对国王意志稍有违背，即被投入监狱，重者剥夺生命。但 1265 年封建等级大会议为英国资本主义议会的形成奠定了坚实的基础，自此始，临时召集的会议成为惯例，并把会议分成由大贵族和高级教士组成的上院及骑士和市民代表组成的下院，成为英国议会制度的滥觞。到 1343 年正式形成议会的两院制度。❷

二、英国议会的发展

（一）"议会主权"下的议会

17 世纪英国资产阶级在实现政治解放的过程中，根据资产阶级古典政治理论家、法学家们的设计，逐步把议会推向了国家权力的中心，这就是"议会主权"理论。"议会主权"的表现主要有两方面：一方面是议会立法权在国家权力体系中处于最高地位。只要政府存在，立法权就应当是最高的权力。行政权与司法权从属于立法权，并对立法权负责。另一方面，议会有权监督执行权的行使，有权"调动和更换"执行机关，从而使执行权对立法权的"政治责任"得以贯彻。

英国资产阶级革命后，英国议会通过 1689 年的《权利法案》，1701 年的《王位继承法》和 1832 年的选举改革，逐步实现了向"议会主权"的转换。

《权利法案》和《王位继承法》，为建立英国现代议会提供了最初的法律基础，其表现有二：（1）巩固和扩大了议会特别是下院的职能和权力。《权利法案》规定，未经议会同意，国王不得终止法律生效和废止法律。只有得到议会同意，国王才能征税。和平时期在王国范围内维持常备军也需得到议会同意。议会实行自由选举。议会中有议论和辩论的自由。《王位继承法》为阻止国王对国会活动的操纵，规定：凡担任任何属于国王的有报酬职务或职位者，以及向王权领取抚恤金者，均不能成为平民院议员。国王的赦免对下议院弹劾案无效。一切法案只有经议会同意才具有法律效力，国王必须严格按照国家的法律来治理国家。（2）使政府（原为枢密院，后为内阁）向国王负责逐步转为向议会负责，特别是向下院负责。由于下院可以通过提出弹劾和废黜法案的办法，追究政府国内外政策失败的责任，这迫使内阁必须尽可能实行议会赞成的政策。这迫使国王开始吸收议会中多数党的领袖参加内阁。如果国王的大臣得不到议会的支持，他们就应该辞职。1742 年首相辞职，1782 年内阁集体辞职皆因于此。同时，原枢密院的职能与权力也逐步转移到内阁。1832 年的选举改革，彻底改变了国王在议员选举、首相选择、左右内阁成员态度、解除大臣职务方面的权力和影响力，改变

---

❶　胡锦光主编：《外国宪法》，法律出版社 2011 年版，第 19 页。

❷　韩大元主编：《外国宪法》，中国人民大学出版社 2009 年版，第 27 页。

了国王迫使政府下台的局面，真正确立起议会主权的制度。但是，随着资本主义进入垄断时期后，"议会主权"的代议制民主政治体制开始不适应经济基础的新要求，于是"议会主权"的代议制民主政治体制被"行政集权"的代议制民主政治体制所取代。

（二）行政集权下的议会

自 20 世纪初以来，特别是第二次世界大战以后，英国议会职能与权力逐渐让位于行政部门，议会内的权力重心也从上院下移到下院。1832 年的《选举改革法》扩大了选举权取消了上院提名下院议员候选人的权力，结束了上院控制下院的局面。1911 年通过的《议会法》规定，下院通过的财政法案无须经过上院赞同，使得上院丧失了否决下院财政议案和其他议案的绝对权力，确认了下院的政治优势地位。宪政体制的重心从议会向行政位移。这表现为议会的议事规则向有利于内阁控制的方向发展。1881 年的《关于紧急情况的决议》，首相取得提请下院认定某项问题为紧急问题的权力。原属议会的大部分立法权逐渐以直接或间接的、公开的或隐蔽的形式转移至以首相为核心的内阁（如财政权法案的提出移至内阁）。议会还通过对内阁的大量"授权立法"而使立法权实际落入内阁之手。内阁首相传统上仅是国家行政官员之首，而今已成为"政党的领袖，各部大臣的任免人，内阁会议的主席，大选的宣布者，经常与外国打交道的代言人"。议会与内阁的关系由"主仆"关系变为了"仆主"关系。

当然，行政集权时代的英国议会也不是一个可有可无的政治机构，相反，它在提供人民主权向政府治权的合法转换，内阁政府的立法和政策的权威性认定，提供政党合法活动的体制框架，作为公民陈述民情的必要场所等方面仍有着无法替代的作用，其在形式上仍保留着"议会主权"的地位。

随着历史车轮的向前推进，英国议会主权在欧洲一体化的背景之下也受到了空前的挑战。《1972 年欧共体法》明确要求欧共体成员国议会过去和未来的立法活动都应受到欧共体法的限制。英国在加入欧共体后，通过"西班牙油轮"案基本确立了欧共体法的最高效力。这一观点不仅在法官的司法中得到秉持，也逐渐为理论界所认可。❶

三、英国议会的组织

现代意义上的英国议会是由下议院和上议院组成的两院制。下议院由选举产生的议员组成，上议院主要是由不同来源的贵族议员组成。我们主要从三个方面来关注英国议会的内部组织结构。

（一）议长

英国的上院和下院各设议长一人。上院议长是内阁成员，由首相提名，女王

---

❶　胡锦光主编：《外国宪法》，法律出版社 2011 年版，第 20 页。

任命，一般由大法官兼任。但自 20 世纪末以来的英国工党政府执政以来，对上议院的改革逐步取得实质性的成果，其中包括上议院议长的产生方式。2006 年 7 月 4 日，上议院第一次用选举的方式产生了一位新议长，原工党政府卫生大臣，现为上议院议员的女男爵海琳·海曼（Baroness Hayman）成为英国历史上第一位选举产生的上议院议长，标志着英国上议院改革的实质性进步，是英国宪政史上一个具有里程碑意义的事件。❶下院议长从议员中选举产生，实际上是执政党与反对党协商后从执政党中选出。每届新的议会开始，立即选举议长，议长一旦当选，只要本人愿意可连选连任，不受执政党更换的影响，直至谢世或辞职。两院议长都履行一定的职责，如下议院议长支持下院会议进程，确保下院的活动符合规则法，并制止辩论中不适当的行为和重复发言，并享有最后决定性的表决权；而上院议长除主持上议院的会议进程外，还对外代表上院处理有关事务。

（二）议会委员会

英国议会的委员会主要可分为四类性质不同的委员会：

（1）常设委员会。近年来下议院设有 10 个常设委员会。常设委员会是专门审理议案的机构，它主要审议公议案，以及根据委托立法制定的行政规章。

（2）特别委员会。特别委员会是为检查某一方面行政工作而设置的，主要任务是监督行政，并向议会提出报告。近年议会一般有几十个特别委员会。其中公共账目审查委员会和公共开支特别委员会是两个最重要的委员会。

（3）全院委员会。由下议院全体议员组成。全院委员会主要用以审查财政议案和宪法性议案。

（4）联合委员会。即应任何一院要求成立的两院委员会。其职责是处理委员会阶段没有争议的议案，如统一议案以及关系重要原则问题的私议案，并将审议报告分别提交两院。

（三）议员的产生方式

上议院议员均为拥有贵族身份的人，目前约 1000 名。传统上院议员通过贵族世袭、国王册封、贵族内部推选等三种方式产生。贵族有宗教贵族、世袭贵族、终身贵族和上诉审贵族四类。基于英国国内对上议院组成的诟病，20 世纪末工党政府一直致力于对上议院的改革。1999 年《贵族院法》撤销了贵族院的绝大多数世袭贵族，停止了将爵位的继承作为进入议会的自动入场券的做法，为使上议院更具代表性和民主性，改革的方向是上议院议员完全由终身贵族组成，从而实现"上议院议员由选举与任命并行"的改革方案。

下议院议员通过普选、平等、直接、秘密的方式选举产生。在选举资格的要求上，除居住期限外，凡年满 18 岁没有被法律取消投票资格的英国公民都有选

❶　胡锦光主编：《外国宪法》，法律出版社 2011 年版，第 22 页。

举权。凡年满 21 岁英国公民都有被选举权，但受到诸多限制，如未偿还债务的破产者、法官、文官、警察、正规武装部队成员等。在选举体制上，下议院议员选举采用选举区相对多数选举制，即每一选区产生一名议员，议员候选人只要取得相对多数就能当选，从而进入下院。目前，在此选举体制基础上选举产生的下议院议员大约有 635 人。

四、英国议会的权力

根据《议会法》的规定，英国议会的主要权力有立法权、财政监督权、行政监督权以及司法权，其中司法权由上院单独行使。上院还享有立法倡议、审查和修改法案、延搁权等。根据宪法惯例和有关法律，立法权、监督政府财政和行政的权力实质上主要都归于下院。英国议会两院在权力配置上的特点是，财政事项的决定权完全归平民院享有；立法事项的决定权基本上由平民院掌握，贵族院只能行使修正权和拖延权。❶

（一）立法权

立法权是议会的传统职权之一。任何一部法律草案转变为生效的法律必须在下议院和上议院各以"三读程序"审议通过，而后经英王签署批准。在行政集权时代的议会，法律草案基本由内阁提出，进而进一步侵蚀了议会上议院的立法倡议权。当然，就议会立法的一般程序而言，大致要经过议案的提出，两院各以三读程序讨论通过，最后呈请英王签署批准后在"政府公报"上公布后生效。

（二）财政权

财政权是议会的另一项传统职权。议会的财政权主要体现在议会批准公共开支，批准税收法案、审查公共账目等过程中。英国的财政年度是当年 4 月 1 日至次年 3 月 31 日，下议院在每个财政年度通常要通过四项财政法案，即岁入法案、拨款法案、税收建议案和决算案。

（三）监督权

遵循"政府进行统治，议会从事监督"❷ 的议会内阁制政权组织形式，议会监督权作用的对象主要是内阁。监督发生包括提出质询、进行调查、推行辩论、提出不信任案。

其中质询的方式可以是口头质询，也可以是书面质询。就质询对象而言，口头质询包括议员对大臣的口头质询和议员对首相的口头质询。与口头质询相比，由于书面质询提问和答复均无数目和时间限制，议员提出的质询绝大多数是书面质询，大臣答复书面质询的内容也比较详细而充分。❸

---

❶ 蒋劲松：《议会之母》，中国民主法制出版社 1998 年版，第 126 页。

❷ 龚祥瑞：《比较宪法与行政法》，法律出版社 1985 年版，第 224 页。

❸ 唐晓："英国议会质询制度的程序和规则"，载《吉林人大》2007 年第 1 期。

若议会通过对内阁的不信任案或否决政府的重要法案（如财政法案），内阁必须总辞职。因其目的是促使限制政府总辞职，故又称为"倒阁"权。它是议会监督制约行政机关的一种手段。不信任投票，是一把既对着政府又同时对着议会本身的双刃剑，因为议会下院在提出对政府的不信任投票的同时，要承担由此可能引起的下院自身被政府解散的风险。❶当然，1867年以后，除1924年麦克唐纳因此而辞职外，再没有发生过政府被"倒阁"的情况。

（四）司法权

上议院既是立法机关，同时又担负司法机关的职能，这是英国政治制度的一大特色。上议院是民事、刑事案件最高上诉审级，是最高审判机关，处于英国司法体制的最顶端。它所作的判决对下级法院均具有约束力。但是随着英国的司法改革的进行，尤其是2009年10月新的英国最高法院（Supreme Court of the United Kingdom）的成立，英国上议院的司法权被转移，上议院拥有最高司法权的状况正在成为历史。❷

五、英国议会的改革

英国的议会从溯源之时就一直处在不断的变革之中，尤其是经过资产阶级革命确立了君主立宪制后，期间经历了从议会主权时代的议会到行政集权时代的议会转变的历史进程，并使得议会权力的重心不断从上院转移到下院，并进而从议会转移到政府。随着市场制度的发展、民主政治的推进，英国开始创新审视贵族在宪政制度中的存在问题以及公共权力分配问题。其结果就是引发了自1997年以来工党政府所推进的议会改革。这次议会改革体现了行政集权制时代议会发展的制度性力量以及对民主政治推进的努力，议会改革的内容主要在两个层次上展开：其一是对上议院的改革；其二是健全议会制度，建立地方议会。❸

（一）上议院改革

上议院改革意在最大限度上消除世袭制在宪政体制中的存在及其影响。一如前述，此次宪政改革前，上议院在英国宪政体制中具有特殊的地位，表现一为上议院议员均为贵族，表现二为除议会立法职权外，上议院还在英国的司法系统中具有最高地位，而且上议院议长一身三任颇具特色，即上议院议长、内阁成员之一、法官级别最高的大法官（同时是英格兰和威尔士地区司法系统的最高领导人）。而对上议院改革的目标恰是对这两种情势的革除，即撤除世袭贵族在上议院议席中的名额分配和革除上议院的司法职能。

第一个改革的目标以《1999年上议院法案》的通过为标志，取得了阶段性

❶　杨曙光："英国议会的监督制度"，载《人大研究》2005年第7期。
❷　胡锦光主编：《外国宪法》，法律出版社2011年版，第24页。
❸　韩大元主编：《外国宪法》，中国人民大学出版社2009年版，第35页。

的成果，该法规定，在 2002 年下届议会选举之前，750 名世袭贵族议员将被取消在上院的参政权和投票权，92 名世袭议员将在过渡期内保留议席并参政。❶

第二个改革的目标以 2004 年《宪政改革法案》（the Constitutional Reform Bill 2004）为标志，取得了对上议院改革的实质性成果。该法案提出三大方面的改革是其核心内容，其终极目标是剥离上议院的司法职能，真正实现英国的现代意义的民主政治，保证司法独立的原则。这三个方面的内容是：一，废除贵族院的司法职能，贵族院的司法议员（law lord）将不复存在；二，成立一个新的独立的最高法院；三，成立一个独立的法官任命委员会。❷

（二）地方议会健全❸

1997 年工党政府着手改革议会之前，在苏格兰和威尔士还没有由选举产生的议会。1998 年《苏格兰法案》得到批准，随后苏格兰议会选举于 1999 年 5 月举行并随即成立。新选举产生的苏格兰议会由 129 名议员组成，每届议会任期为 4 年，苏格兰议会通过的法律只与其立法期限内的事务相关，但只有在符合欧盟法律和 1998 年《人权法案》的情况下才有效。威尔士议会根据《1998 年威尔士政府法案》设立并于 1995 年 5 月选举成立。新成立的威尔士议会由 40 名选举产生的代表和 20 名地区代表组成，每届议会任期 4 年。威尔士议会只能制定经授权的立法。

第五节　英国内阁

英国宪政体制中的行政系统以英国政府为其最高行政机关。它的组成和其他西方国家的政府不同，既没有法律上的依据，又没有确定的范围，而是经过几百年的历史演变而成的。在英国的行政机构中，内阁是政府的核心，而首相是内阁的主宰者。❹

一、内阁制的形成

内阁的英文为 Cabinet，原意为"内室"或"密议室"。英国内阁的起源可以追溯到 17 世纪初的斯图亚特王朝詹姆士一世时代，它是从枢密院的外交委员会演变而来的。以 1688 年光荣革命为界限，在斯图亚特王朝前期，内阁在英国已

---

❶ 江国华、朱道坤："英国议会改革及其趋势（1999—2010）"，载《长沙理工大学学报（社会科学版）》2010 年第 4 期。

❷ 汪再祥："英国宪政的历史性转折——英国《2004 年宪法性改革法案》述评"，载《法商研究》，2005 年第 3 期。

❸ 韩大元主编：《外国宪法》，中国人民大学出版社 2009 年版，第 36 页。

❹ 同上书，第 36～37 页。

开始萌芽，依托于枢密院而设立的"外交委员会"，实际上就是处于萌芽状态的内阁。但到 17 世纪末光荣革命前夕，随着内阁制逐渐处于半公开化状态，人们对"内阁"的认可程度越来越高，深深融入到英国的政治生活中。1689～1714 年间，即斯图亚特王朝后期 25 年间，英国先后经历威廉三世及安妮女王两任君主，此间内阁完成了从私密的御用机构向公开的、合法的政治机构的过渡，这标志着内阁制在英国的形成。❶ 内阁制度形成之后，一直未得到法律的正式确认，直到 1900 年"内阁"才第一次见于议会的布告，1937 年《国王的大臣法》才使内阁的名称有了法律的依据。❷

二、内阁制的结构

（一）内阁的组成

内阁是英国政府的核心，英国政府权力集中在内阁手中，因此人们习惯上将内阁指代政府。一般而言，除首相外，外交大臣、财政大臣、国防大臣、内政大臣、大法官、枢密院院长、掌玺大臣等均为当然的内阁成员。由于对内阁的阁员人数从未作过明确的规定，所以这种组阁权通常都是由首相控制的。第二次世界大战后，一般内阁人数为 20 人左右。为实现政府重大决策的统一和效率，首相往往在内阁大臣中再挑选亲信阁员，与其就一些重大决策进行预先讨论和协调，这被称为"阁中之阁"。2005 年大选建立了由 23 位成员组成的内阁，其中包括首相、副首相、第一国务大臣以及一些要害部门的领导人。

（二）内阁的机构

内阁机构包括内阁委员会和内阁办公厅。

1. 内阁委员会

内阁委员会是处理各种具体问题的决策事务的组织，是协助内阁工作的附属机构，产生于第一次世界大战时期。1945 年艾德礼首相完善了该制度，从此，内阁委员会成为英国内阁的基本机构。

目前有 150 多个内阁委员会。主要分为两类：（1）常设委员会，分管防务、经济政策、内政、社会公益服务、立法等事务；（2）为解决特殊或临时性问题而设的特别或临时委员会。内阁委员会成员由首相指定。

2. 内阁办公厅

内阁办公厅是协调内阁与内阁各委员会工作的机构，内阁办公厅成立于 1916 年，当时称"内阁秘书处"。1983 年内阁办公厅设 5 个机构：内阁秘书处、中央统计局、人事管理局、历史档案馆、政府的主任科学官员。内阁办公厅现有工作

---

❶ 刘金源："论近代英国内阁制的形成"，载《史学集刊》2011 年第 2 期。

❷ 黎传综："英国内阁的由来及首相的产生"，载《世界历史》1982 年第 2 期。龚祥瑞：《英国行政机构和文官制度》，人民出版社 1983 年版，第 23 页。

人员 7 000 多人，内阁办公厅由内阁秘书长领导。

三、内阁制的运作

内阁在首相的主导下运作，首相是内阁的主宰者。

（一）首相的产生

首相是内阁的首相，居实际行政首长的地位。内阁的一切活动，无一不在首相的领导之下进行，首相除了服从统治阶级意志之外，几乎不受其他任何机构的约束。❶ 一般认为，自 1712 年英王乔治一世不再出席并主持内阁会议，而由第一财政大臣沃波尔主持内阁会议，以后即产生了作为主持内阁会议的第一部长即首相。首相的出现，把枢密院从国王的一个谘议机构变成了不依赖于国王的各部大臣的内阁。首相名称 1878 年第一次见于官方文件，并在 1937 年《国王的大臣法》以法律形式确认了首相职位的存在。按照惯例，首相由在大选中获得下议院多数席位的政党或政党联盟担任，形式上由英王任命。首相是一人三任的人物——政府首脑、议会领袖和党魁。首相因此而拥有相当大的权力。

（二）首相的职权

首相的职权主要表现为六个方面。

（1）组建和改组内阁，任免内阁与政府成员和其他各界重要官员。首相任免高级官吏，包括大法官、最高上诉法院法官、上诉法院法官、枢密院顾问官、上院副职领导人等。首相还可以英王的命名册封贵族。

（2）充当内阁与英王联系的纽带。内阁和各部的决定，国家重要的内外事务，均由首相代表政府向英王汇报。按照规定，首相每周二晚上要拜会英王报告政务。首相又将英王的建议带到内阁会议。

（3）领导内阁和政府的工作。首相主持内阁会议，内阁会议决议以首相的意见为准。首相还监督各部，协调各部关系，批准无需提交内阁讨论的重要决定。国家和政府的财政政策和财政预算由首相领导的内阁，特别是首相和财政大臣决定。

（4）通过议会党团控制议会的运作。首相作为下议院多数党领袖，下议院多数党党团骨干均受首相领导，按首相的意志行事是下院多数党议员的基本取向，因此，议会法案或议案的通过与否在相当程度上取决于执政党及其领袖的意志；以首相为首的内阁不仅向议会提供公议案，同时控制议会的议程和规则；议会的委员会大多由首相领导的多数党议员控制；议会的解散也由首相提请英王宣布。

（5）领导执政党控制执政党的行为。首相作为执政党的领袖，他有权对不服从他的意志和要求的领导成员、普通议员及内阁和政府成员采取从教训到撤

---

❶ 黎传综："英国内阁的由来及首相的产生"，载《世界历史》1982 年第 2 期。

职，直至开除党籍的各种惩戒措施。

（6）宣布国家处于紧急状态，并采取非常措施的权力。根据1920年的《紧急状态法》，在国家正常生活受到威胁的情况下，首相可以通过内阁提请英王宣布国家处于紧急状态。一旦宣布国家进入紧急状态后，首相领导的内阁就获得了大量非常权力。

应当看到，首相的地位和权力虽然没有法律上的制约，但在整个宪政体制中却受到各种钳制。这通常会从政治斗争、政党竞选、党内派别冲突、社会舆论倾向等方面表现出来。

（三）内阁的职权

内阁的权力不是根据法律而是按照惯例行使的。"内阁是英国宪法制度的核心。"❶内阁的职权既包括行政权，又包括立法权。

（1）内阁的行政职权主要包括：内阁是政府的领导机构；掌握国家最高行政管理权；领导和协调政府各部、掌管全国的内政外交；直接控制武装部队；制定国家的大政方针。

（2）内阁的立法职权主要包括：内阁起草并提出会议案，享有立法创制权或提案权；决定议会的立法会议议程和进度；通过首相控制的议会党团和督导员支配议员的投票取向、立法内容。

概括地讲内阁的职权是决策、管理和协商。

第六节　英国司法体制

在西方资本主义国家的现行法院制度中，当数英国的现行法院制度最为复杂。其之所以复杂，与英国中世纪的法院体制混乱及资产阶级革命的不彻底性有关。经过19世纪70年代和20世纪20年代、70年代的法院体制的改革，形成了英国现行的法院制度。

英国现行的法院制度，按适用地域来划分，可分为英格兰和威尔士法院体系、苏格兰法院体系和北爱尔兰法院体系❷；按审理条件的性质来划分，可分为民事法院系统和刑事法院系统两大体系。在两大系统之外，又设有行政裁判所、军事法院、少年法院、劳资法院等专门法院。

---

❶　［英］约翰·高兰：《英国政治制度》，希铭译，世界知识出版社1956年版，第31页。

❷　尽管英国是一个统一的中央集权的国家，但没有全国统一的司法体制，这是英国司法体制的一大特点。参见胡耀芳、姜竑："英国司法体制概述"，载《中国司法》2004年第3期。后文关于民事法院和刑事法院的设置及管辖亦参见该文。

随着 20 世纪末持续至 21 世纪初的宪政改革不断取得实质性进展，如改革议会上议院并建立独立的最高法院，使得英国的司法体制更为完善以更好地贯彻司法独立。

一、民事法院

（一）英格兰和威尔士民事法院

英格兰和威尔士的民事法院由低到高为：

（1）治安法院。治安法院对颁发许可证、非诉离婚以及分居、非诉未成年人监护、青少年保护令和依据 1995 年精神健康保护令拥有民事管辖权。

（2）郡法院。属民事初审法院，审理各种民事案件、家事案件以及对治安法院的上诉案件。

（3）高等法院。高等法院管辖一审案件和上诉案件，一审管辖并无金额限制，包括一切诉讼，但主要审理复杂、重大的民事案件，二审管辖权主要是受理对郡法院裁决上诉的案件。高等法院设衡平法庭、后座法庭和家事法庭 3 个法庭。

（4）上诉法院。上诉法院受理来自高等法院、郡法院和各种裁判所的上诉，可以维持、改判或撤销下级法院的判决。

（5）上议院。上议院是英国的终审法院，有权对民事和刑事上诉案件进行法律审。在民事事务上，有权审理来自苏格兰最高民事法院、北爱尔兰上诉法院、英格兰和威尔士的上诉法院民事分庭的上诉案件。但上诉到上议院的案件受到严格的限制，每年只有很少的案件才可以上诉到上议院。

（二）北爱尔兰民事法院

北爱尔兰民事法院由低到高为：

（1）郡法院。郡法院管辖的民事事项非常广泛，刑事管辖权仅限于对治安法院有罪判决不服的刑事上诉案件。

（2）高等法院。高等法院审理诉讼标的金额相对较大、案情复杂、重大的民事案件以及对郡法院上诉的案件。高等法院由 3 个法庭组成，即衡平法庭、王座法庭、家事法庭。每一法庭分工审理不同类型的民事案件。

（3）上诉法院。上诉法院审理对高等法院民事裁决不服的民事上诉案件以及郡法院、治安法院以及部分审裁处的裁决有关法律问题提起的上诉，即上诉法院对所有法院的民事上诉案件进行法律审。

（4）上议院系英国最高上诉法院，对来自北爱尔兰的涉及重大事项的民事上诉案件进行法律审。

因此，英国的民事法院系统大致包括四个审级法院即郡法院、高等法院、上诉法院民事庭、上议院。其中郡法院为地方法院，后三个法院为中央法院。民事法院审理的案件主要是有关债务纠纷、违背契约、家庭纠纷、遗嘱、离婚等涉及个人与个人财产的案件，对这类案件主要采用赔偿损失的方法处理。

二、刑事法院

（一）英格兰和威尔士刑事法院由低到高依次为：

（1）治安法院。属刑事初审法院。治安法院法官由1名领薪法官和2~7名兼职法官组成。治安法官由法律大臣以女王的名义任命。审理的大部分刑事案件涉及家事关系，还受理税收、社会保险等法定义务案件。在刑事管辖权方面，对重罪案件进行初步听审，审理并裁决轻罪案件。治安法院审理案件没有陪审团。

（2）皇家法院。皇家法院设立于1972年，属英国最高法院的组成部分，是严重刑事案件的审判机关。皇家法院审理的刑事案件包括：治安法院就皇家法院专属管辖的可公诉犯罪移送的案件；可由治安法院审理，亦可由皇家法院审理的案件；治安法院判罪处刑的被告，对治安法院裁决提起的上诉。

（3）上诉法院。上诉法院分为民事审判庭和刑事审判庭，法庭及办公室位于伦敦的王座法院。上诉法院的法官包括：首席大法官、上诉法院民事审判庭首席法官以及35名大法官。上诉法院对所有法院的民事、刑事上诉案件进行法律审理。

（4）上议院。议会的司法职能由上议院行使，它是大不列颠及北爱尔兰联合王国的最高上诉法院，对涉及重大事项的上诉案件进行法律审。在刑事方面，有权受理来自上诉法院和北爱尔兰的上诉案件。但它对苏格兰的行使上诉案件无管辖权。

（5）欧洲法院。英国成为欧共体成员国后，改变了议会至上地位。就涉及欧洲因素的案件而言，当事人可向欧洲法院提起上诉，欧洲法院为终审法院。任何与欧盟法律相关的案件皆可提交欧洲法院，欧洲法院裁决的效力高于上议院裁决和英国立法。

（二）北爱尔兰刑事法院

北爱尔兰刑事法院由低到高为：

（1）治安法院。负责对公诉案件进行初步听审，审理并裁决细微刑事案件、涉及青少年犯罪案件和部分民事、家事案件。

（2）皇家法院。对严重刑事案件即公诉刑事案件拥有排他性管辖权，皇家法院首席大法官担任院长，上诉法院、高等法院乃至郡法院法官有时亦在皇家法院坐庭办案。北爱尔兰皇家法院共设有9个审判地点。

（3）上诉法院。位于贝尔法斯特的王座法院内。上诉法院法官包括首席大法官即院长和3名上诉法官。在刑事事务方面，上诉法院审理对皇家法院裁决不服的刑事上诉案件，也受理对郡法院、治安法院以及部分审裁处的裁决有关法律问题提起的上诉，即上诉法院对所有法院的刑事上诉案件进行法律审。

（4）上议院。系英国最高上诉法院，对来自北爱尔兰的涉及重大事项的上诉案件进行法律审理。

因此，英国审理刑事案件的法院，也大致分为四个审级法院，即地方法院、刑事法院、上诉法院刑事庭、上议院。

（三）苏格兰的法院结构

苏格兰虽属英国的一部分，但为独立的法域，享有一定的立法权和独立的司法权。

（1）地方法院。系苏格兰审理民事案件和刑事案件的初级一审法院。地方法院办理的业务主要包括民事案件、刑事案件、代表事务，主要负责死者个人遗产的处理。

（2）高等民事法院。系苏格兰最高民事审判机构，由大法官负责，审理各种民事案件和上诉案件。高等民事法院分为初审部和复审部，前者系高级一审法院，后者为第一级上诉法院。

（3）高等刑事法院。负责审理刑事上诉案件和重大刑事案件，院长称为首席大法官。高等刑事法院审理案件，一般皆有陪审团参与审理，投票确定裁决。尽管该法院设在爱丁堡，但可依便利原则在苏格兰各地进行审判。

（4）法院总会计师。主要职责为：依法院指定，为不能亲自监护财产的未成年人或精神病人监管财产和提供咨询。

三、专门法院

专门法院是上述两个普通法院之外的法院，英国的专门法院包括行政裁判所、军事法院、少年法院、劳资关系法院等。军事法院和军事上诉法院是普通法院之外最重要的专门法院，负责审理军职罪及军职人员所犯的普通刑事罪；对前者有专属管辖权，对后者则与普通法院双重管辖。其最高审级也是上议院。

英国的行政裁判所也具有专门法院性质，但由于它们隶属于各种行政机关，而且只管辖特定种类的行政诉讼，因而并不是严格意义的司法机关，故又称准法院。❶

四、司法程序与法官和律师

（1）英国是最讲究司法程序的国家。在英国有"程序先于权利，首先是程序"的说法。英国的司法程序有如下特点：

①实行无罪推定的司法程序。在发现其有罪之前，每个人均被视为无罪。在庭审中，举证责任完全由原告承担，被告不得自证其罪。

②贯彻抗辩式的审判方式。在庭审中，原、被告双方互相对质抗衡，通过当事人及律师的辩论来澄清事实，法院只扮演消极的角色，在双方辩论结束后进行判决。

---

❶ 胡锦光主编：《外国宪法》，法律出版社 2011 年版，第 35 页。

③推行陪审团的审判制度。

（2）英国的法官分为 7 级，从低到高分别是：治安法官（不领薪金的业余法官），支薪治安法官、记录法官（由高级律师兼任的法官）、巡回法官、高等法院法官、上诉法官、常设上诉议员（由法律贵族兼任）。

各级法官（包括不领薪金的业余法官），一律不经选举而用委任的方式产生。按规定，大法官、常设上诉议员、上诉法院法官由首相提名，英王任命。高等法院法官由大法官提名，英王任命。其余法院由大法官任命。法官一般从具有多年法律实践的律师中选任。

英国的律师分为诉状律师（又称初级律师）和出庭律师（又称高级律师）两大类。诉状律师从事的工作主要是，直接为当事人承办不动产转移、立遗嘱、签订契约等一般法律业务，和受当事人的委托从事各种证据和案件必需的文字准备工作；出庭律师则是辩护士角色，他不能直接与当事人接触，所有的联系必须通过诉状律师。诉状律师在治安法院和郡法院可以出庭为当事人辩护。

英国法官实行高薪制，大法官的年薪高于首相的年薪（1983 年公布的资料，大法官年薪为 59 300 英镑，比同期首相年薪 49 000 英镑高出 13 000 英镑）这样做的目的是高薪养廉。

五、英国司法体制的改革

（一）司法体制改革的立法渊源

世纪之交（20 世纪末至 21 世纪初）的英国司法改革的主要举措存诸英国成文法之中，这些立法主要涉及两方面内容：一是剥离英国上议院的司法权，并进行民主化改造；二是设立英国最高法院，并赋予其更加强大的权力。这些立法渊源主要包括：1998 年《人权法》（Human Rights Act 1998）、1999 年《上议院法》（House of Lords Act 1999）、2005 年《宪政改革法》（Constitutional Reform Act 2005）。

1998 年《人权法》将欧洲人权公约整体纳入英国国内法体系之中。该法第 3 条授权各级法院可以检查议会立法及其授权立法是否符合《欧洲人权公约》的规定，且不论该立法或授权立法是在《人权法案》通过之前或之后生效；该法第 4 条则授权法院在议会立法与《欧洲人权公约》不一致的情况下有权作出不相符的宣告。这些条文一方面肯定了《欧洲人权公约》高于英国国内法的地位，确立了一个高于国内议会立法的上位法，使得英国第一次出现了高于普通法律的立法；另一方面则对英国议会的立法权产生了相应限制——英国议会不能再违反 1998 年《人权法》之规定进行立法，不再无所不能，这就部分否定了英国议会主权的至高无上性，也为英国司法权进攻性权力的滋长提供了依据。

1999 年《上议院法》最主要的举措是废除了在英国沿袭了上千年的世袭贵族制。上议院的改革在 1999 年确立了一个基调：一方面利用大选的方式来推进上议院的民主化，使其能够改变上议院原先的劣势地位；另一方面则利用原来的贵族制度，改革下议院中的政党控制格局，使得在大选中占据多数的政党不再能够彻底控制议会，以造就一个不至于完全受制于政党政治而无法摆脱优势政党控制的下议院。

2005 年《宪政改革法》有两个主要内容：一是该法延续了 1999 年《上议院法》对上议院进行民主化改革的思路，并维持了上议院在司法上的一些职能；二是该法创设了新的英国最高法院。就这一改革内容来看，英国上议院在 2005 年《宪政改革法》实施之后，其司法职权即被完全剥离。虽然从该法的其他条文来看，上议院仍在英国司法体系中发挥重要作用，但这种作用已经体现为一定的人事任免权和司法行政权了。再者，2005 年《宪政改革法》还创设了英国最高法院，这一举措是非常激进的，按照该法的规定，英国最高法院已于 2009 年 10 月成立，结束了英国自古就没有形式上最高司法机关的历史。❶

（二）司法体制改革的主要成就❷

1. 上议院演变成为英国最高司法行政机构

改革后的上议院在组织机构上将成为一个民主化组织，在功能设置上则将成为司法行政机构——上议院议长不再担任司法职务。由民主机构决定法院的人事权问题，在权力秩序上也会增强法院的合法性。同时，当前的改革路径也将使上议院实现其权力合法性上的增强，并更有利于其行使作为一个议院的职能。正因如此，2005 年《宪政改革法》中关于上议院议长职能最主要的规定是，上议院议长有维护司法独立之职责。

2. 新设的最高法院成为英国最高司法机关

新设最高法院是英国司法体制改革最为引人注目的。按照 2005 年《宪政改革法》第 23 条的规定，最高法院将包括 12 名法官，均由女王书面任命；女王有权通过枢密令增加最高法院法官的人数，然而这一项枢密令的发出，必须经过上下两院同意；女王有权书面任命某一法官作为法院院长（President of the Court），以及一名副院长（Deputy President of the Court），院长及副院长之外的法官则被称为"最高法院法官"（Justice of the Supreme Court）；无论缺少任何一个法官还是院长、副院长，法院都将会正常运作。该法第 24 条则进一步规定了第一届最高法院法官的产生方式。现在的上议院常任上诉法官（Lord of Appeal in Ordinary）将直接成为最高法院法官，而常任首席上诉法官（Senior Lord of Ap-

---

❶ 江国华、朱道坤："世纪之交的英国司法改革研究"，载《东方法学》2010 年第 2 期。
❷ 同上。

peal in Ordinary) 和常任次席上诉法官 (Second Senior Lord of Appeal in Ordinary)❶ 将成为最高法院院长及副院长。

2009 年 10 月 1 日,英国最高法院成立,并以西敏国会广场的前米德尔塞克斯市政厅作为法院院址。该院创立之初仅设置了 11 名法官,悬缺 1 名。最高法院设院长 1 名,副院长 1 名。11 名法官与原来的英国上议院保持了非常严格的对应性,到任 10 名法官中,除新增 1 人外,其余 9 人均由上议院常任上诉法官担任。

3. 司法的独立性和统一性得以强化

在改革之前,所有的 12 名上议院常任法官(或称法律贵族)都是上议院议员。上议院是最高上诉法院,审理联合王国的所有民事案件,并审理英格兰、威尔士、北爱尔兰的刑事案件(苏格兰的刑事案件由苏格兰高等法院行使终审权)。

上议院常任法官作为上议院议员,并非仅仅作为司法官处理案件,本身也有其议会事务需要处理。最高法院的设立则使他们完全脱离议会事务,能够更加专心地处理案件,也更加方便地避免干涉。

改革之后所建立的全英国的最高法院将不再是内附于上议院的机构,而是完全接收了上议院、枢密院和苏格兰高等刑事法院的终审权,改革后的终审权不再由多方行使,这对英国司法统一性的推动是显而易见的。

我们还注意到,该法第一次对司法独立问题进行强调,这是英国有史以来第一次对司法独立这一宪政基本原则进行成文法上的说明。❷ 在此之前,英国的司法独立都是通过学理上的论证和说明加以保障,而没有制定法的宣告。2005 年《宪政改革法》强调了英国司法的独立性,正是对司法独立这一英宪原则的肯定与推动。

世纪之交的英国司法改革主要通过一系列立法和建立最高法院的举措形成了上议院为最高司法行政机关和最高法院为最高司法机关的英国法院新体系。在传统的延续与理念的更迭中,司法独立得到伸张,议会主权理念削弱,英国司法制度呈现一幅新的图景。❸

经过司法改革后,大致而言,英国法院体系如图 1❶:

---

❶ 常任首席上诉法官和常任次席上诉法官就是指上议院的议长和副议长,只是文本中的另一个说法。

❷ Diana Woodhouse, United Kingdom: the Constitutional Reform Act 2005——Defending Judicial Independence the English Way, International Journal of Constitutional Law. 2007, Jan, p. 154.

❸ 江国华、朱道坤:"世纪之交的英国司法改革研究",载《东方法学》2010 年第 2 期。

❶ 郑先红等:"英国司法制度概述及启示",载《中国司法》2011 年第 12 期。

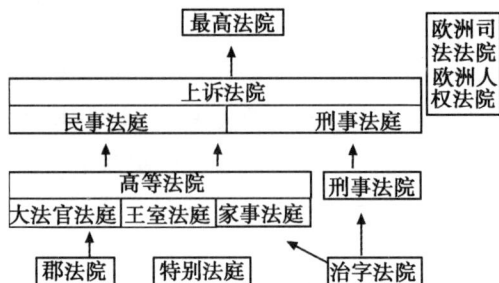

图 1　英国法院体系图

第七节　公民基本权利

英国宪法对公民的基本权利分别规定于不同的宪法性文件中，其主要内容为❶：

一、人身和财产的自由

在英国（主要指英格兰和威尔斯），个人人身自由的法律主要指两方面：一是个人自由被剥夺的依据，二是被剥夺者对剥夺行为提出争议的补救办法。如以有关逮捕法而论，大部分逮捕都是由警察执行的。一般逮捕都涉及刑事法院的程序，根据治安法院法（1952 年）第一节处理。大多数逮捕都应有逮捕令，但按照普通法或制定法，有些没有逮捕令的逮捕也是合法的，如根据 1967 年新《刑法法》所规定的应逮捕罪。任何人对正在或已经犯有这种罪行的嫌疑者，虽无逮捕证也可逮捕。

对人身或财产自由的侵犯有多种形式的补救办法。如被害人可对侵犯人提起民事诉讼要求损害赔偿或归还财产；侵犯人身时，被害人可提起人身伤害的控告；侵犯人是警察时，公民可对警察部门提出正式控告，对该警察可能采取刑事诉讼或纪律处分。在干预人身或财产时，公民有权自卫，但这种情况可能导致复杂的民刑事责任问题。

1679 年通过的《人身保护法》，规定的被捕人及其代理人有权请求法官发出人身保护令，要求有关部门将被捕人在一定期限内送交法院加以审查。1953 年生效的《欧洲人权公约》第 5 条第 4 款的规定在英国有效。任何人因逮捕或拘留而被剥夺自由者应有权要求法院迅速确定拘留的合法性。如属违法，应立即命令释放。

---

❶　沈宗灵：《比较宪法——八国宪法比较研究》，北京大学出版社 2002 年版。

在英国法律中，财产权主要指地产权，有关动产产权的法律属于其他私法部门。按照英国普通法的传统，财产权与人身权都是神圣不可侵犯的，但以后有很大变化。"国会经常立法（有时使用激烈手段）修改土地财产权。国会如果愿意的话可以对公民的人身自由和言论自由积极立法，但看来英国政治制度对这些自由的价值要比维护财产权放在更高的地位。"

二、表达自由

表达自由一般指言论自由和接受与传播信息与观念的自由，又称出版自由或新闻自由。英国法律对这些自由既有保护又有限制。民事方面的限制主要是反诽谤法；刑事方面的限制包括反煽动法和反猥亵法。有些情况如果是在具有绝对或相对特权条件发表时将受到保护而不构成诽谤。绝对特权，如在诉讼程序中陈述，在议会会议上的陈述等。

相对特权，如根据一定义务（法律、社会或道德义务）而作的陈述等。在反诽谤法中还规定一些其他的辩护。例如，被告可能在审理过程中证明他讲的话是真实的；他的"公正的评论"是为了公共利益，等等。

在英国历史上，直到 1695 年国会才停止执行《许可证法》。但这不是由于公众对出版自由的强烈要求，而是由于难以对印刷和进口书刊实行管制，因而放弃许可证制度而强调对出版物的刑事控制。就现代来说，对出版物的管制有下列一些法律：1911～1939 年的《官方保密法》、1797 年《煽动叛变法》、1934 年的《煽动不满法》、1964 年的《警察法》等。有关惩治色情书刊的 1959 年《禁止色情出版物法》。

三、集会与结社自由

英国宪法学家强调，自由在社会生活中是相互冲突的利益之间不断妥协和协调。英国原则上没有要求公民为商讨公共事务举行集会而需要政府官员的批准。政府也无权预先禁止公民集会。组织集会的主要实行限制是必须找到集会场所。伦敦海德公园有一块地方专作人们公开演讲之用，人们称之为"讲演者之角"，被誉为英国"民主"的象征。但按照 1873 年的一个判决，在此演讲也并非是绝对的权利。人们未经许可在道路上集会在技术上就会成为非法侵占道路主人（通常是当地政府）的土地，对这种道路人们只有通行的权利。根据 1946 年《公共秩序法》第 3 节的规定，警察有权规定游行队伍的路线并禁止其进入特定场所；警察或地方当局有权在相应情况下，经内务大臣同意，禁止在三个月内举行任何游行。

英国法律在原则上并不禁止公民为政治目的的结社。一个例外是公务人员（警察和文官），他们的雇佣条款规定不参加政治活动。总的来说，公民有参加政党活动集团、竞选委员会等组织而无需任何官方同意或登记，但为了维护公共秩序，禁止建立准军事组织。1936 年《公共秩序法》第 2 节规定如下行为违法：

（1）组织或训练任何团体的成员或支持人，旨在使他们能用来篡夺警察或武装力量的功能；（2）组织和训练（或装备）这些人，使他们能用来或体现促进任何政治目标的实际武力，或者是体现这种形式，从而导致合理的理解，即这些人是为此目的而组织、训练或装备的。

四、反歧视立法

许多国家的宪法都规定公民在法律上一律平等。但这种平等在法律上讲都是形式上的平等，不能保证社会或经济上的平等。在英国也存在种族歧视和种族偏见。20 世纪六七十年代英国加强了反种族歧视的立法：1965 年通过《种族关系法》，1968 年、1976 年又通过了同类立法，1975 年通过《反性别歧视法》。

除挑动种族歧视的不法行为外，议会很少用刑法来处理种族歧视。有些歧视形式被视为违反民事法。1968 年《种族关系法》强调和解，当事人主张的歧视案件委托种族关系委员会处理。该法规定以下几方面的歧视行为是非法的：（1）关于商品、设备和服务（如旅馆、银行、保险公司等）；（2）雇佣；（3）住房等。受歧视者无权在法院起诉，只能向种族委员会的和解委员会提出申诉。1976 年《种族关系法》为反对种族歧视提供了更多的保障，由种族平等委员会取代了以前的种族关系机构和种族关系委员会，除雇佣关系之外的控告可以由被歧视人在指定的法院起诉。

1918 年承认妇女有选举权。1975 年的《反性别歧视法》的内容与 1926 年的《种族关系法》类似，该法认为以性别为根据的歧视（无论是重男轻女或重女轻男）都是违法的。它反对直接与间接歧视。平等机会委员会负责执行这一法律。

五、1998 年《人权法案》

1998 年《人权法案》（Human Rights Act 1998）于 2000 年 10 月 2 日在英国正式生效。在《人权法案》通过之前，英国宪法不包含一个"权利和自由法案"，一个全面列举个人权利的法律文件，也没有一个对国家施以尊重个人权利的绝对义务的宪法的普遍原理。[1]《人权法案》生效后，《欧洲人权公约》中的个人权利，如生命权、刑事诉讼中的权利、言论自由的权利、接受教育的权利等都被吸收到该法案中，该法案在英国的法律体系中有宪法性法律的地位。[2] 以《人权法案》生效为标志，英国终于结束了两个世纪以来没有以成文宪法或人权文书形式对公民权利进行积极保障的历史。[3]

《人权法案》的内容包括 22 条（条款的议定）和四个附件。它采纳了《欧

---

[1] 李树忠："1998 年《人权法案》及其对英国宪法的影响"，载《比较法研究》2004 年第 4 期。

[2] 杨宇冠："国际人权法在英国的实施和欧洲人权法院"，载《人权》2006 年第 6 期。

[3] 尤雪云："英国《1998 年人权法》"，载《人权》2002 年第 3 期。

洲人权公约》的部分内容，即公约规定的实体权利：生存权、免受刑讯、免受被蓄为奴或奴役、免受强制或强迫劳动、享有自由和人身安全、不受非法逮捕的拘禁、公正审判权、免受歧视性的刑罚、尊重个人隐私和家庭权、思想良知和宗教自由、言论自由、结社自由、婚姻家庭权、不受歧视、限制外国人的政治活动、禁止权利滥用。对权利的限制和使用的限制性规定。此外还包括第一议定书规定的财产权、受教育权和选举权及议定书规定的废除死刑（死刑只在战时使用）等。❶

为了保证《人权法案》的有效实施，英国设立了一系列配套的人权保障机构。❷

（一）英国最高法院（The Supreme Court）的建构

依据公正审判权（right to a fair trial），在确定某人的权利和义务或者在确定某人的刑事责任时，任何人有理由在合理的时间内，得到依法设立的独立而公正的法院（an independent and impartial tribunal）的公平且公开的审讯。然而，长期以来，英国最高级别的上诉法院是上议院，这使得观察者有理由怀疑上议院法官的独立性。很显然，2004年《宪政改革法》新设的最高法院恰好妥当地解决了这个问题。

（二）人权联合委员会（Joint Committee on Human Rights）的运行

为了避免国内法和《欧洲人权公约》的冲突，《人权法案》第19条要求负责某项议案的部长必须就该议案作出和《欧洲人权公约》权利一致的声明，此可谓事前的声明程序；《人权法案》第10条则要求政府消除已有法律条款和《欧洲人权公约》的冲突性内容，此可谓事后的修正程序。为了落实《人权法案》第10条和第19条的内容，议会两院成立人权联合委员会。人权联合委员会自成立以来，已经向各政府部长提出了29个报告，内容涉及反恐、儿童监护、教育、个人信息保护和健康保障等多个方面。总体而言，人权联合委员会和《人权法案》中的事前声明及事后修正程序的结合，如同一道闸门，将英国法律中的反人权因素有效地拒之于法律体系之外。

（三）人权与平等委员会（Equality and Human Rights Commission）的建构

人权与平等委员会于2007年10月1日正式建立。人权与平等委员会的目标是：建立一个以公平和尊重为基础的社会，人们可以信赖自己的与众不同之处。其功能则包括：为那些希望保护自己权利的人们提供建议和指南；进行调查；启动法律程序；监督《欧洲人权公约》在国内法中的实施；监督新的立法；出版

---

❶　陈光中等："英国《人权法案》的制定"，载《检察日报》2011年10月11日，第5版。

❷　梁开斌："英国人权保障制度的新发展"，载《东南司法评论》2008年卷。

国家人权状况的定期报告。

思考题

1. 试分析英国宪法的特点及其宪法结构。
2. 试述英国宪法关于公民基本权利的内容。
3. 试论传统力量在英国宪政体制中的地位和作用。
4. 简述英国宪政体制中议会与内阁关系的演变。
5. 试论英王在英国宪政体制中的地位。
6. 简述英国的司法体制。

第二章　美国宪法

　　美国是世界上最早制定成文宪法的国家。它在 1787 年制定的第一部成文宪法，提出了若干近代宪法的基本原则，开创了制定成文宪法的先河。

　　自 1787 年制定出第一部宪法之后，美国又采取独特的方式，即在保留 1787 年宪法原文的基础上，通过不断增加修正案的方式，补充、修正、发展其宪法（目前已生效的修正案有 27 条）。在修正案的同时，宪法判例也是宪法的重要渊源，这使美国宪法成为一部活的宪法，至今 200 多年仍被沿用，从而使美国宪法成为当今世界上施行时间最长的成文宪法，也是对世界各国影响最广的宪法。

第一节　美国宪法的产生和发展

一、美国宪法产生的背景

　　美国宪法是美国独立战争胜利的产物，是美国在取得独立战争胜利的历史条件下，为巩固美国独立战争的胜利成果，而制定出的一部资本主义类型的宪法。

　　美国宪法产生的历史轨迹，大致经历了由发表《独立宣言》宣告美国独立，到制定《邦联条例》和州宪法，再到制定美国联邦宪法的历史过程。

　　（一）《独立宣言》

　　独立战争的第二年，即 1776 年 7 月 4 日，第二届大陆会议在费城通过了由托马斯·杰斐逊执笔起草的《独立宣言》。《独立宣言》首先提出，人人生而平等，他们都有天赋的不可转让的生命权、自由权和追求幸福的权利，人们为了保障和实现自己的这些天赋权利才成立政府，政府的权力来自"被统治者的同意"。据此，对于侵害上述权利的政府，人们有权改变和废除它。宣言在抨击了英国殖民当局压迫和剥削北美殖民地人民的 27 条罪行之后，庄严宣告，北美 13 个殖民地从此不再是英国的殖民地，从此中断与英国的一切附属关系，成立完全独立、自由的美利坚合众国。

　　不仅如此，宣言还为美国在独立后制定宪法打下基础。宣言第一次以政治纲领的形式宣布民主共和国的原则，提出了人权观念、政府有限原则和正当性原则，为实行资产阶级宪政制度提供了依据。

　　（二）邦联条例

　　为加强各州之间的联系，第二届大陆会议通过《独立宣言》的同时，提出了成立邦联——各州之间的松散联盟的计划。1777 年 11 月 15 日，第二届大陆会议通过了由约翰·迪肯森起草的《邦联与永久联合条例》（简称《邦联条例》），这是为美国制定宪法准备的另一历史文件。

《邦联条例》规定各州保持独立、将邦联的名称确定为"美利坚合众国"，组建合众国国会，并规定了合众国国会的有关权力，这些规定在当时不仅对协调13个州在独立战争中的关系，夺取独立战争的胜利，起了积极的作用；而且为后来制定美国联邦宪法、成立联邦制的国会，作了必要的、过渡性的条件准备。

但《邦联条例》也存在严重的缺陷：《邦联条例》只规定设立合众国国会，未建立邦联的行政机关和统一的军队。而且合众国国会的各项权力都是名义上的虚设权力，它缺乏实际操作和使用这些权力的必要手段，其权力对各州无强制力和约束力。麦迪逊曾指出，《邦联条例》不是一部宪法，它实际上只是独立自主的各州之间一种商业和联盟的友好条约。因此，在《邦联条例》下的美国，是一个中央无权、邦联松散的国家。

由于中央的权力太小，在1787年，对英、法和西班牙威胁美国领土的恐惧心理，捍卫美国独立的强烈渴望普遍上升。邦联深陷于经济困难之中：各州提供给中央的经费不足；货币贬值；各州互设关税壁垒，贸易保护主义盛行。1786年的谢司起义，更引起各界的极大关注。为了摆脱困境，必须建立强有力的中央政府，制定新的宪法，取代《邦联条例》。

（三）州宪法的制定

独立战争之前的100多年间，北美13个殖民地就开始进行宪政民主的探索。英属北美13个殖民地，除纽约系英国动用国家力量从荷兰人手中夺取之外，其余均由私人或民间团体筹划或出资建立。按照英国法律，殖民地所建立的政治制度必须符合君主政体的要求，由总督代表英王行使统治权，辅之以参事会和议会；而殖民地居民则享有英国国民的全部公民权利和政治权利。英王以特许状的形式，向私人或民间团体授予建立、管理和享有殖民地的权利。北美殖民地的特许状有三种：王室特许状、业主特许状和公司特许状，特许状在其生效的殖民地具有基本法的地位。特许状在殖民地的至高地位，表明人民相信可以依靠一种至高的法律文件而成功地进行统治，这种信念和态度，正是宪政主义的核心内容。

有些业主殖民地，为了将特许状授予他们的权力转化为可以操作的统治机制，通常通过会议的形式和居民订立"特许和协议"一类的文件，对业主的权力、居民的权利和义务，以及政府的形式做出明确的规定，以此确立合法的统治。纽约、新泽西、卡罗来纳等殖民地，均发布过类似文件。

普利茅斯、罗德岛、康涅狄格等殖民地，在建立之初没有获得英王授权。这类殖民地用民众契约来确立统治合法性，缔约者同意遵守根据多数人意志制定的法律，服从共同推选的官员，从而形成政治和社会秩序。《五月花号公约》和《康涅狄格基本法》就是典型的殖民地共同契约。1620年移居普利茅斯的清教徒集体订立的《五月花号公约》，公约宣布：我们所有在下面文件上的签名人，……作为伟大的詹姆斯一世的忠顺臣民，为了给上帝增光，传播基督教的信仰和我们祖国和君主的荣誉，立志在弗吉尼亚北部这片新开拓的海岸建立第一个殖民地。我们在上帝的面前，彼此以庄严的面貌出现，现约定将我们全体组成政治社会，以使我们能更好地生存下来并在我们之间创造良好的秩序。为了殖民地的公众利益，我们将根据这项契约颁布我们应当忠实遵守的公正平等的法律、法令和命令，并视需要而任命我们应当服从的行政官员。《五月花号公约》声明了建立政治共同体的目的，并赋予政府颁布法律和任命官员的权力，同时认可了法律和政府的权威，这些都为宪法的制定打下了基础。1638~1639年，康涅狄格居民们推举代表召开大会，制定《康涅狄格基本法》，宣布自愿结成"一个邦国或共同体"，由自由人选举代表和官员组成代表大会，掌握统治权。殖民地立法机构由3个城镇选出的代表、总督与参事会的成员组成，立法机构有权征税、接纳自由人、惩罚不规的行为等。《康涅狄格基本法》比以往契约更加完备和系统，具有成文宪法的性质。❶

殖民地时期的制宪活动，对于成文法典的重视和契约精神在政治共同体中的确立，对于后期人民主权和有限政府原则的形成都是不可或缺的思想资源和历史依据。

为了告别英国的统治，《独立宣言》通过之后，许多州开始制定州宪法。1776~1780年，有11州制定了本州的新宪法，它们分别是：新罕布什尔州、南卡罗来纳州、弗吉尼亚州、新泽西州、特拉华州、宾夕法尼亚州、马里兰州、北卡罗来纳州、佐治亚州、纽约州、马萨诸塞州。在13个州中，只有康涅狄格州和罗德岛州未制定新宪法，而是将原来殖民时期颁发的特许状作了若干修改之后，继续加以沿用。

从总体上看，独立初期11个州所制定的州宪法，篇幅都不大，在内容结构上大致包括以下几个方面：序言、公民的基本权利、政权机关的设置、选举权及担任公职的资格、修宪程序等。这些州的制宪活动，不仅对联邦宪法的制定有一定影响，而且成为各州通过联邦宪法和新州加入联邦时的标准宪法批准程序。

二、宪法的制定与修改

（一）宪法的制定

由于邦联政府的严重弱点，使其不能应付经济衰退，社会动荡，英国、西班牙的严重威胁，更谈不上促进经济的发展。因此，美国的资产阶级（主要是工商业者）希望补救邦联政府的弱点，建立一个强有力的中央政府来统一货币和关税，同外国进行谈判，保护本国工商业。南方的种植园主也希望建立一个强有力的政府，实行保护关税，保障农产品出口价格。当时的领袖人物华盛顿和汉密尔顿等人，也都认为强有力的政府是必要的，邦联各州于1787年5月14日在费城

---

❶　李剑鸣：《美国通史（第1卷）》，人民出版社2002年版，第257~258页。

独立厅召开，由于到会代表太少随即休会。5 月 25 日，有 29 名代表到会，会议正式开始。华盛顿以其威望和声誉当选为会议主席。本来，邦联大会限定这次会议的主题是只讨论修改《邦联条例》。然而随着会议的进行，5 月 29 日，弗吉尼亚州州长伦道夫提出了"弗吉尼亚议案"（"大州方案"，该方案由麦迪逊起草，代表联邦派的主要主张）。该方案的提出立即成为会议的主要议题，并改变了会议的任务即由修改邦联条例变为起草一部新宪法，设计一个全新的全国政府。该方案要求建立"有力的、加强的联邦"，政府由立法、行政、司法三部门组成，议会设两院，第一院由人民直接选举，第二院由第一院从各州议会选出，由行政长官和某些法官组成的修正委员会有权否决议会的法律，议会可推翻否决。这些内容目的在于突出议会的权力和地位。方案的内容还包括其他方面。但方案关键的内容是两条：（1）全国议会对各州无资格处理的一切问题拥有最高权力，并有权否决任何州立法；（2）全国议会的两院至少有一院由人民选举。

从本质上讲，"弗吉尼亚方案"是以人民主权和拥有广泛权力的全国政府的概念为基础的。

6 月 15 日，新泽西州代表威廉·帕特森对弗吉尼亚议案提出了反对建议，这就是"新泽西方案"，也称"小州方案"。该方案意在修改而不是取代邦联条例。按照该方案，邦联国会筹措经费的权力将予以扩大，国会有权选出行政长官，然而国会依旧是由各州建立，其成员由各州遴选。他们担心大州会损害小州的利益。建议联邦议会仍实行一院制，且各州代表数相等，每州各有一票表决权。不同意赋予联邦议会否决各州议会立法的权力。

从本质上讲，"新泽西方案"是以州权派的立权和只拥有有限权力的全国政府的概念为基础的。

6 月 19 日，制宪会议进行了第一次决定性的表决：7 个州赞成"弗吉尼亚方案"，3 个州赞成"新泽西方案"，1 个州代表团内部发生分裂。表决结果对州权派是一个打击。小州的代表以退出制宪会议相威胁，要求至少应在联邦议会的一个院中各州实行平等的代表权。两派的斗争十分激烈，制宪会议大有破裂之势。为打破这一僵局，制定会议任命了一个由一个州一名代表组成的委员会在 7 月 4 日假期中协商出一个妥协方案，由于康涅狄格州的代表在其中发挥了关键作用，故这个妥协方案史称"康涅狄格方案"，即在"第二院（参议院）每州享有平等的表决权"。7 月 7 日全体会议以 6 票对 3 票通过委员会报告。7 月 16 日，会议通过妥协方案，5 个州赞成，4 个州反对，2 个州代表团弃权。最后会议以一票的多数通过了该方案，即宪法草案。该草案的主要内容是：（1）众议院由 65 名议员组成，按各州人口的比例分配到各州，由人民选举。（2）参议院由每州 2 名参议员组成，参议员由各州议会遴选。这一妥协被认为是制宪会议达成的最重要妥协，后来被称为"大妥协"。这一妥协协调了大小州的利益，使小州在参议院占优势，大州在众议院占优势，使大小州都支持一个强大的中央政府，使宪法得以产生，避免了国家的分裂。（3）中央政府的权力大大加强，且十分广泛。其中最重要的有：征税权、管制州际和对外贸易权、铸币和发行货币权、举债权、管理破产权、办理外交、同外国缔结条约、拥有和指挥军队、宣布和进行战争的专有权、建立全国法院体系权、制定为行使宪法授予权力的"必要和适当"的所有法律的权力。管理州际贸易条款（"商业条款"）和"必要和适当条款"，成为后来扩大联邦政府权力的重要的宪法依据。全国政府拥有对公民直接行使的合法权力；合众国的宪法、法律、条约是"全国的最高法律"，各州必须服从；国会众议员由人民选举而不是由州议会选出，代表人民而不代表州。

联邦派也作了让步。宪法除规定各州在参议院的平等代表权之外，还规定联邦政府对各州出口货物不得征税，同外国缔结条约须得到参议院2/3多数票的批准，认可奴隶制等，这些规定不仅是对州权派的让步，也是对南部种植园主的妥协。其中对奴隶制的妥协，被美国学者认为是制宪者们的"最大的妥协"。这一妥协使奴隶制合法化，这是对《独立宣言》宣布的"人人生而平等"原则的"背叛"，实际上把这一原则变成了"所有白人生而平等"。这一妥协也为后来的南北战争埋下伏笔。

表 1　邦联条款同联邦宪法比较❶

邦联条款的弱点	联邦宪法如何加以纠正
1. 州拥有最高权力	全国人民拥有最高权力。建立联邦，加入的州不能退出。联邦宪法和法律是国家最高法律
2. 不设独立的行政部门	第二条规定总统由人民间接选举。总统被授予"执行权力"。总统是陆、海军总司令，可采取为使法律得以忠实执行所必要的一切步骤
3. 不设邦联法院，邦联法律由各州法院实施	第三条规定设立单独联邦法院系统，联邦法院有权实施联邦法律和宣布不符合联邦宪法和法律的州法无效
4. 无权征税	第一条第八款授权国会征税
5. 无权管制州际商业	第一条第八款授权国会管理同外国的和州际的商业
6. 邦联国会代表由州议会选出，应按指示投票，可被罢免	国会议员任期固定，可按自己意志行事。众议员由人民直接选举，参议员由州议会选举（1913年改为由人民直接选举）
7. 邦联条款只有13州一致同意才能修改	宪法可由3/4州的同意加以修改
8. 邦联国会只拥有明文授予的权力	国会既拥有明文授予的权力，又拥有默示权力
9. 中央政府不能直接对人民行使权力	中央政府对人民直接行使其权力，并同州共同行使某些权力

（二）宪法的批准

宪法草案于1787年9月17日制宪会议通过后，邦联国会于9月28日提交各

---

❶　李道揆：《美国政府和美国政治》，商务印书馆1999年版，第29页。

州批准。按宪法草案规定：宪法将由各州召开由人民选举的州代表大会批准，而不是由州议会批准；宪法经 9 个州而不是 13 个州批准而生效。制宪者们之所以规定这样的批准程序，一是因为他们担心各州议会出于保存州的权力或意识形态的原因，可能反对这部宪法；二是他们知道不可能得到，至少不可能很快得到 13 个州的一致批准，事实上北卡罗纳州和罗得岛州的代表会议起先确实曾拒绝批准宪法。因此，人们预期批准宪法将是一场激烈的斗争。

围绕宪法草案的批准，宪法支持者（以麦迪逊和汉密尔顿为代表的联邦派）与反联邦派（包括州权派和以杰斐逊为代表的民主派）在全国展开了激烈的论战。联邦派以汉密尔顿、麦迪逊和约翰·杰伊为首以"普布利乌斯"的笔名在报刊上发表了 85 篇捍卫宪法的文章，形成了著名的《联邦党人文集》。这些文章对推动美国宪法的批准起了十分重大的作用。

值得注意的是，大多数小州由于在参议院获得了平等代表权而对最后的宪法草案感到满意，很快批准了宪法（特拉华、新泽西、佐治亚、康涅狄格等小州几乎一致通过）。而大州弗吉尼亚、宾夕法尼亚、马萨诸塞、纽约州 4 个州，宪法的支持者与反对者之间的斗争十分激烈，宾夕法尼亚以 46 对 23，马萨诸塞以 187 对 168，弗吉尼亚以 89 对 79，纽约州以 30 对 27 的微弱优势批准宪法。尤其是在"权利法案"的问题上，双方的斗争最为激烈。

关于个人自由，即个人的权利是宪法批准中的焦点问题。宪法反对者的观点，不是联邦政府受到的制衡太多，以致人民的意愿将会遭到挫败，而是政府受到的制约太少，个人的权利将得不到充分的保障。尤其重要的是宪法中没有权利法案。权利法案成为关系到能否批准的"关键问题"。

在制宪会议上，一位代表曾提议把权利法案写进宪法草案，但被各州代表团拒绝。为什么原本重视个人自由的制宪者们不同意将权利法案写进宪法呢？美国的史学家与政治学者提出了种种解释。詹姆斯·威尔逊把这些原因归纳为三点：第一，宪法（草案）已包含了对个人自由的一定保障（如：人身保护状不得中止，除非发生入侵或战争；国会不得通过公民权利剥夺权案；国会不得通过追溯既往的法律；刑事案件由陪审团审理；每个州的公民应享有各州公民享有的一切特权和豁免权；不得以宗教信仰的声明作为担任合众国官职的资格；不得制定损害契约自由的法律）。第二，到 1787 年，大多数州已有权利法案，足以保障个人的权利。第三，制宪者们认为他们是缔造一个只拥有明确的权力有限的政府。政府只能做它被授权去做的事，宪法在任何条款中都未允许政府侵犯言论自由或出版自由或施加残酷非常的刑罚。一些代表可能担心，如果一一列举应加以保障的个人权利，以后的官员可以认为他们有权做宪法未明白加以禁止的事。这些说法都有道理，但更为深刻的原因是，在美国革命初期，由于反英斗争的需要，美国资产阶级不能不强调人民主权和人民的权利，《独立宣言》还宣布人民有推翻政府的权利。但到制宪会议时，当时社会矛盾与阶级矛盾激化，局势动荡，爆发了广泛的农民起义，在这种情况下，不是应该强调人民的权利，而是应该强调加强中央政府和政府维护法律和秩序的权力。

宪法建立的联邦政府将是一个拥有广泛权力的中央政府。人民则强调要求有一个联邦权利法案，以约束联邦政府，保障人民的权利。在这方面，人民同州权派和激进的资产阶级民主分子（如杰斐逊等人）是一致的。弗吉尼亚和纽约州都是在同意将权利法案补充进宪法的前提下才批准宪法的。

在弗里尼亚和纽约州批准宪法之前，新罕布什尔于1788年6月21日批准了宪法，成为批准宪法的第九个州，按照制宪会议的规定，宪法随即生效。1788年7月2日，邦联大会宣布美利坚合众国宪法生效，并要求已经成为合众国成员的各州选举合众国国会两院的议员和选举总统的选举人。1789年4月，第一届联邦国会和联邦政府正式成立。华盛顿以全票当选为美利坚合众国第一任总统并于4月30日在当时的首都纽约宣誓就职，联邦政府宣告成立。

（三）宪法的修改

美国第一届国会开会时，就把制定规定公民基本权利的宪法修正案即"权利法案"，作为首届国会的重要立法议题。会议委托麦迪逊等人起草了"权利法案"草案，在经过讨论和修改后，1789年9月25日，国会通过了规定公民基本权利的12条宪法修正案。会后将这12条宪法修正案提交各州议会批准，结果有两条修正案未获批准（这两条分别是：关于每5万人选举1名众议员的修正案，关于在竞选期间国会议员的薪俸不应改变的修正案），有10条获得批准。这10条即成为"权利法案"。（表2"权利法案内容提要"）

权利法案可以说是美国宪政史上第一次大规模的修宪，但它是以增添内容的形式附加在宪法本文之后，而不是对宪法内容的修改。美国宪法自生效以来没有作过一次整体性的修改。

宪法修正案是宪法规定的正式改变宪法的唯一手段。宪法对宪法修正案的提出作了如下规定：国会如遇两院2/3多数认为必要时得提出本宪法的修正案，或应各州2/3的州立法机关的请求，召集会议以提出修正案。就美国200多年来修宪实践来看，美国实际完成的27条宪法修正案都是由联邦国会各以2/3的多数票提出的，后一种方式从未使用过。这表明，美国的修宪提案权实际掌握在联邦国会手中。关于宪法修正案的批准，宪法第5条规定，对提出并通过的宪法修正案，经各州3/4的州立法机关或经各州2/3的制宪会议批准，即成为本宪法的一部分而在内容和宗旨上均发生效力，其批准方式得由国会提出。在美国至今获得批准的27条宪法修正案中，除第21条修正案是经3/4的州制宪会议批准生效外，其余26条宪法修正案都是在提交各州议会批准时，获得3/4的州议会批准而生效的。这种方式有利于维持宪法的稳定性和连续性。

表2　自宪法生效以来，美国宪法修正案共27条的内容❶

权利法案内容提要
（前10条宪法修正案内容分类列出）

保护公民参加政治程序
第一条：宗教自由，言论、出版、集会自由，以及向政府请愿的权利。
　　　　携带武器和住宅权
第二条：人民备置和携带武器的权利不受侵犯。
第三条：和平时期不得在民宅驻扎军队。
　　　　保护公民免受警察和法院专横行为之害
第四条：不得对公民进行无理搜查和扣押。
第五条：必须有大陪审团的起诉书，方可对公民以重罪进行审判。
　　　　不得对同一犯罪行为进行两次审判。
　　　　不得强迫任何人自证其罪。
　　　　不经正当法律程序，不得剥夺任何人的生命、自由或财产。
第六条：实行享有迅速、公开、公正审判和取得律师为其辩护的权利。
第七条：价值超过20美元的民事诉讼由陪审团审理。
第八条：保释金和罚款均不得过重，不得施加残酷和非常的惩罚。
保护州的权力和未列举的人民权利
第九条：未列举的人民权利不得剥夺。
第十条：未授予合众国或未禁止各州行使的权力，由各州保留。

二十七条修正案

1－10 权利法案（1791）
11. 防止一个州在未经其同意时在联邦法院被控告（1795）
12. 要求选举人用不同选票分别选举总统和副总统（1804）
13. 禁止奴隶制（1865）
14. 给公民下定义；禁止各州不经正当法律程序而剥夺公民的生命、自由或财产、或拒绝给予公民平等法律保护（1868）
15. 禁止因种族、肤色或以前是奴隶而剥夺公民的选举权（1870）
16. 授权国会课征所得税（1913）
17. 规定国会参议员由人民直接选举（1913）
18. 禁止在美国酿造、运输和出售酒类，禁止酒类的进出口（1919）
19. 禁止因性别而剥夺公民的选举权（1920）
20. 取消国会的"跛鸭"会期；改总统就职日期为1月20日；授权国会在当选总统和副总统不合乎资格时规定代理总统之人，或选出代理总统的办法（1933）
21. 废除第十八条修正案（1933）
22. 规定总统只能连任一次（1951）
23. 允许哥伦比亚特区居民选出三名总统选举人（1961）
24. 禁止因未交纳人头税或其他税金而剥夺公民的选举权（1964）
25. 规定在总统或副总统职位出缺时应由谁担任总统或副总统；规定总统不能履行职务时，应由副总统代行总统职务（1967）
26. 禁止因年龄关系而剥夺年满十八岁和十八岁以上的公民的选举权（1971）
27. 改变参议员和众议员服务报酬的法律，在众议员选举举行之前都不得生效。（1789年9月25日提出，1992年5月8日批准）

❶ 李道揆《美国政府与美国政治》，商务印书馆1999年版，第35页。

（四）最高法院对宪法的解释

无论是宪法本身还是以后增添的宪法修正案，都未对宪法解释权的归属及解释的含义作出规定。这个问题是由惯例解决的。

1803 年，美国最高法院首席大法官约翰·马歇尔在"马伯里诉麦迪逊案"的裁判中宣布，国会 1789 年制定的司法法第 13 条违反宪法。马歇尔写道："解释法律显然是司法部门的权限范围和职责"；宪法是"国家的根本法和最高法"；"违反宪法的法律是无效的；法院和其他部门都受到该文件（宪法）的约束"。这个判例确立了法院解释宪法的效力，法院有权宣布国会制定的法律、总统发布的行政命令、行政机关颁布的规章条例及州宪法和州法律违反联邦宪法，因而无效，不得实施。政府其他部门必须受法院裁决的约束。这就是法院的"司法审查权"。只有联邦最高法院才拥有解释宪法的最终权力。联邦最高法院解释宪法，同许多国家中通常理解的宪法解释有很大区别。它是通过一个案件解释宪法时不限于阐明宪法条款的含义，而是宣布某项法律、行政条例或总统命令是否违宪，这时它往往发展甚至改变宪法条文的原有含义。所以美国最高法院的解释宪法权或司法审查权，就成为改变宪法的重要手段。最高法院的裁决一经作出，即成为宪法惯例，政府其他部门及各州必须遵守。只有最高法院的新裁决或宪法修正案才能改变先前裁决所确立的原则。美国宪法 200 多年没有重大的整体修改，除 27 条修正案外，主要是通过最高法院的裁决来发展的，正如第十一位首席大法官查尔斯·文斯·休斯所言："我们在宪法下生活，但宪法是什么意思，却是法官们说了算。"

虽然在过去的 200 余年中，被最高法院宣布违宪的联邦法律不过 120 件，但是几十年以前的宪法律师几乎不认识今天的宪法了。（1）原先，国会不能管制制造业，采矿、发电、农业，因为这些同州际商业无直接关系；现在则认为这些方面对州际商业的影响已"直接"到可以由联邦加以管制了。（2）原先，国会不能向州的机构和雇员征税，反之亦然；今天，这些政府之间的豁免已大多不复存在了。（3）原先，州的最低工资法是违宪的，今天则不违宪了。（4）原先，预选不是选举，今天则是。（5）原先，州可以自由地划分选区，今天则不能。（6）原先批准种族隔离，今天则不能。（7）原先，死刑不被认为是残酷的刑罚，今天死刑的判决必须符合最高法院所定的标准。这些变化都是联邦最高法院对宪法进行新的解释的结果。甚至有人认为，就改变宪法而言，法院对宪法的解释的影响，远远大于正式的宪法修正案。有一点要说明的是最高法院的解释并不是一贯的，有"从严解释"与"从宽解释"。（1954 年推翻了 1896 年有关种族隔离的判例）后面的判例可以推翻前面的判例。

（五）总统、国会和政党所创立的宪法惯例

所谓宪法惯例，是指宪法本身及其修正案无规定，但由于已有先例，在实际政治生活中沿袭相承，被公认是宪法制度的组成部分的那些实践。联邦最高法院行使司法审查权对宪法所作的解释，自然是惯例。总统、国会、政党在其活动中也创立了许多宪法惯例，这些宪法惯例大致有三类：

第一类：是宪法及其修正案根本没有规定的。如政党制（尤其是两党制）、总统内阁、国会的委员会制和年资规定。国会内的政党组织、总统与外国订立行政协定的效力、总统免除他所任命的高级行政官员而无须参议院批准的权力，总统的"行政特权"，总统扣押国会拨款的权力等，均属此类。

第二类：使宪法原有的某种制度名存实亡的惯例，最明显的是间接选举总统的选举人团制。政党的出现和选举制度的变化，多数情况下使选举人选举总统成为形式和徒有虚名的过场。

第三类：是同宪法规范相对立的惯例。宪法规定，只有国会有权宣战。但是形成的惯例是总统不经国会宣战即对外进行战争。如第二次世界大战后美国对朝鲜、越南和柬埔寨的战争、入侵巴拿马，都没有取得国会授权。

举例说明总统创立惯例对宪法的修正。

华盛顿总统：有一次国会下令让总统华盛顿到国会作证，华盛顿认为这样做会使他丢脸，于是提出，国会无权把总统召到国会或国会的委员会去做证，国会无可奈何地对华盛顿的做法予以默认，由此形成了一项重要宪法惯例：国会无权下令总统到国会作证。

杰斐逊总统：杰斐逊之前的两任总统华盛顿和亚当斯，都在国会开会时亲自到国会发表演说，以此向国会陈述政府工作情况。由于杰斐逊口才不好，不善于演说，于是将有关政府工作情况写成书面发言稿，然后派秘书到国会代读，从此便形成了总统向国会发表各类书面国情咨文，以此指导和影响国会立法工作的宪法惯例。

林肯总统：有一次林肯与全体内阁成员（包括林肯在内共8人），一起讨论一项决议。在最后表决该议案时，其他7人皆投反对票，唯林肯一人投赞成票，但林肯最后却宣布："本议案7票反对，1票赞成，本案通过。"从此创立了内阁决议由总统一人裁决定夺，内阁只是总统的咨询机关，阁员对总统只有建议权，决定权属于总统一人的宪法惯例。

富兰克林·罗斯福总统建立了由总统亲信、助手组成的总统办事机构。截至目前，总统办事机构包括白宫办公厅、国家安全委员会、经济顾问委员会等。此外，华盛顿创立了总统连任不超过两届的宪法惯例，罗斯福打破了这一惯例，1947年国会制定出总统连任不超过两届的第22条修正案。

第二节　美国宪法的原则

美国宪法规定的基本原则，最主要的有以下几个原则：（1）人民主权和有限政府原则；（2）代议制原则；（3）分权制衡原则；（4）文官控制军队原则；（5）法治原则。下面我们来逐一讨论这几个原则。

一、人民主权和有限政府原则

在殖民地时期，甚至美国革命临近的时期，殖民地人民还默认英王的君权神授说。到了同英国决裂的前夕，殖民地领袖才根据资产阶级启蒙思想家的演说（自然法、理性、天赋人权、社会契约论），鼓吹政府是建立在"被统治者的同意"的原则基础上，以对抗封建专制和君权神授说和作为革命的依据。这两种学说矛盾焦点是最高权力的归属问题，即属于人民还是君主。《独立宣言》对此作出回答：为了保障天赋人权，"人们才在他们之间建立政府，而政府的正当权力则来自被统治者的同意。"这就是说，人民是主权者，权力属于人民，政府的权力来自于人民的委托，政府和官员应向人民负责。宣言还进一步提出，政府一旦破坏这一原则，"人民就有权改变或废除它，以建立新的政府。"美国宪法序言也表达了人民主权的观点："我们合众国人民，为建立更完善的联邦，树立正义，保障国内安宁，提供共同防备，促进公共福利，并使我们自己和后代得享自由和幸福，特为美利坚合众国制定本宪法。"

同人民主权原则紧密相连的是"有限政府"的原则。从理论上说：人民是主权者，政府的正当权利来自人民，人民是为了保障其天赋人权才建立政府的。从实践上看，英王及其在殖民地的代理人（总督）都滥用权力。因此，在建立政府，尤其是强大的政府时，既要授予权力，又必须对其权力加以限制。政府的权力不是绝对的，它只能行使人民通过宪法授予它的权力，不得行使宪法禁止它行使的权力。美国宪法第一条第八款列举了联邦政府可以行使的权力，在其他条款中规定了禁止联邦政府行使的权力，"权利法案"列举了政府不得侵犯的人民权利，都是限权政府原则的具体体现。

《独立宣言》宣布人民有革命的权利，这成为美国人反抗英国殖民统治争取解放的理论依据。美国革命胜利后，有些资产阶级政治家如杰斐逊、林肯等仍然认为人民有革命的权利。杰斐逊认为"自由之树必须不时用爱国者和暴君的血浇灌。血是它的天然肥料。"[1] 但已掌握着政权的美国资产阶级则转而强调有维护法律和秩序，即维护现行制度的权力。1951 年，美国最高法院在"丹尼斯诉美

---

[1] ［美］托马斯·杰斐逊：《杰斐逊集（上）》，刘祚昌等译，三联书店 1993 年版，第 22 页。

国"一案中断然否定了人民有革命的权利。

二、代议制政府

人民是主权者。然而人民通过什么形式行使其权力才能体现人民主权的原则呢？制宪者们拒绝了"直接民主"。他们认为直接民主不适用于像美国这样的大国。他们认为"我们所经历的邪恶来自民主的过分"（马萨诸塞代表格里语），直接民主意味着"动乱、过分和无秩序"。然而对政府也不可不加控制。于是他们选择了"间接民主"，即由人民直接或间接选举代表来实现多数人统治和对政府的控制。这就是代议制政府或代议制民主。

关于美国不能采用直接民主而要采用代议制的理由，麦迪逊在《联邦党人文集》第 10 篇中作过阐述。他声称共和政府是把"政府委托给其余公民选出的少数公民"。他还论证了代议制的优越性：

"通过某个选定的公民团体，使公众意见得到提炼和扩大，因为公民的智慧最能辨别国家的真正利益，而他们的爱国心和对正义的热爱似乎不会为暂时的局部的考虑而牺牲国家。在这样的限制下，可能发生下述情形：由人民代表发出的公众呼声，要比人民自己为此集会，和亲自提出意见更能符合公众的利益。"❶

宪法的许多规定体现了人民主权和代议制政府的原则。

代议制制度涉及的一个关键环节是选举问题。普选制是代议制的核心。为此，美国宪法废除了贵族头衔和世袭职务，规定所有公职向人民开放。《联邦党人文集》第 57 篇写道："谁是公众选举的对象呢？凡是其功绩能赢得国家的尊重和信任的公民都是这种对象。财富、门第、宗教信仰或职业都不得限制人民的判断或者使人民的愿望受到挫折。"❷ 宪法规定定期选举国会议员、正副总统和他们的任期，在候选人资格中没有财产的规定。

但是在普选制的问题上，美国对公民政治权利的规定过程是相当缓慢的。在美国历史上，公民权利和公民的政治权利长期是相互分离的，所有公民都享有宪法及前 10 条修正案所列举或默认的权利，但政治权利是一种基于财产、年龄、性别和种族的特权，具体地说，很长时间内，仅有那些拥有一定财产的白人成年男性公民才拥有政治权利。只是在自觉或不自觉地经历了四次重大变革后，政治权利才从一种特权演变为成年公民普遍享有的权利。第一次是 19 世纪 30 年代各州相继放宽了对选举权的财产限制，从而使白人男性公民的参政人数大为增加；第二次是 19 世纪 60 年代在宪法上承认了黑人选举权，使选民跨越了种族界限；

---

❶ ［美］汉密尔顿、杰伊、麦迪逊：《联邦党人文集》，商务印书馆 2004 年版，第 49 页。

❷ 同上书，第 291 页。

第三次是 1919 年宪法上肯定了妇女的选举权，从而使选举突破了性别界限；第四次是 1971 年将选民的年龄限定到 18 岁。

不仅联邦政府采用代议制，各州和地方政府也如此。在美国，从中央到地方，各级政府的民选职位多达 50 万个，频繁的选举为各国之冠。

选举在美国政治生活中起着十分重要的作用。定期选举，使民选官员及议员受到选民的监督，依靠选民和对选民负责，这样，选举就成为政府和当政者具有合法性的唯一依据。

在制宪者看来，唯有代议制政府既能体现人民主权的原则，使人民通过选举对政府实行控制，又可防止"暴民专政"和"民主过分"。

但是美国选举也存在诸多弊端，最突出的是，金钱对政治的左右和腐蚀。

三、分权制衡原则

"三权分立"理论最早由英国学者洛克提出，法国思想家孟德斯鸠完成。英国最早将"三权分立"学说运用于建立英国资产阶级国家政权问题上，但运用得不够充分。最早对"三权分立"原则作较彻底运用，并将其贯穿于成文宪法之中的首推美国。在庆祝美国"立宪 200 周年"时，沃伦·伯格评价"三权分立、相互制衡是美国整个政府体制的核心所在"。

制宪者们认为，要防止政府滥用权力和暴政，要保障个人和少数人的权利，仅仅限制政府的权力是远远不够的，还必须寻求另外的保障。关于这一点麦迪逊在《联邦党人文集》第 51 篇中作了非常深刻的阐述：

"防止把那些权力逐渐集中于同一部门的最可靠办法，就是给予各部门的主管人员抵制其他部门侵犯的必要宪法手段和个人的主动……野心必须用野心来对抗。……如果人都是天使，那就不需要任何政府了。如果是天使统治人，就不需要对政府有任何外来的或内在的控制了。在组织一个统治人的政府时，最大的困难在于必须首先使政府能管理被统治者，然后再使政府管理自身。毫无疑问，依靠人民是对政府的主要控制；但是经验教导人们，必须有辅助性预防措施。"❶

这种观点，在当时颇有代表性，也是多数制宪者的看法。从政治哲学讲，这是性恶论的人性主张。人不是"天使"，有了权便要滥用，也就是人们常说的"权力会腐化，绝对权力会绝对腐化"。故必须在国家结构和政府内部都实行分权，以权制权。用美国"宪法之父"麦迪逊的话说，就是"人民交出的权力首先分给两种不同的政府，然而把每种政府分得的那部分权力再分给几个分立的部门。因此，人民的权利就有了双重的保障。两种政府将互相控制，同时各政府又

---

❶　[美]汉密尔顿、杰伊、麦迪逊：《联邦党人文集》，商务印书馆 2004 年版，第 264 页。

自己控制自己。"❶ 所谓"两种不同政府"的分权，是联邦和州两级政府的纵向分权，即联邦制；"各级政府又自己控制自己"，是一级政府内部的横向分权，即立法、行政、司法三部门的分权，即三权分立制；这两种分权，就是麦迪逊的"辅助性预防措施"。

制宪者们根据建国以后各州政府已实行三权分立的实践，在宪法中精心设计了保证实施三权分立和相互制衡原则的一整套具体措施。他们不仅发展了洛克和孟德斯鸠的学说，而且把它法律化、制度化，这是他们对宪政理论和宪政制度的重要贡献。

下面我们来具体讨论"分权原则"、"制衡原则"和"联邦制原则"。

（一）分权原则

制宪者们认为，"立法，行政和司法权置于同一只手中，不论是一个人，少数人或许多人，不论是世袭的，自己任命的或选举的，均可公正地断定是虐政。"宪法于是在中央政府设立了平等而独立的立法、行政、司法三个部门，并规定立法权属于国会、行政权属于总统、司法权隶属于联邦各级法院。这就是宪法第1、2、3条的首句话作出的规定："本宪法所授予的各项立法权，均属于由参议院和众议院组成合众国国会"；"行政权属于美利坚合众国总统"；"合众国的司法权，属于最高法院及国会随时规定和设立的低级法院。"

为了保障三个部门的独立和分立，宪法对国会议员、总统、法官的产生办法和任期作了不同的规定。法官是由总统提名经参议院批准后任命。但行为端正可任职终身，这对于保障司法部门的独立尤为重要，宪法规定，总统任职期间的报酬不得增减，法官的报酬不得减少，总统和法官除受弹劾和被定罪外，不得被免职。宪法规定国会议员不得兼任合众国的文职官员，文职官员也不得兼任国会议员。

（二）制衡原则

联邦政府的权力分散到三个部门，而不是集中于一个部门。然而如果三权分立是绝对的，不受到制约，仍然不能防止权力的滥用。而可能导致国会专制、总统专制、法院专制。因此，三权分立便不能是绝对的，必须使三个部门既分立，彼此独立，又相互联系，相互制约和保持平衡。这就是三权分立和相互制衡的原则。在制宪者看来，只有三权分立又相互制衡，才可以既防止政府滥用权力，又保障人民的权利。

因此，宪法在保障三权分立和独立的同时，又规定了三个部门相互制衡的许多条款并创立了一些宪法惯例。

---

❶ ［美］汉密尔顿、杰伊、麦迪逊：《联邦党人文集》，商务印书馆 2004 年版，第 265 ~ 266 页。

国会对总统的制约权：（1）批准或否决总统对政府官员、驻外使节的任命；（2）批准或否决总统签订的对外条约；（3）推翻总统对法案的否决；（4）对总统和政府官员进行弹劾；（5）裁定总统有无履行其职权和责任的能力；（6）批准总统提出的副总统的人选。

国会对法院的制约权：（1）批准或否决最高法院法官的任命；（2）对法官进行弹劾。

总统对国会的制约权：（1）用立法否决权否决国会通过的立法案；（2）用"口袋否决权"否决国会通过的立法案。

总统对法院的制约权：通过最高法院法官提名和任命权，控制最高法院。

法院对国会的制约权：（1）用违宪审查权宣布国会的立法案违宪作废；（2）国会弹劾总统时，须由最高法院首席大法官任弹劾法庭主席。

法院对总统的制约权：通过解释宪法，宣布总统的行为或发布的行政命令违宪作废。

一般认为美国的政治制度是民主制的典范。国内有学者认为，美国的政治制度从根本性质上看并不是民主的，而是一种共和制。其体制实际上是亚里士多德讲的三种体制的综合，即君主制、贵族制和民主制的综合。总统制的某些功能是君主制的遗留；参议院在 1919 年直选前，是一个贵族院；真正表现美国民主性质的制度安排是众议院。❶ 应当指出，美国的这种分权与制衡的精巧设计肯定不是为了建立一个最有效率的政府形式，而是为了控制政府滥用权力——强迫政府控制自己。

（三）联邦制

从国家结构形式而言，有两种体制，分权的联邦制与中央集权的单一制。美国宪法采用了纵向分权的联邦制。宪法规定联邦和州分权，二者在各自权限范围内享有自由行动的权力。

制宪者们采用联邦制，除了前面已讨论过的权力不应集中于一个中心的原因外，更重要的是当时美国的政治现实使他们别无选择。当时，13 个州都是享有主权和独立的政治实体，不愿过多地交出其主权。另外还存在着北方资产阶级同南方种植主之间、大小州之间、联邦派和州权派之间的矛盾，只有采用联邦制才能调和这些矛盾，从而使宪法得以制定出来和得到各州批准。采用联邦制是各种利益的妥协。这种妥协表现在两个方面：宪法规定联邦和各州分权，而为了克服邦联的弱点，又强调联邦的地位高于各州。

联邦和州分权：宪法第十条修正案规定："宪法未授予合众国，也未禁止各州先例的权力，由各州各自保留，或由人民保留。"这条修正案提出联邦和州两

---

❶ 《美国年鉴》，中国社会科学出版社 2001 年版，第 256～257 页。

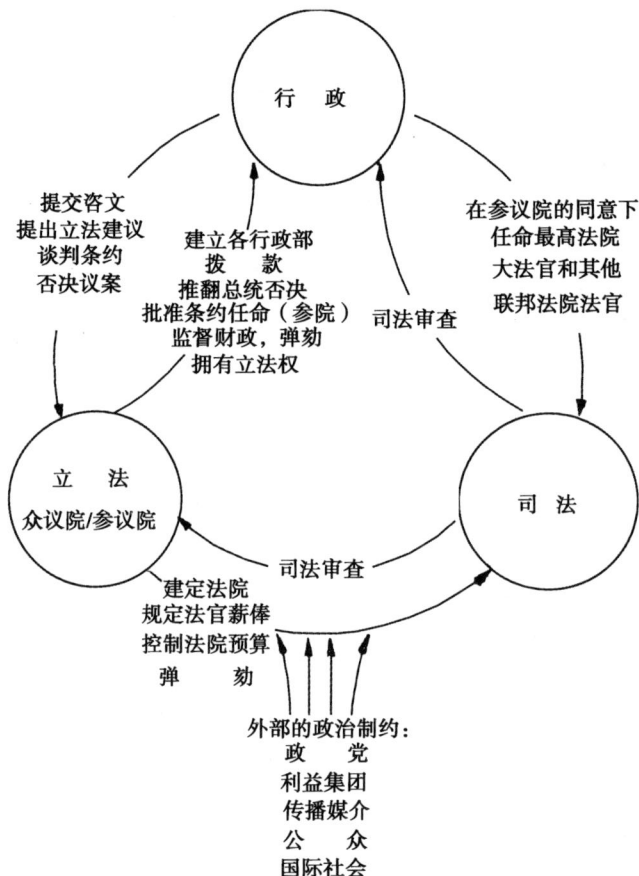

图 2 三权相互制衡示意图

级政府分权的准则：联邦政府拥有"授予的权力"（亦称"列举权力"或"明示权力"），州政府拥有"保留权力"。

按照宪法，联邦政府只能行使宪法明确授予的权力，以及根据最高法院解释可以从授予权力合理演变出来的权力，即"默示权力"。

关于州的保留权力，宪法并无具体规定。传统上，这些权力包括：制定州宪法，管理州内工商业、道路、卫生、教育、公安、选举等事务，审理第一审民刑事案件，以及建立和监督地方政府等。有些权力是联邦和州政府都可以行使的，如征税、借款、设立银行和公司、设立法院、制定和实施法律，为公共目的征用私人财产（必须"给予公平赔偿"），举办公共福利等。

关于联邦和州的分权见表3：

表 3　联邦和州的分权表

授予联邦的权力	联邦的默示权力
1. 征税、借款、发行货币。	1. 建立银行和其他公司，引申自征税、借款和管理商业的权力。
2. 管理对外贸易和州际贸易。	2. 为道路、学校、健康、保险等提供经费，引申自兴建邮政道路、提供公共福利、国家防务和管理商业的权力。
3. 制定统一的归化法和破产法。	3. 设立军事学院和海军学院，引申自建立和保持海军、陆军的权力。
4. 规定伪造合众国证券和货币的罚则。	4. 发电和出售剩余物资，引申自处置政府财产、管理商业和宣战等权力。
5. 设立邮政局和兴建邮政道路。	5. 帮助和管制农业，引申自征税提供公共福利和管理商业的权力。
6. 颁发专利权和版权。	
7. 设立联邦法院。	
8. 规定和惩罚公海上的海盗行为和违反国际法的犯罪行为。	
9. 宣战、颁发捕获敌船许可状，制定关于陆上和水上捕获的规章。	
10. 建立陆军海军。	
11. 征召民兵。	
12. 管理领地，管理财产。	
13. 厘定度量衡。	
14. 办理外交和缔结条约。	
15. 提出宪法修正案。	
保留给州的权力	**联邦和州都可行使的权力**
1. 管理州内工商业。	1. 征税。
2. 建立地方政府。	2. 借款。
3. 保护健康、安全和道德。	3. 设立银行和公司。
4. 保护生命、财产和维持秩序。	4. 设立法院。
5. 批准宪法修正案。	5. 制定和实施法律。
6. 举行选举。	6. 为公共目的而征用财产。
7. 改变州宪法和州政府。	7. 举办公共福利。

（续表）

禁止联邦行使的权力	禁止州行使的权力
1. 不得对从任何州输出的商品征税。	1. 不得铸造货币，在和平时期不得保持军队和兵舰。
2. 间接税税率应全国一致。	2. 不得缔结条约。
3. 权利法案所作的保证不得剥夺。	3. 不得制定损害合同义务的法律。
4. 在商业上，不得给予任何一州优惠于他州的待遇。	4. 不得否定人民享有法律的同等保护。
5. 未得到州的同意，不得改变州的疆界。	5. 不得违反联邦宪法或阻挠联邦法律的实施。
6. 不得把新接受的州置于低于创始州的地位。	6. 不得因种族、肤色和性别而剥夺公民的选举权。
7. 不得允许奴隶制。	7. 不得对进口货和出口货征税。
8. 不得授予贵族爵位。	8. 不得允许奴隶制。
9. 不得通过公民权利剥夺法案或追溯既往的法律。	9. 不得授予贵族爵位。
10. 不得中止人身保护状的特权，除非发生叛乱和入侵。	10. 不得通过公民权利剥夺法案或追溯既往的法律。
11. 不经正当法律程序，不得剥夺任何人的生命、自由和财产。	11. 不得中止人身保护状的特权，除非发生叛乱或入侵。
	12. 不经正当法律程序，不得剥夺任何人的生命、自由和财产。

注：李道揆《美国政府和美国政治》商务印书馆 1999 年版，第 60～61 页。

四、文官控制军队

美国的缔造者们相信庞大的军队同暴政是分不开的。这种看法由洛克、卢梭、孟德斯鸠等人提出，并为英国军队在殖民地的行为所证实。因此，《独立宣言》控诉英王乔治三世：他在和平时期未经立法机关的同意，就把常备军驻屯在我们中间；他使军队独立于文职机关并且凌驾于文职机关之上。制宪者们认为，必须把军队置于文职机关和文职人员的控制之下。这就是文官控制军队的原则。

美国宪法的许多规定体现了这一原则。最主要的规定是："总统是合众国陆军、海军和征调为合众国服役的各州民兵的总司令。"即总统是美国武装力量总司令。任何军队指挥都必须服从总统的决策。如在朝鲜战争中，杜鲁门总统就解除了入朝美军总司令五星上将道格拉斯·麦克阿瑟的职务。他的理由是麦克阿瑟不服从他的决策，而美国宪法的一个基本要素是"文职控制军队，政策是由选举出来的政治官员决定的，而不是由将领决定的"。

宪法的其他规定有：国会掌握宣战、招募军队、制定有关军事立法、决定军事拨款等权力。

1947 年建立国防部统一领导陆、海、空三军。国防部长及其领导下的陆军部、海军部、空军部部长都由文职人员担任。由军职人员担任的各军参谋长，只是文职部长的顾问。参谋长联席会议在国防部的领导下工作，是国防部长、总统和国家安全委员会的顾问机关。军事上诉院的法官由文职担任。美国现役军人也不得竞选议员和民选官员。

文官控制军队，军人不干预政治，已成为美国的传统。

美国自建国以来，从未发生军事政变。政党政府的更迭，政权的移交，都是依照法律程序和平有秩序地进行的。之所以如此，除其他因素外，文官控制军队原则的牢固树立，是一个重要原因。

五、法治原则

法治原则的确立与美国宪政体制的形成是密切相连的。它是与限权政府原则相联系的一个重要原则。

殖民地人民和建国初期的美国人认为，政府是必要的，但必须防范滥用权力和官员独断专行。防范的办法之一就是实行法治摒弃人治。因为，从本质上讲，世俗国家的观念和现实就是法律统治的观念和现实。代议制民主为法治原则的展开提供了空间，分权与制衡为法治原则的实现提供了框架。法治不仅构成宪政的奠基石，而且成为现代政治思想中的一个指导原则。这是美国制宪会议的代表中达成的共识。

美国的法治实践，深受英国和法国宪政理论的影响。英国的哈灵顿在资产阶级革命过程中明确提出了以自由为最高价值准则，以法律为绝对统治的法治共和国的模式。他还把法治的实现与权力制衡联系在一起。洛克则鲜明地指出："谁认为绝对权力能够纯洁人们的气质和纠正人性的劣根性，只要读一下当代或其他任何时代的历史，就会相信适得其反。"❶ 因此，无论国家采取什么形式，统治者应该以正式公布的和被接受的法律，而不是以临时的命令和未定的决议来进行统治。法律至上，以法统治和法权原则构成了洛克对法治的理解。法治观念在孟德斯鸠的政治思想中得到了充分反映。他论述了法律与政治自由的关系，法律与国家权力的关系，把法治的实现过程和现代国家的分权与制衡完整地结合起来。此后，法治政治才真正成为西方宪政主义国家的内在构成。以自然法为核心的法学政治观孕育了现代宪法的产生，宪法成为现代政治社会的圣经。宪法所蕴含的法治精神和所规制的法治原则是现代政府架构及其运作的最高规范。

上述思想在美国宪政中的体现就是：法律，尤其是宪法，在政治生活中具有至高无上的地位；政府机构、官员和人民都必须服从法律；在法律面前人人平等；法律保障个人权利，防止官员滥用权力；法院是法律含义的最后裁判者。联邦宪法中的"权利法案"，人人享有"平等法律保护"的第14条修正案，以及

---

❶　［英］洛克：《政府论（下）》，叶启芳等译，商务出版社1964年版，第55页。

许多其他条款，都体现了法治的原则。尼克松因水门事件被迫辞职，2000 年大选最后由联邦最高法院定夺谁当选总统，都是美国实行法治的典型例子。

第三节　国　　会

美国国会由参议院和众议院组成，实行两院制，每两年为一届。

美国国会两院的设立深刻体现了制宪会议的智慧和妥协，充分反映了联邦制国家结构的要求。

汉密尔顿强调"在共和政府中，立法机构的权力必须高于一切"。他认为立法机构的组成应解决"把立法机构分成不同的机构；而且根据不同的选举方式和不同的行动原则使它们有所区别"。建立和维护联邦的体制必须从制度上解决中央与地方、地方与地方的关系问题，这种关系解决的制度性途径就是国会的代表权问题。制宪会议经过激烈的争论和较量，最终采纳了康涅狄格代表提出的妥协方案，这个方案体现了联邦主权与州主权之间的平衡，即参议院体现州权，不管州大与州小，在参议院中具有等同的代表权。参议院由各州选出以加强合众国联邦制的特点，任期 6 年。1913 年第 12 条宪法修正案，要求参议员通过普选产生，每个州无论人口多少都有 2 名参议员。参议院由 100 名议员组成。每两年改选参议院的 1/3 议员。当选联邦参议员的条件是：年满 30 岁，取得美国公民资格满 9 年，并为其将要代表的州的居民。

两院制还反映了制宪者对所谓人民主权的警惕，由此引发对立法权的限制。如何既防止"多数人的暴政"，又反映人民的权利，制宪者们提出了通过两院的设立，以两院之间享有平等权而形成两院的相互制约。宪法规定，众议员由各州选出，任期两年。各州国会众议院议员的数量由每 10 年进行一次的人口普查结果决定，但每州至少有 1 名众议员，国会众议员由 435 名组成。众议院全体议员每 2 年改选一次，当选国会众议员的条件是：年满 25 岁，取得美国公民的资格为 7 年，并为其将要代表的州的居民。国会议员大多为男性白人，并且多为律师出身。

在 20 世纪 30 年代以前，国会是美国的权力中心；以罗斯福"新政"为标志，美国的宪政体制从以国会为中心走向以行政为中心。

国会的宪法权力，根据宪法的规定，除了参议院有权代表美国批准条约以及批准联邦行政和司法部门高级职务的任命外，国会两院享有同等权力。这些权力可分为两类：立法权和非立法权。具体包括：

（一）立法权

立法权是美国国会最基本的也是最首要的权力。宪法规定，全部立法权属于国会，在第 1 条第 8 款详细列举了 18 项权力（"明示权力"），还有第 8 款授予的

"默示权力"。

（二）财政权

根据美国宪法，美国国会拥有财政控制权。这是国会掌握国家收支、控制和监督政府财政的重要手段。具体来说，国会有权规定并征收税金、捐税、关税和其他赋税，用以偿还国债并为合众国的共同防御和全民福利提供经费；但是各种捐税、关税和其他赋税，在合众国内应统一征收；以合众国的信誉举债；管理与外国的、州与州之间的，以及对印第安部落的贸易；制定在合众国内一致适用的归化条例和有关破产的一致适用的法律；铸造货币，调议其价值，并厘定外币价值，以及制定度量衡的标准；制定对伪造合众国证券和货币的惩罚条例；设立邮政局及建造驿路；为促进科学和实用技艺的进步，对作家和发明家的著作和发明，在一定期限内给予专利权的保障。

（三）军事权

国会有权界定并惩罚海盗罪、在公海所犯的重罪和违背国际公法的罪行；宣战，对民用船只颁发捕押敌船及采取报复行动的特许证，制定在陆地和海面虏获战利品的规则；募集和维持陆军，但每次拨充该项费用的款项，其有效期不得超过两年；配备和保持海军；制定有关管理和控制陆海军的各种条例；制定召集民兵的条例，以便执行联邦法律，镇压叛乱和击退侵略；规定民兵的组织、装备和训练，以及民兵为合众国服务时的管理办法，但各州保留其军官任命权，和依照国会规定的条例训练其民团的权力；对于由某州让与而由国会承受，用以充当合众国政府所在地的地区，握有对其一切事务的全部立法权；对于经州议会同意，向州政府购得，用以建筑要塞、弹药库、兵工厂、船坞和其他必要建筑物的地方，也握有同样的权力。

（四）人事任命批准权和弹劾权

根据美国宪法，总统提名任命的部分官员须征询参议院的意见，并经参议院的批准。其中最重要的职务是内阁级部长、副部长和内阁助理，驻外大使、联邦各级法院法官（包括最高法院法官）都要经过参议院的批准。

与议会制（内阁责任制）国家不同，美国国会没有倒阁权，但拥有弹劾权。根据宪法规定，国会有权对犯叛国罪、贿赂或其他重罪和轻罪的"总统、副总统和合众国所有文职官员"进行弹劾。弹劾决议由众议院以多数票通过，由参议院作为弹劾案审判法庭进行审判，由众议院担任起诉人。如被弹劾者是总统，则由最高法院大法官主持审判。判决须由出席参议员 2/3 多数票通过。

国会弹劾权是一项极具威慑力的权力，然而却很少使用。建国 200 多年，众议院仅调查 67 人，弹劾 17 人，而经参议院定罪的仅 5 人。众议院只弹劾过两位总统，一位是安德鲁·约翰逊，一位是克林顿，尼克松总统而因水门事件遭辞职，但未遭到弹劾。

（五）调查权

美国宪法没有直接提到调查权，此项权力是由国会立法权中引申出来的，即调查可以使国会能够收集事实帮助议员进行立法。

其中国会对行政部门调查成为国会监督总统以及行政部门的一项经常性活动。有影响的调查，包括对尼克松水门事件的调查、对克林顿绯闻的调查、对金里奇"道德违规"的调查等。

第四节　总　　统

一、总统制的设立

总统制是美国的一项制度发明，始创于 200 多年前。总统在美国具有多重含义，它是国家元首、政党领袖、武装部队总司令、政府首脑和主要的立法创议人，同时体现着国家统一的力量和权威。

在独立战争时期，无总统职位。费城制宪会议在建立联邦制的同时，决定设立一个强有力的中央行政机关。但该机关如何设置，乃是建立总统制的关键问题。

当时制宪会议上出现了三种方案：三人制方案，一人制加委员制方案和一人制方案。主张三人制方案的认为，一人制不过是"专制君主的胚胎"，他们援引古罗马共和国的多头政治的先例，而极力主张由来自全国各地的三人平均地分担总统职务。有些代表提出设立单一行政首脑，但应如马萨诸塞州那样，由一个委员会来制约行政权，行政首脑的许多行动都必须由这个委员会批准。这样行政首脑便有名无实，形同虚设，制宪会议最后否决了上述两种方案，采用了以詹姆斯·威尔逊代表所提出的由选举产生的总统担任行政首脑的单一行政首脑的方案，即一人制方案。制宪会议并没有将国家元首与行政首脑加以区分，而是在赋予总统"行政权"的同时，又授予总统一般属于国家元首的某些职权，总统既是国家元首又是行政首脑。

二、总统的产生、任期和继任

制宪者们在如何选举总统的问题上，曾提出过数种方案：由国会选举；由人民直接选举；由州长选举；由人民选出的总统选举人选举；由州议会选出的总统选举人选举等。最后妥协的结果是制定了一个复杂的选举人团制度，每个州先选出选举人，再由他们选举总统和副总统。如果在选举中没有一个候选人得到多数票，国会再进行选举。至今，这一选举制度仍然是美国总统产生的方法。每隔四年全体美国人选举总统，实际上他们是在选举承诺将选举某个总统候选人的选举人。大选后一个月，选举人在各自州议会集会，最终认可人民选出的总统候选人，总统不由国会选举，使总统摆脱了国会的控制，从而为建立三权分立、相互制衡的宪政体制奠定了基础。

总统的任职资格，宪法作出了三大限制：（1）必须生来就是美国公民，也就是必须具备美国的原始国籍；任何归化的美国公民都不能担任美国总统；（2）必须年满35周岁；（3）至少在美国境内居住满14年。

关于总统的任期，制宪会议提出过各种不同的方案，大致有：任期6年或7年，不得连任；可连任的三年任期制；有人甚至提出任期11年、15年或20年。制宪会议考虑到终身制，只要"稍稍再迈半步就是世袭君主制"，这是与美国革命的精神相违背的。但是如果选举过于频繁，好多人将不愿意担任公职，行政部门就缺乏必要的稳定性。而且不准连任，那就可能"使他不思励精图治，不存再获当选的荣誉的企望"。会议最后决定任期4年，对连任及连任届数则未作任何规定。最初几位总统，如华盛顿、杰斐逊等都自觉地不谋求在他们第二个任期结束后继续连任下去。但富兰克林·罗斯福打破了这一惯例。1947年3月美国国会提出修正案，1951年各州议会批准了宪法第22条修正案，规定任何人担任总统不得超过两届，即使是副总统因特殊的事由依法继任总统，也只能连任一届，如果继任期不到一个任期的一半，他才可以争取两次连任，但不能参加第三次总统提名和竞选。按此规定，一个人可能担任总统的最长任期不会超过10年。至此，美国在宪法上确立了严格的总统任期制和限任制。

总统继任，宪法第2条规定：如遇总统被免职，或因死亡、辞职或丧失能力而不能执行其权力及职务时，总统职权应由副总统执行之。国会得以法律规定，在总统及副总统均被免职，或死亡、辞职或丧失能力时，由何人代理总统职务，该人应即遵此视事，至总统能力恢复，或新总统被选出时为止。

宪法第25条修正案对总统继任的程序作了更为细致的规定：如遇总统被免职、亡故或辞职，副总统应成为总统；凡当副总统职位出缺时，总统应提名一名副总统，经国会两院都以过半数票批准后就职；凡当总统向参议院临时议长和众议院议长提交书面声明，称他不能够履行其职务的权力和责任，直至他向他们提交一份内容与此相反的声明为止，其权力和责任应由副总统作为代理总统履行；凡当副总统和行政各部主官的多数或国会通过法律设立的其他机构成员的多数，向参议院临时议长和众议院议长提交书面声明，称总统不能够履行总统职务的权力和责任时，副总统应立即作为代理总统承担总统职务的权力和责任。此后，当总统向参议院临时议长和众议院议长提交书面声明，称丧失能力的情况不存在时，他应恢复总统职务的权力和责任，除非副总统和行政各部主官的多数或国会通过法律设立的其他机构成员的多数在4天之内向参议院临时议长和众议院议长提交书面声明，称总统不能够履行总统职务的权力和责任。在这种情况下，国会应对此问题作出裁决，如在休会期间，应为此目的在48小时以内集会。如果国会在收到后一书面声明后的21天之内，或者如果国会因适逢休会而按照要求专门为此目的的集会以后的 21 天之内，以两院 2/3 的票数决定总统不能够履行总统职务的权力和责任，则副总统应继续作为代理总统履行总统职务的权力和责任；否则总统应恢复总统职务的权力和责任。

总统就职之前，他应宣誓或誓愿如下："我郑重宣誓我必忠诚地执行合众国总统的职务，并尽我最大的能力，维持、保护和捍卫合众国宪法。"

三、总统的权力

从法律上讲，总统的权力有四个来源：宪法的授权、国会的授权、先例和最高法院的裁决。归纳起来，总统的权力主要有以下几个方面：

1. 国家元首权

美国宪法虽没明文规定总统为国家元首，但宪法又把国家元首的某些职权授予总统。赦免令，总统可以要求每个行政部门的主管官员提出有关他们职务的任何事件的书面意见，除了弹劾案之外，他有权对违犯合众国法律者颁赐缓刑和特赦。总统有"缔结条约"之权，总统有权缔订条约，但须争取参议院的意见和同意，并须出席的参议员中 2/3 的人赞成。

2. 行政首脑权

宪法第 2 条第 1 款规定："行政权属于美利坚合众国总统。"这就确立了总统作为行政首脑的地位和权力。行政首脑权包括：任命权、领导权、执行权。有权提名，并于取得参议院的意见和同意后，任命大使、公使及领事、最高法院的法官，以及一切其他在本宪法中未经明定、但以后将依法律的规定而设置之合众国官员；国会可以制定法律，酌情把这些较低级官员的任命权，授予总统本人，授予法院，或授予各行政部门的首长。在参议院休会期间，如遇有职位出缺，总统有权任命官员补充缺额，任期于参议院下届会议结束时终结。

3. 立法权

立法权包括立法倡议权和立法否决权。宪法规定："总统应随时向国会报告联邦情况，并向国会提出他认为必要和妥善的措施提供国会审议。"根据这一职责，总统享有立法倡议权，他每年向国会提出国情咨文、预算咨文和经济咨文，正是这些咨文确定了国会每年立法的优先秩序和立法的基本倾向。这些立法建议，实际上决定了国会的主要议事日程。立法否决权，也是总统重要的权利之一。宪法规定，国会通过的立法必须经总统签署后方可成为法律。在这一过程中，总统可以签署也可以否决国会通过的立法。总统的立法否决有两种方式，一种是否决文书，指总统在收到该议案 10 天之内（不包括休息日）将该议案连同他不签署的理由退回国会复议。另一种方式是搁置否决，如总统在 10 天之内不签署该法案，而国会在此期间已休会（adjournment），该议案即不能成为法律。如果一项议案在 10 天之内未被总统签署或否决，而国会仍在开会，该议案即自动成为法律。由总统以否决文书否决的议案，国会两院如各以出席议员人数的 2/3

的多数票重新通过该议案，总统的否决即被推翻，该议案即不经总统签署而成为法律。

4. 军事权

宪法规定：总统为合众国陆海军和征调为合众国服役的各州民兵的总司令。宣战权虽属于国会，但在某些时候总统往往越过国会不宣而战。在战争和紧急情况下，经国会授权，总统还拥有更大的权力。

四、总统的内阁和办事机构

美国宪法没有规定内阁。内阁的产生是作为总统的一个咨询机构形式出现的。在决定重大问题时，常召集各部部长听取意见，这时有了"内阁"的称呼。杰斐逊任总统时，内阁的基本模式已形成。

但美国的内阁与英国式的议会内阁制有很大的不同。（1）内阁不为国会负责，国会也没有倒阁权；（2）内阁成员不得同时为国会议员。内阁成员只向总统负责；（3）决策权属于总统，而不是内阁。即内阁成员只是总统的集体顾问机构。

总统的办事机构，在相当长时间总统没有办事机构。直到1857年，总统才配备了一名私人秘书。1937年，罗斯福总统才根据法律正式建立总统办事机构。总统办事机构中最重要的有白宫办公厅、行政管理和预算局、国家安全委员会、经济顾问委员会。

第五节　联邦法院

美国的法院有两个显著特点。第一，它有两套并行的法院系统：联邦法院系统和每个州的法院系统。前者根据联邦宪法和国会法律设立，后者则由各州设立。二者各有其管辖权，在组织上没有隶属关系。第二，美国的法院（联邦的和州的），都拥有司法审查权。任何法院都有权解释宪法，有权裁决任何法律、行政命令、规章条例违宪，以致无效。就联邦法院系统而言，虽然各级联邦法院都拥有司法审查权，但以联邦最高法院的裁决为终审裁决。世界上有60多个国家采用司法审查，但只有美国等少数几个国家的法院能够有效地行使司法审查权。美国的法院是世界上权力最大的法院系统之一，同政府立法和行政部门鼎足而立，并对二者实行制约，在制定政策方面行使很大的权力。

一、司法原则

（一）司法独立原则

在美国，由于实行所谓严格的三权分立，司法独立不仅强调司法机关独立于行使机关，而且更强调法院独立于立法机关。独立的司法机关的存在，为司法独立原则的实现提供了制度基础。

为了实现司法独立原则，美国在宪法和法律上采取了一系列措施：宪法第 3 条第 1 款明确规定："最高法院和低级法院的法官如忠于职守，得终身任职，在其行职期间得领受酬金，其金额在连续任职期间不得减少。"这就意味着美国联邦法院的法官实行终身制，除非犯叛国、贿赂和其他重罪和轻罪。同时法官的待遇是有保障的，从而使法官在任职期间免遭其他国家机关的报复和刁难。现在，联邦最高法院的首席法官的年薪与副总统相同。美国法律规定，法官不得担任政府职务、不得兼任议员，不得以党派身份从事政治活动。

（二）政治中立原则

由于联邦法院的法官任总统提名由参议院同意后任命，因而政党政治不仅要在议会、行政领域争夺控制权，同时也要影响法官的任命从而实现对司法过程的影响。因此，他们在"选择最高法院和联邦法官时，政党的倾向或司法哲学是其中考虑的重要因素之一。"事实上，每一位美国总统在其任内都试图任命符合和执行其意图或所在政党意图的人士充任联邦法院法官。但是，一旦成为法官，他就不得参与党派活动，而应保持政治中立。

如"水门事件"中，包括首席法官沃伦·伯格等四位法官，是由尼克松总统本人任命的联邦最高法院法官，他们在"合众国诉尼克松"案中，拒绝了尼克松所提出的理由，直接迫使尼克松下台。这是政治中立原则的体现。但政治中立原则在美国也并非能完全做到。罗斯福新政，2000 年大选最高法院都存在党派偏见。

（三）遵循先例原则

美国属于英美法系，其司法传统中存在一向坚持遵循先例的原则。法官的判决，尤其是联邦最高法院的判例，不仅适用于所判决的案件本身，而且成为同类案件的先例，从而成为一种司法原则。法官在判决时都要考虑所有的司法判例，其中既包括遵循上级法院的所有判例，也要遵循自己先前所作出的判决。

当然，先例并非永远不能改变，但应该有"明显的理由"。这些明显的理由主要表现为社会发展的需要、经济发展的需求、政治发展的逻辑。如为推进种族平等，1954 年由沃伦担任首席法官的最高法院在"布朗诉托皮卡教育委员会"案中就推翻了"普莱西诉弗格森"案所确立的"隔离但平等"的原则，裁决隔离使用教育设施的做法本身即为不平等。这种情况在美国的司法生活中还是较为常见的。

二、联邦法院的体系

联邦法院体系是依据美国宪法的规定建立起来的。宪法 1 条第 1 款规定："合众国的司法权属于最高法院以及国会随时规定和设立的下级法院。"

联邦法院系统由 95 个联邦地区法院、12 个联邦上诉法院和 1 个联邦最高法院组成。

三、司法制度

美国的司法体系在长期的司法活动中形成了两项较为独特的制度：一是司法审查制度；另一是陪审团制度。

（一）司法审查制度

司法审查制度的产生，在介绍第一节"最高法院对宪法的解释"时曾作过简述。下面对"马伯里诉麦迪逊案"作更细致的介绍。

马伯里诉麦迪逊案（1803 年）

1800 年，联邦党人约翰·亚当斯总统寻求连任被民主共和党人托马斯·杰斐逊击败。他和所有其他联邦党人担心杰斐逊和他的民主共和党人将会削弱联邦政府，利用政府的权力达到联邦党认为是错误的目的：支持州权，同法国结盟，敌视企业，由于法官是终身职，亚当斯在 1801 年 3 月 3 日（卸任前一日）根据"跛鸭"国会通过的巡回法院法和哥伦比亚特区组织法，匆匆任命了 16 名巡回法院法官和哥伦比亚特区的 42 名治安推事（均为忠诚的联邦党人）。任命他的国务卿约翰·马歇尔为最高法院首席大法官。联邦党人控制的参议院迅即批准了这些任命。亚当斯当晚签署了委任状，这就是"午夜"任命。将在次日离任的国务卿马歇尔连夜在委任状上加盖国玺并发出。由于时间紧迫，仍有 17 份治安推事的委任状来不及发出，只好留给新任国务卿詹姆斯·麦迪逊去完成。杰斐逊和麦迪逊为亚当斯的所作所为激怒，拒绝发出那 17 份委任状。

未得到委任状的威廉·马伯里和另外三人雇用律师直接向最高法院起诉，要求该院向麦迪逊发出职务执行令，使他发出委任状。1789 年司法法第十三节已授权最高法院颁发这种职务执行令。

原来未能向马伯里等人发出委任状的马歇尔现在已是首席大法官，有权裁决这个案子。在今天，一个大法官同审理案子有牵连时可能会回避，但马歇尔却无意让他人决定这一问题，然而他面临的不仅仅是政党之间关于职位之争，而且几乎是一场宪法危机。如果他下令发出委任状，麦迪逊在杰斐逊总统支持下可能拒绝执行，而且杰斐逊共和党人控制的国会还可能对他提出弹劾。如果他不理马伯里等人的要求，而让麦迪逊按其意愿行事，则不仅会使联邦党人失望，而且更重要的是会严重削弱最高法院的权力。

马歇尔于是采取了避实就虚的策略，在最高法院对此案在有无第一管辖权上做文章。马歇尔判决如下：（1）马伯里应得到他的职务，麦迪逊拒绝发出委任状是错误的，最高法院有权发出职务执行令，强迫政府官员履行法律规定的职责。（2）然而就此案而言，最高法院却无权颁发职务执行令，因为给予最高法院此项权力的法律违宪。（3）司法法第十三节说，寻求此种命令的人可以直接而不是通过上诉向最高法院提出其要求。然而宪法第三条明确规定最高法院具有第一审管辖权的案子中并不包括马伯里这类案子。国会以法律改变宪法关于最高法院第一审管辖权是违宪的和无效的。

判决的结果是：最高法院避免了同杰斐逊派摊牌，未命令麦迪逊发出委任状；同时却确立了法院的司法审查权，一切其他政府部门都必须受最高法院裁决的约束。

1803 年，马歇尔法院作出了马伯里诉麦迪逊案的裁决。这是最高法院历史上第一个最重要的判例。它的意义在于确立了法院的司法审查权。马歇尔代表最高法院撰写的判决书宣布："所有制定成文宪法的人认为，宪法构成国家的根本法和最高法。……解释法律显然是司法部门的权限范围和职责。把规则应用于具体案件的人们必然应当阐述和解释这项规则。……违反宪法的法律是无效的。法院和其他部门都应受该文件（宪法）的约束。"

据此，最高法院在裁决中宣布：1789 年司法法第十三节改变了宪法明文规定的最高法院的第一审管辖权，是违反宪法的，因而是无效的。

美国宪法对宪法解释权的归属未作任何规定。这一案例确立了法院拥有司法审查权，使法院（最后是最高法院）取得了宪法解释权。因此最高法院的裁决，便不言而喻地对所有其他政府部门都具有约束力。这一案例大大加强了法院，特别是最高法院的权力和地位，使司法部门得以真正同立法和行政两部门鼎足而立。

司法审查制度的确立，不仅为司法独立提供了保证，而且为美国的宪政体制提供了保证。

联邦法院进行司法审查的对象包括国会通过的一切法律、法令和政府制定的一切行政法规、行政命令和规章制度，可以撤销违反宪法的任何法律、法令和命令，其中最高法院的判决具有最后的法律效力，除非被宪法修正案和它自己的判决所推翻。

美国的司法审查实行事后审查。联邦法院不主动审查国会和政府的法律、决议或命令，也不以假想的事实为依据进行审查。国会和政府通过或制定法律、法规、政策事前无需征询联邦最高法院的意见。法律生效或政策实施后，如果没有一项具体的诉讼涉及该项法律或政策，法院也不能主动审查。联邦法院只有通过审查具体的案件时就其所涉及的法律或政策是否违宪进行审查。联邦法院通过审查可以以不执行或拒绝执行某条法律的形式，停止该法律的效力。

（二）陪审团制度

陪审团制度起源于英国。美国的司法程序中也实行陪审团制度。美国的陪审团分为大陪审团和小陪审团。

大陪审团是决定某一刑事犯罪是否应提起公诉的陪审团，一般由 16～23 人组成，其主要职能是调查证据，调查公职人员的行为。

小陪审团是根据法律选出的，在司法审判中对事实问题作出决定的陪审团，其规模小于大陪审团。它的职能是参与案件的审理，对被告是否有罪作出裁断。故有人将大陪审团称为"起诉陪审团"、小陪审团称为"审判陪审团"。

第六节　公民的基本权利

美国宪法最初并未系统规定公民的基本权利。18 世纪末即美国宪法制定时期，当时主流政治理论和基本权利观念主要是消极权利观，宪法也主要是从防御政府不侵犯公民基本权利的角度保障公民基本权利。制宪会议在讨论宪法是否应有公民基本权利内容时曾发生过激烈争论，宪法草案形成时也没有将权利法案纳入其中。但宪法文本中也有部分条款涉及公民权利。如宪法规定，无论任何州不得制定损害契约自由的法律；国会有宣告叛国罪之权，但剥夺叛国罪犯公权时，除剥夺公权终生者外，不得剥夺其享有的、继承与授财产之权；不得以宗教上之宣誓为受任合众国政府下任何官职或公职的资格。这些规定即是从防御性角度保护公民的财产权和宗教信仰自由。由于宪法文本没有纳入权利法案，遭到了以杰斐逊为代表的民主派的强烈反对。在杰斐逊和麦迪逊的倡导下，美国国会在1789年提出了第 1 条至 10 条宪法修正案。该修正案1791 年批准生效，通称为《权利法案》。继《权利法案》之后，美国国会先后通过了许多宪法修正案，其中批准生效的涉及公民基本权利的有第 13、14、15、19、24、26 条等宪法修正案。

《权利法案》及其后来的宪法修正案及最高法院的判决逐步建立和完善了美国公民的基本权利。其中比较重要的基本权利有：财产权、生命权、宗教信仰自由、表述自由、平等保护、隐私权和正当法律程序等。下面作简要分析：

一、公民基本权利的内容

（一）财产权

1789 年美国宪法，是以保障财产权为主线来构筑宪法体系的。

美国宪法第 5 条和第 14 条修正案规定，公民"非经正当法律程序，不得被剥夺生命、自由、财产"；第 4 条修正案规定财产不受无理搜查和扣押。宪法还规定禁止任何州"通过损害契约义务的法律"，该款的用意是为了保障债权人的利益和既得财产，防止各州制定法律使债务人摆脱契约义务。美国宪法还规定，非经公平的赔偿，私有财产不得征为公用。归纳起来，美国宪法所提供和保护的公民财产权内容为：（1）财产所有权是神圣不可侵犯的权利，国家承认并保护私有制这一基本经济制度；（2）为了公共利益，政府有权征用私有财产，但必须按照正当的法律程序依法进行；同时这种征用必须给予公平的补偿。

民房免于军队驻扎也是对公民财产权保护的一项重要的宪法内容。宪法第 3 条修正案规定："未经房主同意，在平时，任何士兵不得驻扎在任何民房；在战时，亦不得驻扎，依法律规定的方式除外。"

（二）生命权

美国宪法第 5 条和第 14 条修正案对人的生命给予了正当法律程序的保障，同时通过其他宪法修正案将生命权具体化为人身权和人格权。

人身权是公民最基本的权利，没有人身权就使公民其他权利失去了基础。人身权是人与生俱来的权利。美国公民的人身权主要通过以下宪法内容来体现：

（1）人身保护状。美国宪法第 1 条第 9 款规定，除非发生外患和内乱，国会不得中止人身保护状。所谓人身保护状，是从法院对任何监禁他人的人发出的一个法律文件，要求监禁者必须把被监禁的人带到法庭上说明监禁此人的理由。被监禁者可以向法官提出申请要求发出人身保护状，并陈述认为他是被非法监禁的根据。如果法官发现申请人是被非法监禁和拘留，他可以命令将被拘留者立即释放；如有罪则迅速科以刑罚。

（2）住宅不受侵犯。人身自由和人身不受侵犯的延伸，就是公民个人的住宅及个人所有物品不可侵犯，必须受到法律的保障。这一规定源于英美普通法的传统。普通法有一则法律谚语："每个人的家就是他自己的一座城堡"，就表达了住宅不受侵犯的意思。

（3）禁止非法逮捕和监禁。宪法第 4 条修正案规定："人民的人身、住宅、文件和财产不受无理搜查和扣押，不得侵犯。"第 5 条修正案进一步规定，"未经正当法律程序不得剥夺任何人的生命、自由或财产。"

（4）人格尊严受法律保护。对人身自由最直接、最恐怖的侵犯莫过于拷问和酷刑。宪法第 8 条修正案规定："不得施加残酷和非常的惩罚。"第 5 条修正案规定："任何人不得因同一犯罪行为而两次遭受生命或身体的危害；不得在任何刑事案件中被迫自证其罪。"

（三）宗教信仰自由

美国宪法第 1 条修正案提出：国会不得制定关于下列事项的法律：确立国教或禁止信教自由。从该条文规定看，宗教自由条款包括"禁止国教条款"和"信教自由条款"。

禁止国教条款的出台与美国建国初期比较强烈的宗教氛围有关。新大陆移民以清教徒为主，他们在宗教信仰上非常虔诚和保守，加上他们对殖民地的发展贡献颇多，所以建国初期都存在以清教徒为主的官方宗教，政府对宗教的支持或宗教对社会的影响很大。但是强烈的宗教氛围带来的问题就是不宽容。殖民地历史上发生过多起不同宗教之间和同一宗教不同教派之间对异教徒残酷打压和迫害事件。罗德岛就是一群信仰宗教宽容的人逃离马萨诸塞所建立的世俗殖民地。鉴于此，宪法修正案第 1 条最终确认了国家与教会分离的原则，以期建立一个世俗的联邦政府。"禁止国教条款"含义是：无论联邦或各州，都不能建立宗教；无论联邦或各州，都不能通过法律以支持宗教；无论联邦或各州，都不得公然或秘密地参与宗教组织或团体；不得课税以支持教会及附属机构的活动。这种规定其目的在于保持政府的中立，即杰斐逊所说的，要在政府与宗教之间建立起一道"围墙"。

"信教自由条款"，信仰自由包括宗教的、政治的、道德的及其他思想上的选择寄托的权利。而信仰自由，首要的是宗教自由。宪法第6条规定，不得要求以宗教宣誓或声明作为受任合众国政府下任何官职或公职的必要条件。实行国家与教会分离，政府不得强制推行某种宗教，也不得因公民有信仰或无信仰而剥夺他们的任何权利或特权。任何人不得因信仰之不同或者是否参加教会而受处罚。

（四）表达自由

美国宪法第1条修正案规定，国会不得制定关于下列事项的法律：剥夺言论自由或出版自由；或剥夺人民和平集会和向政府请愿申冤的权利。上述内容又称为表达自由。

表达自由作为公民的一项基本权利包括言论、出版、集会和结社的自由。表达自由被认为是美国立宪政治的基础。美国最高法院法官本杰明·卡多佐指出，言论和出版自由构成了"几乎所有其他自由的源泉"。但是，表达自由是相对的、有限度的，其限度主要在于它不得危害国家的生存、伤害他人的名誉、扰乱社会秩序、有伤道德风尚。

根据美国宪法的规定和联邦最高法院创立的原则，美国公民言论自由和出版自由的实现有三个特点：一是不同的历史时期自由的程度不同，有时自由度高，有时自由度低；二是同一时期同一类的言论出版事项受到保障的情况不同，有的受到保护，有的受到抑制；三是言论自由及其限度的最后解释权在联邦最高法院。最高法院在解释言论自由时根据美国的国情、政治体制、政治经验而作不同解释，对言论自由的解释以维护为原则，以限制为例外。

（五）法律平等保护

宪法第14条修正案规定："凡在合众国出生或归化合众国并受其管辖的人，均为合众国的和其居住州的公民。对于在其管辖下的任何人，亦不得拒绝给予平等法律保护。"这一规定确认了美国公民的平等保护权。这里规定的立法意图主要是保护黑人的权利，使处于奴隶地位的南方各州黑人获得公民资格，受到平等保护。

平等保护的基本内涵是同等情况同等对待，不同情况区别对待，但禁止对公民不正当的区别对待。美国的宪法实践中，平等保护主要是种族平等保护、性别平等保护和其他平等保护。

1. 种族平等保护

20世纪50年代以前，美国各州尤其是南部各州，制定了许多种族隔离的法律，在各种公共场所实行种族隔离，包括宾馆、公共交通和学校在内。这一政策其主要依据来自 1896 年联邦最高法院"普莱西诉弗格森"案中确立的"隔离但平等"原则，根据该原则，公共设施中种族隔离的措施并不违反宪法规定的平等原则。

1954 年"布朗诉托皮卡教育委员会"案，推翻了"隔离但平等"原则。联邦最高法院在该案的判决中指出，教育在当今的社会生活和每个人的人生发展中占有极其重要的地位，因此，必须评估公立学校采取隔离措施对平等保护所产生的影响。黑人学校和白人学校即便在硬件设施完全相同，但其还是存在无形的、心理上的不利影响，这对少数族裔的学生所造成的负面影响是难以消除的。所以，"隔离但平等"原则在教育领域不可接受。此后，种族歧视受到严格司法审查，禁止种族歧视成为一项宪法规则。

后来在肯定性行动中，美国公立大学招生中对黑人学生的优惠录取政策，又产生了所谓"反向歧视"问题。目前仍存在争议。

2. 性别平等保护

性别平等是平等保护条款的重点。1920 年宪法第 19 条修正案规定：合众国公民的选举权，不得因性别而被合众国或任何一州加以剥夺或限制。这一修正案，确立了妇女在政治上的平等地位。联邦最高法院在性别平等问题上，一般采取中度审查的标准。在一些对男女进行区分规定，实质上是优待妇女的法律，联邦最高法院一般认为，给予妇女更多利益的法律并不违反性别平等的原则。

3. 其他平等保护

平等保护还包括针对外国人的歧视问题、针对非婚生子女歧视问题、针对年龄的歧视问题、针对残疾人的歧视问题等。

正当法律程序，由于其内容十分复杂，本节不作介绍。下面讨论美国宪法实践中有关隐私权的问题。

（六）隐私权

美国宪法及其各修正案都没有提到人民的隐私权。美国宪法学家的理解是，权利法案的制定者们在起草头十条宪法修正案时，已经考虑到个人隐私权，第一、三、四、五、九条修正案都含有个人隐私权的意思。美国最高法院也持类似看法。提出了"延伸区理论"（The Penumbra Theory）来解释隐私权产生的宪法依据。它在 1965 年的一个判决书中写道：以上各判例表明，"权利法案的专门保证有由其放射形成的延伸区，这种放射给予这些保证生命力和实质……每种保证都产生隐私区"❶。判决书列举了第一、三、四、五、六、八、九和十四各条修正案。（格里斯沃尔德诉康涅狄格州案，1965 年）

---

❶ "延伸区理论"，是道格拉斯大法官代表最高法院撰写的格里斯沃尔德诉康涅狄格州案的判决书中提出的。法院以 7 对 2 票通过了这一判决。

　　按照这种"延伸区理论"，可以说个人隐私权是从宪法（主要是头十条和第十四条修正案）保障的自由和权利引申出来的。它是一个总的概念，包括多方面的内容，例如个人有权决定其宗教信仰和政治信仰，个人的人身、住宅、文件不受无理搜查和扣押，个人通信不受检查，个人生命、财产不受侵犯，等等。但是一般来说，隐私权主要是指个人的私生活不受政府侵犯的权利。一位学者曾说，隐私权包括"保持自己生活细节秘密的权利；自由地无约束地使用和享受自己的智力、身体和私有财产的权利；……总之，就是个人的私生活不受政府干预和社会支配的权利"。美国最高法院对格里斯沃尔德案的判决，就没有引用任何特定的宪法修正案，而是根据隐私权作出的，就是一个例子。最高法院裁定，康涅狄格州规定任何人使用药物或器具避孕均为犯罪的法律违宪，因为该法侵犯了受到宪法保护的个人婚姻生活。

　　下面将讨论同个人隐私权有关的堕胎和电子监控两个问题。

　　（一）堕胎问题

　　近四十年来，堕胎在美国成为一个争议很大的社会和政治问题。

　　美国建国以后的头100年，联邦和各州都没有制定关于堕胎的法律。19世纪70年代以后，一些州开始制定法律禁止堕胎，但危及妇女生命的堕胎除外。20世纪前半期，多数州法都规定堕胎为犯罪。其目的有三：减少不正当的性行为；保障妇女健康；保护未出生婴儿的生命。

　　社会价值观的变化和60年代性解放运动，使未婚先孕的人数上升，这些人倾向于堕胎。已婚妇女由于家庭破裂，在业妇女（人数日益增多）出于工作考虑，也多有堕胎的。强调个人自由的女权运动者更是赞成堕胎。而医学的进步大大减轻了堕胎的危险。格里斯沃尔德案以后，最高法院扩大了个人隐私权。由于以上原因，堕胎事例日益增多，另一方面，也有不少美国人反对堕胎，尤其是罗马天主教徒和新教原教旨主义者。他们是一支很强大的力量。堕胎于是日益成为一个有争议的问题。

　　正是在这种背景下，美国最高法院在1973年1月22日宣布了罗诉韦德案的判决。案子涉及德克萨斯州的堕胎法是否违宪。德州法律规定，除医生认为保护母亲的生命所必需的堕胎以外，堕胎为犯罪。布莱克门大法官代表最高法院撰写的判决书写道："个人自由和限制州的行动的概念"所包含的"隐私权……足以宽到包含一个妇女作出是否终止妊娠的决定"。判决书进一步裁定：妊娠的头三个月里，妇女有权作出是否堕胎的决定，州不得干涉；中间的三个月，州可以作出某些规定来保障妇女的健康；在后三个月，除因母亲的健康和生命的缘故以外，州有权禁止堕胎。最高法院裁决，德州法律不考虑怀孕的阶段和其他利益，把保护母亲生命以外的堕胎均规定为犯罪，从而违反了第十四条修正案的正当法律程序条款。

最高法院的判决不只是宣布同此案有关的德克萨斯和佐治亚两州的堕胎法违宪，实际上推翻了其他 44 个州限制堕胎的法律。这一判决立即在全国政治生活中引起了一场轩然大波，而且至今尚无平息的迹象。美国国内立即分为两派。一派主张保护未出生婴儿的生命权利，禁止堕胎。另一派则支持最高法院判决，主张妇女有权决定是否堕胎。罗马天主教和新教原教旨主义者的男女教士结成联盟，猛烈攻击法院的判决，由此诞生了"保护生命运动"。女权运动者则强烈要求废除一切禁止堕胎的法律。共和党在多次大选的竞选纲领都反对堕胎；民主党内部则因此问题产生分歧。受到保守组织支持的"生命权利"，成为新右派社会议事日程上最优先的问题。

在反堕胎力量的压力下，国会和一些州议会制定了法律，以种种方式限制堕胎，限制用公款补助穷人堕胎。美国最高法院在维护罗诉韦德案的判决的前提下，也做出了一些让步。例如，它在 1977 年宣布，各州只支付医疗性堕胎费而不支付自愿堕胎费，并不违宪（马尔诉罗案）；在 1980 年认可国会在 1976 年通过的禁止用联邦保健经费支付堕胎费的"海德修正案"（哈理斯诉麦克雷案）。

但是，反堕胎力量力图使国会通过宪法修正案来推翻最高法院罗案判决的努力，却没有成功。虽有几种不同的反堕胎宪法修正案在国会提出，但未引起国会的认真审议。生命修正案政治行动委员会、生命权利委员会和保卫生命特别委员会提出了一项宪法修正案——哈奇宪法修正案（以提案人哈奇参议员命名）。这一宪法修正案将宣布胎儿是被赋予宪法自由的人，将允许各州取缔堕胎，并使美国最高法院无权审查这类法律。这样，关于堕胎的政策就将由各州制定，而不是由联邦政府制定。这一宪法修正案在 1982 年为参议院司法委员会通过。但是，主张妇女有权自己作出选择的团体，如计划生育会、全国妇女组织、全国堕胎权利行动同盟和计划生育之友社等，在众议院击败了这一宪法修正案。此时进行的盖洛普民意测验表明，3/4 的人反对修改宪法来取缔堕胎。

美国最高法院关于罗案的判决，仍然是有效的法律，但由于该院构成有了变化，保守力量已占优势，最高法院的态度将发生什么变化，无疑是广大美国人关注的问题。然而，不论它的态度发生什么变化，在堕胎问题上的分歧短期内是不会平息下来的。

（二）电子监控

权利法案的制定者不可能预见到日后会出现电话和电子时代，也就无法设想窃听电话和电子窃听等侦察手段是否属于宪法第四条修正案所禁止的无理搜查。1928 年，美国最高法院第一次审理涉及窃听电话的案件（奥姆斯特德诉美国案）。当时美国禁酒。联邦官员窃听一家地下酒厂老板的电话，法院根据窃听的录音判处这位酒厂老板有罪。经上诉，美国最高法院裁决，政府官员窃听电话并不违宪，因为警察并没闯入被告的办公室进行搜查。

　　1934 年，国会曾禁止电话窃听。第二次世界大战前夕，罗斯福总统以国家安全利益为理由，授权联邦特工人员窃听电话。以后窃听电话日渐盛行。

　　1967 年，美国最高法院对卡茨诉美国案的判决，把窃听电话看作间接搜查，因此窃听电话是违反宪法第四条修正案的。法院认为这条修正案保护的是人，不是地方；一个人的私秘，即使在公共地方（如同本案有关的公用电话亭），也应受到宪法的保护。法院还进一步宣布，"无理搜查和扣押"条款不仅指有形实物，也包括窃听取得的录音。法院的这一裁决推翻了 40 年前的奥姆斯特德案的裁定。

　　但是，一年以后国会通过的 1968 年全面控制犯罪和街道安全法，把联邦特工人员、州和地方警察局进行的电子监听和侦察合法化，不过须按宪法第四条修正案的规定事先得到法院批准。国会制定这一法律，固然是为了对付日益增长的有组织犯罪活动，可是同时也使警察局和联邦调查局等机构对进步人士和团体的电子监听和监视合法化。使执政者对其政敌或部属的电子监听和监视合法化。联邦调查局对民权运动领袖小马丁·路德·金进行的非法电子窃听，并用窃听录音诋毁金和对金进行威胁；尼克松总统的竞选班子派人潜入水门饭店的民主党总部安装窃听装置，获取竞选情报，只不过是两个突出的例子而已。

　　电子窃听在尼克松执政时期达到高峰。他宣称，根据宪法第二条，在涉及国家安全的紧急情况下，总统有权不经法院批准就使用电子侦察手段。尼克松虽因水门事件而去职，但电子侦察却继续使用。1988 年 6 月揭发的国防部有史以来最严重的军火采购舞弊丑闻，就是明证。据报道，为了调查军火采购舞弊，法院授权联邦调查局和海军调查局广泛使用电话录音、窃听等电子侦察手段。两局对 12 部电话进行录音。录音进行了 291 天，录下 4800 次谈话，其中 571 次涉及违法行为。使人感到意外的是，这一调查秘密进行了两年，连里根总统、国防部长和司法部长也全不知情。

　　在当代美国，为了对付有组织的犯罪活动，为了严肃法纪、惩办公职人员的腐化、渎职和滥用权力，为了对付外国间谍活动，特别是恐怖活动，经法院授权由国安和情报机关使用电子侦察手段，是有必要的。问题是，与此同时如何防止这些机关滥用职权，侵犯宪法保障的公民自由和权利（包括隐私权）。这是至今尚未得到应有的重视和解决的问题。

二、公民权利的宪法保障

　　美国公民权利的宪法保障主要有三个原则：

　　1. 不得剥夺公民权利和溯及既往。《宪法修正案第》9 条和第 10 条规定，国会和任何州都不得通过任何剥夺公民权利的法案或溯及既往的法律。宪法修正案第 9 条规定，不得因宪法只列举某些权利，而认为人民所保留的其他权利可以被取消或轻视。不得溯及既往是指任何法律不得对其产生之前的事件和行为进行适用。

2. 正当程序原则。美国宪法修正案第 5 条和第 14 条分别禁止联邦和州政府不经正当程序而剥夺任何人的生命、自由或财产。正当程序原则成为美国公民权利的最重要的宪法保障。无论是立法过程，还是执法过程，都必须贯彻正当程序原则。

3. 平等的法律保护。宪法修正案第 14 条规定，任何州"都不得制定或实施限制合众国公民的特权或豁免权的法律"，"在其州管辖范围内，也不得拒绝给予任何人以平等法律保护"。这一规定意味着不能任意给不同类别的人以不同的待遇，其意义在于要求平等地实施法律，并且法律内容本身也不得违反平等保护的原则。修正案第 6 条规定，被告人在法庭受审时必须有律师为其辩护。

思考题

1. 简述美国宪法的基本原则。
2. 分权制衡原则在美国宪政体制中是如何实现的。
3. 试从议会与行政关系的角度比较美国宪政体制与英国宪政体制的区别。
4. 试分析司法审查制度在美国宪法发展过程中的作用。

第三章　法国宪法

法国是欧洲大陆最早制定宪法的国家。1789 年的《人权宣言》，标志着法国制定宪法活动的开始。法国自 1791 年制定第一部完整的宪法以来，共制定过 15 部宪法，其间经历过 3 次君主立宪制、2 次帝制和 5 次共和制。本章重点介绍法国大革命时期的宪法和 1958 年的现行宪法。

第一节　法国大革命时期的宪法

法国第一部宪法诞生于法国大革命时期。法国大革命前，法国社会中存在三个等级：教士、贵族是第一、二等级，占有统治地位；第三等级是城市平民、工人、农民和新兴资产阶级，他们人数最多，却处于被统治地位。在政治上波旁王朝实行封建专制统治。1789 年，随着三级会议的召开，革命爆发，三级会议改名为国民会议，后来又改为制宪会议。1793 年雅各宾专政的建立，标志着法国革命达到了高潮，而随着雅各宾专政在 1794 年 7 月被颠覆，则宣告法国革命的结束。因此，法国大革命时期的宪法，也即 1789 年 7 月至 1794 年 7 月法国制定出来的宪法。法国在制定宪法的历史过程中，树立起法国宪法发展史上的三座里程碑：1789 年 8 月 26 日，颁布了法国历史上第一个宪法性文件，即《人权宣言》；1791 年 9 月 14 日制定出法国历史上第一部完整的成文宪法；1793 年 6 月 24 日颁布了法国历史上第一部实行共和制的宪法。

一、《人权宣言》

《人权宣言》全称是《人权和公民权宣言》。《人权宣言》本身并不是一部完整的宪法，只是一个宪法性文件。然而，《人权宣言》所提出的一系列宪法原则，却一直载入法国的多部宪法之中。1791 年宪法，就将其全文载入宪法之中。1793 年宪法，则对其作了进一步修改后，再次载入该宪法中。直至 1958 年的现行宪法，仍对人权宣言确立的宪法原则予以肯定："法国人民庄严宣告，他们热爱 1789 年的《人权和公民权宣言》所规定的，并由 1946 年宪法序言所确认和补充的人权和国家主权。"法学界在研究法国宪法时，都把《人权宣言》作为法国宪法的一个部分来对待。

（一）《人权宣言》产生的理论基础

法国大革命于 1789 年 7 月 14 日爆发，《人权宣言》在同年 8 月 26 日的制宪会议上获得通过。法国之所以能在如此短的时间内，很快制定出一部彪炳宪法史册的《人权宣言》，提出一系列近代宪法原则，与法国的思想理论准备比较充分有关。

从18世纪20年代兴起的法国启蒙运动，为《人权宣言》的产生作了思想理论准备。

从18世纪20年代起，法国出现了以孟德斯鸠、卢梭、伏尔泰、狄德罗等为代表的一大批启蒙思想家，掀起了一场持续半个多世纪的思想解放运动。其中，孟德斯鸠提出的"君主立宪制""三权分立制"理论，卢梭提出的"天赋人权""主权在民""社会契约论"等学说，对《人权宣言》的形成，影响尤为明显。

孟德斯鸠，是法国资产阶级国家学说和法理论的奠基者，是法国启蒙运动的主要代表人物。1748年写成《论法的精神》，该书一出版，便在法国和欧洲引起轰动，被称为"理性的法典"，在不到两年时间内，即印行22版。在该书中，孟德斯鸠系统地提出了"君主立宪制"和"三权分立制"等宪政主张。

在《论法的精神》一书中，孟德斯鸠抨击了封建君主专制制度，指出专制制度是由一个单独的个人，依自己反复无常的意志和兴趣嗜好来治理国家，其治国原则是恐怖。为此，他极力推崇18世纪英国实行的君主立宪制度，认为君主立宪制度是最理想的国家制度，是人民和君主结合起来行使国家权力，这种制度能保障人民的自由和权利。

他在该书中，还提出了"三权分立制衡"学说。他主张以法治国，主张对权力进行制约。认为，一切掌握权力的人都容易滥用权力，为了防止滥用权力，就要实行以权力制约权力的"三权分立制衡"制度，即把国家的立法权、行政权、司法权分别交由不同的个人或机关行使，以此实现权力的彼此制约。他断言，如果三权中任两权交给同一个人或同一个机关行使，则自由便不复存在；如果三权全部由一个人或一个机关行使，那么就一切都完了。

卢梭，是法国杰出的激进民主主义者，他出身比较贫寒，艰难的生活对他的思想发生了重大影响，他在《论人类不平等的起源和基础》（1755年）、《社会契约论》（1762年）等著作中，提出并阐述了"天赋人权""社会契约论""主权在民"等人权学说和国家学说。他认为，人类在最初的自然状态下，人人平等、自由地相处，每个人皆具有与生俱来的不可转让、不可剥夺的天赋权利。当国家统治者破坏、侵犯人们的自然的"天赋人权"时，人们有权推翻统治阶级的统治，以恢复自己的"天赋人权"。在公民的权利与国家的权力的关系上，卢梭提出，国家的权力来自于公民的权利，国家是由具有"天赋权利"的、相互平等的个人，经过平等协商、订立契约而形成的，国家的权力产生于人们相互订立契约，让渡出自己的"天赋权利"的过程之中。简言之，国家的权力渊源于人们的权利，人的"天赋权利"是国家权力的主体，国家权力存在于人民之中，国家权力属于人民。如果统治阶级破坏了人民让出权利的契约，用国家权力侵害人民的权利，人们就有权推翻破坏了社会契约的统治者。这样，卢梭就形成了他的"天赋人权""社会契约论""人民主权"等宪政学说。

正是孟德斯鸠、卢梭等法国启蒙思想家所提出的"以法治国""君主立宪制""三权分立""天赋人权""社会契约论""主权在民""人人生来具有平等"等主张，为《人权宣言》的产生作了理论准备，也正是在上述思想广泛传播和影响下，伴随着 1789 年法国革命的到来，《人权宣言》便应运而生。

（二）《人权宣言》的产生

1789 年 5 月 5 日，法国国王路易十六为解决国内财政危机，被迫决定在凡尔赛梅尼宫大厅召开有贵族、僧侣、代表参加的三级会议，会议的预定内容是研究征税。第三等级的代表首先提出三级会议应改名为国民会议，随后又提出国民会议首先要制定一部能保障国民权利的宪法，而不是研究征税问题，国民会议应改名为制宪会议。制宪会议开始后，代表提出，在宪法正文之前，应有一个确认公民基本人身权利的宣言。在 1789 年 8 月 26 日举行的制宪会议上，通过了《人权和公民权宣言》，简称《人权宣言》。

（三）《人权宣言》的主要内容

《人权宣言》全文不足 2 000 字，开头有一段序言，其后共列 17 条宣言正文。就基本内容而言，《人权宣言》概括起来有三个方面的内容，即人权理论、法治理论、国家理论。

1. 人权理论

人权问题，集中反映在《人权宣言》的序言部分，以及第 1 条、第 2 条、第 11 条和第 17 条中。

序言指出："不知人权、忽视人权或轻蔑人权，是造成公众不幸和政府腐败的唯一原因，所以决定把自然的、不可剥夺的和神圣的人权阐明于庄严的宣言之中。"第 1 条明确提出："在权利方面，人们生来是而且始终是自由平等的。"这就把人权说成是自然的、天赋的、人人平等具有的、不可剥夺的权利。

关于人权的内容范围，《人权宣言》第 2 条、第 11 条、第 17 条作了具体阐述，宣称人的"权利就是自由、财产、安全和反抗压迫"（第 2 条）；"自由传达思想和意见是人类最宝贵的权利之一"（第 11 条）；"财产是神圣不可侵犯的权利"（第 17 条）。

2. 法治思想

《人权宣言》在提出人权理论的基础上，对法治理论进行了阐述。这主要体现在《人权宣言》第 5～10 条中。具体内容包括：

"凡未经法律禁止的行为即不得受到妨碍，而且任何人都不得被迫从事法律所未规定的行为"（第 5 条）；"法律是公共意志的表现。全国公民都有权亲身或经由代表去参与法律的制定。法律对于所有的人，无论是施行保护或处罚都是一样的。在法律面前，所有的公民都是平等的"（第 6 条）；"除非在法律所规定的情况下并按照法律所指示的程序，不得控告、逮捕或拘留任何人"（第 7 条）；"除非根据在犯法前已制定和公布的且系依法施行的法律以外，不得处罚任何人"（第 8 条）；"任何人在其未被宣告为犯罪以前应被推定为无罪"（第 9 条）；"意见的发表只要不扰乱法律所规定的公共秩序，任何人都不得因其意见，甚至宗教的意见而遭受干涉"（第 10 条）。

由此可见，《人权宣言》在把法律说成是公共意志的基础上，提出了公民有权参与法律制定，法律面前人人平等的法治思想，同时还提出禁止非法控告、逮捕和拘留；禁止非法审判；无罪推定；在法律许可的范围内，言论自由和宗教信仰自由等法治原则，这些原则的提出，具有反对封建司法制度的进步意义。

3. 国家学说

《人权宣言》在第 3 条和第 16 条中，提出了"主权在民""国家分权"的国家学说。第 3 条指出："整个主权的本原主要是委托于国民。任何团体、任何个人都不得行使主权所未明白授予的权力。"第 16 条强调"凡权利无保障和分权未确立的社会，就没有宪法"。这为建立共和国国家架构提出了理论依据。

二、1791 年宪法

《人权宣言》通过后，1789 年 9 月，产生了第一部宪法草案，在讨论宪法草案的过程中，制宪会议内部形成了贵族派、宪政派和激进民主派三个政治派别。经过斗争，制定会议最终为宪政派所控制，在激烈争吵两年之后，制宪会议通过了赋予国王较大权力，实行君主立宪制的 1791 年宪法。这是法国第一部宪法，也是一部君主立宪制宪法。该宪法的进步之处在于，它在正文之前冠以《人权宣言》；它确认了人民主权原则，宣布主权属于国民；它确认了国家分权原则等。但这部宪法又是一部革命派与旧势力妥协的宪法，如它保留了一个拥有全部行政权和暂时否决权的国王，实行有财产资格的选举权，将公民划分为"积极公民"和"消极公民"等。

三、1793 年宪法

1792 年 8 月，巴黎人民在以罗伯斯庇尔、马拉为首的激进民主派的领导下举行武装起义，推翻国王，结束了君主立宪制。9 月 25 日，新成立的国民公会宣布成立法兰西第一共和国。国民公会通过了新的宪法草案，并交公民表决，同年 7 月至 8 月，公民投票通过该宪法草案。1793 年宪法的主要特征是：（1）用共和制取代君主制；（2）以新的《人权宣言》取代旧的《人权宣言》并置于宪法正文之前，宣言突出了平等原则和民主精神；（3）它是法国历史上最民主也是最激进的一部宪法；（4）孟德斯鸠的"三权分立"学说遭到摈弃，行政权从属于一院制的立法议会。总之，该宪法是法国大革命高潮时期的宪法，特别地突出了卢梭的政治理念和社会契约学说，以及雅各宾派的政治主张。该宪法虽然由于雅各宾派被推翻未能付诸实施，但为后来的宪法奠定了重要的理论基石，1848 年宪法和 1946 年宪法就吸收了该宪法的许多思想。

第二节　第四共和国宪法和第五共和国宪法

一、第四共和国宪法

法国在第二次世界大战后，于 1946 年 10 月制定颁布了一部新的宪法，史称"第四共和国宪法"。第四共和国宪法，是一部议会内阁制的宪法。

1944 年法国本土解放后，由德国法西斯占领期间扶持的维希傀儡政权也随之垮台。由戴高乐（1890 ～ 1970）将军在国外成立的"法兰西民族解放委员会"于 1944 年 8 月回国进入巴黎，组成了包括法国共产党参加的战后法国临时政府，戴高乐任临时政府首脑。

1944 年 10 月，临时政府选举产生出由 586 人组成的制宪会议，着手制定新宪法。制宪会议的成员主要由法国共产党、人民共和党、社会党三党联合组成，共产党占 160 席，人民共和党占 152 席，社会党占 142 席。在起草和讨论宪法草案的过程中，这三个主要政党都提出和阐述了本党制宪主张。法国共产党提出，法国应按苏联建立的苏维埃制度的模式，设立作为国家最高权力机关的人民议会，由其行使最高权力，其他国家机关都应从属于人民议会的领导。社会党主张实行议会内阁制，设立一院制的议会，集权力于议会，不同意设立共和国总统，更反对赋予总统以较大的实际政治权力。人民共和党主张应设立共和国总统，并在宪法中赋予总统以较大的实际统治权力。由于三大党在制宪会议内的力量彼此相当，因此，围绕三党的制宪方案，制宪会议进行了较长时间的讨论和争吵，最后才形成了一部妥协性的宪法草案。该草案于 1946 年 4 月 19 日以 309 票赞成，249 票反对的接近票数，在制宪会议内通过。

四月宪法草案较多地反映了社会党的制宪主张，赋予议会以较大的权力，而总统和总理的权力极为有限，并受到议会的极大限制。主张加强总统权力的戴高乐极为不满，并对四月宪法草案进行了猛烈抨击。四月宪法草案在同年 5 月 5 日提交国民表决时，以 10 584 359 票反对，9 454 034 票赞成，被国民否决，该草案未正式颁布实施。

四月宪法草案被国民投票否决后，制宪会议随之宣告解散。临时政府又在 1946 年 6 月 2 日选举产生战后第二届制宪会议，第二届制宪会议于 1946 年 9 月 29 日通过了一部新的宪法草案。

与四月宪法草案相比较，第二部宪法草案主要有以下新的修改：一是在议会制度上，实行两院制的议会制度，在原设国民议会的基础上增设共和国参议院。二是在总统的权力问题上，总统权力略有增加，但总统仍缺乏实际的政治权力，其政体仍属于议会内阁制，而非总统政体。

1946 年 10 月 13 日，国民表决通过该宪法——第四共和国宪法。

1946 年制定的法兰西第四共和国宪法，是一部议会内阁制度的宪法。这部宪法由序言和正文两部分构成。序言仍以《人权宣言》为基本内容，重申尊重 1789 年《人权宣言》中所阐明的人权和公民各项权利和自由。宣布"法兰西为不可分割的、非宗教的、民主的和社会的共和国"（第 1 条）；共和国是口号为"自由、平等、博爱"，原则为"民有、民享、民治"的政府（第 2 条）；法国国家主权于法国国民全体，任何一部分或任何个人都不得擅自行使国家主权，国民通过议会行使国家主权（第 3 条）。

宪法还就两院制议会制度、总统和总理的行政权力、最高司法会议的司法权作出了规定，宪法还新设立了宪法委员会，作为审查违宪法律的机关。

但该宪法确立的以议会为中心的议会内阁制政体，使法国成为一个政府频繁更替的政体，以致议会倒阁成为家常便饭。

由于法国是一个政党众多的国家，多党并存的政党制度决定了，无论是在议会内还是在政府中，都很难形成一个拥有足够多数的大政党，来稳定议会及政府的权力，所以，议会和政府都只能由几个政党联合执政。联合组阁的几个政党如果一旦在议会中出现意见分歧，就必然引发内阁危机。

问题还在于，在第四共和国宪法所确立的议会与政府相互关系的权力制约格局中，议会处于优势地位，政府处于劣势。其表现为：一方面，就议会对政府的制约权力来说，国民议会可以比较容易地解散内阁，国民议会只要以绝对多数票（过半数票）通过对内阁的不信任案，或者拒绝了内阁的信任案，内阁就应辞职。另一方面，就政府对议会的制约权力来说，政府却不易将国民议会解散。

宪法关于议会与内阁相互制约权力的上述规定，导致政府平均寿命仅 6 个月，其中有两届政府执政仅仅两天，由此导致法国政局极不稳定。1958 年 5 月 13 日，法国驻阿尔及利亚的殖民军将领马絮等公开叛乱，接管当地政府，与巴黎中央政府相对抗。5 月 25 日，科西嘉岛等也被叛变者所控制。这一事件加速了议会内阁制政体的垮台。在出现上述情况后，国民议会被迫于 1958 年 6 月 1 日通过决议，决定让长期以来反对第四共和国宪法所确立的议会制政体，加强总统权力的戴高乐上台，并授权戴高乐在为期 6 个月的时间内，全权处理阿尔及利亚事件和制定新的法国宪法。

二、第五共和国宪法与新政体

在法国历史上，每当共和政体出现危机，政府无能，必定有强人被推向政治舞台。戴高乐受命于危难之际，恶劣的内外形势给他提供了力挽狂澜，大展宏图的机会，也为他实现"贝叶演说"中表达的制宪思想，建立新体制，加强个人行政权力提供了合适的舞台。

经过议会授权，戴高乐启动了制宪工程，并迅速确定了新宪法应体现的基本原则。由于国民议会授权戴高乐主持制定新宪法的工作，那么大权在握的戴高乐，必然要按照他的制宪思想来制定新宪法。自然，戴高乐的制宪思想，就成为此次宪法制定工作的基本指导思想，以致人们后来称这次制定的法国宪法为"戴高乐宪法"。因此，在阐述法国第五共和国宪法的背景时，应当对戴高乐的制宪思想进行分析。

早在1943年，戴高乐就提出了"强化总统权力，限制议会权力"的基本制宪思想。

1946年6月初，因对正在讨论中的"四月宪法草案"极为不满，戴高乐愤然辞去了临时政府首脑职务。1946年6月16日，刚刚辞职的戴高乐在诺曼底半岛的贝叶发表演说，较系统地阐述了他的基本制宪思想。他在演讲中指出："行政权应该由超越各党派的国家元首授予政府。这个国家元首由包括全体议员在内的范围更广泛的选举团选举，他既是法兰西联邦的总统，又是共和国的总统。国家元首对不受议会约束的人员的任命，应负完全责任。国家元首对不受议会约束的人员的任命，应负完全责任。他应当任命各部部长，当然，首先是任命应该负责指导政府的政策和工作的总理。应由国家元首颁布法律和公布法令，因为对于整个国家来说，法令和法律是约束全体公民的。国家元首应主持政府会议，在政府中起一个民族所不能中断的延续作用。应由国家元首对偶发的事件作裁决；他或者通过政府会议来正常地行使这种职权，或者在巨大变动时期由全国投票决定他的最高决定。在国家处于危急时期，国家元首有责任保证国家的独立和批准法国签订的条款。"

1949年9月，戴高乐又在埃皮纳发表演说，重申他在"贝叶演说"中提出的制宪思想。他强调指出："行政权力决不能从立法权力中产生出来，甚至间接地也不行。"他认为"议会应当是这样一种议会，那就是说，它应当制定法律和控制政府，但它不应当由它自己直接地或间接地通过中间机构管理国家"。上述演说，构成了戴高乐关于制定宪法的思想。

如果说，从1943年以来，戴高乐在几次演说中所阐述的制宪思想，在1946年还未能为法国人普遍接受的话；那么，到1958年，在经历了1946年宪法颁布以来的12年间，法国政府频繁更换的现实之后，特别是在法国处在1958年这样一个危机时刻的历史条件下，戴高乐所提出的有关制定宪法的思想，已开始被法国人普遍接受，成为1958年制定新宪法的基本指导思想。

制宪工程启动后，新宪法的设计者德勃雷系统地提出了新宪法的原则和框架，一系列重大改革方案也随新宪法提出并完成。德勃雷特别强调总统的重要地位，认为共和国需要一根"拱顶石"（类似于中式建筑中的大梁），"这根拱顶石，就是共和国总统。"1958年9月28日，新宪法草案交由人民公决，并获批准通过；10 月 4 日，宪法正式颁布，即现行的第五共和国宪法。

第五共和国宪法的制定具有一些重要特点：（1）宪法不是由立法机关，而是由人民直接投票批准通过。有人评价，公民投票"首先不是批准宪法，而是批准戴高乐的个人权力"。（2）宪法突破了传统的议会制模式，扩大了总统权力。总统成为国家权力中心，从而使总统、政府、议会的关系得到了较大的调整。（3）新宪法是一部民主传统加戴高乐思想的宪法。宪法继承了 1946 年宪法传统，重申了《人权宣言》主权在民等重要原则。但戴高乐要求未来的总理由他任命，并对议会负责。总统监督宪法实施，在国家生活中起仲裁的作用，同时是国家统一、领土完整的保证人。

第五共和国宪法除序言外共分十五章。即主权、共和国总统、政府、议会、议会和政府之关系、国际条约与协定、宪法委员会、司法机关、特别高等法院、经济与社会委员会、领土单位（也译地方团体）、共同体、联合协定、修改、过渡性条款等。

经过 50 年发展，至 2008 年，第五共和国宪法经历了 15 次修改。其中重要的修宪活动有 1962 年实现直接普选产生总统；1974 年修宪规定，60 名国民议会议员或 60 名参议院议员可以就法律草案的合宪性问题提请宪法委员会审查；2000 年实现总统的五年任期；2008 年是规模最大的一次修宪活动，此次修宪案所涉条文达 39 条，占现行 1958 年宪法所有条文 89 条中的近二分之一。

2008 年宪法修正案主要从三个方面对现行体制进行了改革：

其一，对总统的某些权力进行规范和限制：总统连续任期不得超过两届，向西方多数国家情况看齐。总统不再享有集体赦免权。总统在任命宪法委员会委员、最高司法委员会成员等高级职务时，须征求议会相关委员会意见，当有 3/5 议员反对时，总统不得行使任命。总统行使宪法第 16 条赋予的紧急状况特别权力 60 天后，宪法委员会可随时依职权审查其条件是否继续存在；30 天后，宪法委员会应请求也可以审查。

其二，加强了立法权对行政权的监督：议会职能不仅是通过法律、监督行政，还增加了评价公共政策。议会有权支配部分会期日程，而不再全由政府决定。政府法案先通过议会专门委员会审查后才提交大会讨论，专业委员会的数量也由 6 个增至 8 个。政府实施海外军事行动 3 天之内通知议会，海外驻军超过 4 个月须得到议会批准。政府援引宪法第 49 - 3 条不经过议会表决直接通过法案的情况则限定在财政法案范围，超出该范围每年只能使用一次。

其三，赋予了公民新的重要权利：公民在诉讼中可要求法院将所适用的法律提请宪法委员会进行合宪审查，以前宪法委员会仅对未颁布的法案进行审查，并只有总统、总理、议会两院议长及 60 名议员有违宪审查请求权。公民可向经济、社会和环境委员会提交诉愿书，参与政府和议会立法和公共决策。议会 1/5 议员提议得到全国十分之一选民支持，就可启动全民公投程序。设立总统直接任命的公民权利保护人独立机构，保障公民权利和自由不受公权力侵害。

第三节　第五共和国宪法确立的宪政制度

一、总统

（一）总统的地位

法国第五共和国宪法的突出特点之一，是该宪法加强了总统的权力。宪法将"总统"排在共和国机关的第一位，然后才是政府、议会等。而第四共和国宪法则是将"议会"排在第一位。宪法第五条对总统在国家政权架构中的特殊地位作了明确规定："共和国总统监督遵守宪法。他通过自己的仲裁，保证公共权力机构的正常运行和国家的延续。他是国家独立、领土完整和遵守条约的保证人。"宪法视总统为国家事务的"仲裁人"，维护国家独立和领土完整的"保证人"，遵守条约的"保证人"，这无疑是将总统置于国家权力机关的中心，成为国家机器的"轴心"和共和国大厦的"拱顶石"。

（二）总统的选任

1958 年宪法第 6 条规定，"共和国总统经由议会议员、省议会议员、海外领土议会议员以及市镇议会选出的代表组成的选举团选举产生，任期 7 年。选举团的全部成员为 8 万人。"1962 年宪法修正案规定："共和国总统由直接、普选产生，任期 7 年。"2000 年宪法修正案将总统任期改为 5 年。宪法规定，共和国总统以有效投票的绝对多数票当选。如果在第一轮投票中无人获得绝对多数票时，应在其后第二个星期日举行第二轮投票。只有两名候选人允许参加第二轮角逐。如果第一轮投票中得票最多（但不超过半数）的候选人退出竞选，即以得票的两人为候选人。最近 30 多年的几届总统都是经过第二轮投票才产生出来。

（三）总统的权力

第五共和国宪法一方面削弱了议会的职权，并缩小了其职权范围；大大地扩张了总统的职权和地位。总统行使的权力其中一部分应由总理副署，或如有需要则由关部长副署，此即共享职权；而另一部分则由总统独享，即专属职权（宪法第 19 条）。共享职权范围很广，主要涉及第 8～18 条、第 29 条、第 52 条、第 56 条和第 65 条。

根据宪法第 19 条、第 8 条第 1 款、第 11 条、第 12 条、第 16 条、第 18 条、第 54 条、第 56 条、第 61 条的规定，总统的权力包括：

第一，任命总理，并根据总理的提名任命政府其他成员，组成政府。同时，总统亦有权免除总理及政府其他成员。

第二，签署和颁布议会通过的法律。宪法第 10 条规定，总统在议会通过法律并送交政府后的 15 日内，将法律予以签署颁布。在上述期限内，总统有权要求议会对该法律或该法律中的某些条文，重新审议，议会不得拒绝执行总统提出的要求。

第三，主持内阁会议，并签署内阁会议通过的法令和命令。宪法第 9 条规定："共和国总统主持内阁会议。"宪法第 13 条规定："共和国总统签署经内阁会议审议的法令和命令。"需要指出的是，虽然宪法规定总统主持内阁会议，并签署内阁会议通过的法令和命令，但内阁总理或有关部长应在内阁发布的法令和命令上副署，所以，总统对内阁作出的决议不承担政治责任。正是从总统虽主持内阁会议，却不对内阁的决议承担政治责任的意义上，不少人称法国的总统是"半总统制、半议会制"。

第四，解散国民议会。宪法第 12 条规定，"共和国总统可以在征询总理和议会两院议长意见后，宣布解散国民议会。"同时规定，在重新选出新一届国民议会的一年内，总统不得再次解散国民议会。宪法的这条规定，可在政府（以及总理本人）同国民议会发生矛盾时，总统以"仲裁人"的身份，下令将国民议会解散，消除议会与政府互相对峙的僵局。1962 年 10 月，因修改宪法关于总统的选举制度，蓬皮杜政府与国民议会发生尖锐的冲突，戴高乐运用此项权力，将国民议会解散。1968 年 5 月、1977 年 4 月、1981 年 5 月、1988 年 5 月，总统也曾解散国民议会。

运用此项权力，宪法有若干限制：（1）总统"不得在大选后一年内再次解散国民议会"（第 12 条）。（2）在总统缺位而由参议院院长代行职务期间，后者不得行使第 12 条之权力（第 7 条）。（3）总统在行使采取紧急措施权期间，国民议会不得解散（第 16 条）。

第五，任命有关文武官员。宪法第 13 条规定："共和国总统任命国家的文职人员和军职人员。"由总统所任命的文职和军职人员包括：行政法院法官、荣誉勋位局总长、大使和特使、审议院审计官、省长、驻海外领地的政府代表、将级军官、学区首长、中央行政机关长官等。第 56 条规定，总统有权任命宪法委员会委员 3 名及宪法委员会主席。第 65 条规定，总统有权任命最高司法委员会的 9 名委员。

第六，外交权。宪法第 14 条规定："共和国总统派遣驻外国的大使和特使，并接受外国大使和特使。"宪法规定的总统的外交权还有："共和国总统议定并且批准条约"（第 52 条）。

第七，军事权。宪法第 15 条规定："共和国总统是三军统帅。总统主持国防会议和最高国防委员会。"根据 1964 年的法令，总统有权决定使用法国的战略核力量。

第八，司法权。宪法第 17 条规定："共和国总统有赦免权。"第 64 条规定：

"共和国总统是司法机关独立的保障者。"第65条还规定，共和国总统任最高司法委员会主席。

第九，向国民发表咨文、向议会发表咨文，将有关法案直接提交国民表决。

第十，紧急状态时行使"非常权力"。宪法第16条规定，在共和国的制度、国家独立、领土完整或国际义务的履行受到严重威胁，总统在与总理、议会两院议长磋商后，可以行使非常权力。1961年4月23日，戴高乐总统第一次使用第16条，以采取紧急措施平息法国军人在阿尔及利亚的叛乱。

第十一，修改宪法的倡议权。宪法第89条规定："修改宪法的倡议权，同时属于共和国总统和议会议员，共和国总统依照总理的建议案行使此项倡议案。"

从上述各项权力可以看出，宪法授予总统的权力，遍及立法、行政、司法、军事等各个领域，这从一方面说明，第五共和国宪法确实加强了总统的权力。但后期宪法修正案对总统的权力又有所限制。

二、政府和总理

（一）行政二元化的政府体制

行政二元化现象（两个行政首长）是法国宪政体制最重要的特点之一。行政二元化其实不过是法国半总统制、半议会制的变种。鉴于法国这种以总统为中心，总统和总理共同行使行政权的格局，并且内阁会议由总统主持，这表明总统是中央政府的重要构成部分之一。

而在第五共和国宪法之前，法国的政体以英国的议会内阁制为蓝本，内阁对议会负责，总统任命内阁总理及其他阁员，内阁成员出席议会会议并可发言，以及各部部长对其所副署的行政行为的合法性负责等。但是，法国不属于两党制国家，议会的多党制客观上造成了内阁动荡不稳，任何一个甚至两个政党都不可能完成独立组阁。为了改变这种政府频繁更迭的局面，戴高乐在设计第五共和国宪法时，他力图改变原来的体制，创立新的共和体制——"半总统制、半议会制"的体制，使总统成为法国政治生活的中心，以此架构有效地避免因多党制而引起的政党的政府危机。

宪法规定总统与国会均由人民直选产生，政府通过总理向议会负责。有人将此体制称为"双向代表单向负责之议会制"。这种体制的明显特点是：议会制的形态仍被保留，亦即通过总理向议会负责，以确保行政有效的政府和内阁的稳定；但分别代表国民的议会与代表人民的总统均由人民直接选举产生，并赋予总统若干重要及专属的权力。

对政府的产生，宪法第8条规定，总理由总统提名并加以任命，政府其他成员由总理提名，总统任命。总理及政府其他成员的免职也由总统决定。这种任免政府的特殊程序，彻底摆脱了议会对政府组成的控制和参与，这是法国政府既不同于议会制国家的政府，也不同于总统制国家政府的特殊的政府产生和任免形式。

与西方其他国家相比，不论是实行议会制的国家，还是实行总统制的国家，在选任政府成员，组成政府的过程中，议会都有所参与，议会都握有一定的控制权。在实行议会制的英国和日本，政府首相要经议会产生。在实行总统制的美国，虽然作为政府首脑（同时也是国家元首）的总统，不由议会选举产生，但总统在任命部长组成政府时，其提名的政府部长却要经国会参议院批准，总统的提名常常会被参议院否决。而法国第五共和国宪法确立的半总统制体制，从政府总理到部长等政府成员的任命，都无须议会提名或批准，议会无权过问政府的组成，政府彻底摆脱议会对政府的控制，这是法国现行宪法在限制议会权力，加强总统权力的过程中，形成的一个新特点。

法国宪法第 23 条规定："政府成员的职务，同行使议会的委托权、任何全国性职业代表的职务以及任何公职或职业性的活动是不相容的。"这一规范表明，在政府成员和议会议员的关系问题上，法国实行"不相容原则"，即政府成员不得兼任议员。其目的是克服以往议员为了争当政府职务而导致内阁危机频繁的弊端。这一规定与总统制的美国相似；而英国、日本的议会制下，政府成员与议会议员之间，实行"相容原则"，即政府成员可以兼任（或必须是）议会议员。

（二）总理的权力

宪法第 20 条对政府的主要职权作了原则规定："政府决定并指导国家的政策。政府掌管行政部门和武装力量。"宪法未进一步对政府的各项政务活动及职权作具体规定，但宪法却对作为政府首脑的总理的主要职权作了规定。宪法规定的总理职权主要有：

第一，向总统提出建议任命的国务部长、部长、部长级代表、国务秘书等政府成员名单，经总统任命后组成政府。并根据执政情况，向总统提出建议免除政府有关成员职务（第 8 条）。此外，宪法第 21 条规定，总理任命除由总统任命范围以外的政府高级文职人员。

第二，领导政府的政务活动。宪法第 21 条规定，"总理领导政府的活动。"戴高乐解释说，宪法这条规定的含义是，总理对政府各部的政务活动，有指示、协调和监督执行的权力。总理还有权在内阁会议之外，召开有几个部参加的部际会议。宪法第 21 条还规定，在特殊情况下，总理可以代替总统主持内阁会议。

第三，掌管武装力量、负国防责任。宪法第 20 条规定，政府掌管武装力量；第 21 条又规定，"总理对国家防务负有责任"。在理解宪法关于政府掌管武装力量，总理负有国家防务责任的规定时，涉及总统与总理的职权关系问题，根据宪法第 15 条规定，法国武装力量的统帅是总统。但总统不领导国防部，而由总理领导国防部，负责组织国防事宜，因此总理对国家防务负有责任。宪法第 21 条还规定，如果情况需要，总理可以代替总统主持最高国防会议和国防委员会。此外，总统在任命武装力量中的将级军官时，必须有总理副署。武装力量中将级以下的高级军官则由总理直接任命。总理正是通过其上述活动，行使其掌管武装力量，负国防责任的职权。

第四，保证法律的执行。宪法第 21 条规定"总理保证法律的执行"。总理在行使这项职权的过程中，有权依据有关法律制定政府法令。政府制定的法令与议会通过的法律，具有同等的法律效力。

第五，提出立法议案和修宪倡议，参与立法活动。宪法第 39 条规定："法律的创议权同时属于总理和议会议员"。这条规定表明，政府总理同议会一样，拥有立法创议权，而且根据宪法第 48 条规定，议会两院在讨论立法议案时，"应优先地并且按照政府所定的顺序讨论政府提出的法律草案和政府同意的法律建议案。"这一规定，有利于政府提出的立法议案，能比较及时、比较顺利地在议会获得通过。在修改宪法的倡议权上，宪法第 89 条规定，总统按照总理的建议案行使修改宪法倡议权。这些规定表明，总理及政府的权力已渗透到立法领域。

第六，将议会通过的法律提交宪法委员会审查。宪法第 61 条规定，议会通过的法律在公布前，总理有权将其提交宪法委员会，以审查其是否违反宪法。

第七，在与议会关系方面的有关权力。这主要有：总理有权要求议会召开特别会议，且在议会特别会议闭会后一个月内，唯有总理有权再次要求召开新的议会特别会议（第 29 条）；议会两院在讨论法案中若出现意见不一致时，总理有权要求两院组成人数相等的混合委员会，以便就讨论的问题提出一个新文本（第 15 条）；政府提出财政预算案 70 天后，若议会两院未作出决议，政府有权将该预算草案以法令的形式付诸实施（第 17 条）；经内阁会议审议后，总理代表政府向国民议会提出政府施政纲领或向国民议会提出要求信任案，总理有权要求参议院赞同其代表政府发表的关于总政策的声明（第 19 条）；总统在宣布解散国民议会前，应征询总理的意见（第 12 条）。

第五共和国宪法没有规定政府的任期，但宪法第 50 条规定，当国民议会通过对政府的不信任案，或者表示不赞同政府的施政纲领或总政策声明时，总理必须向总统提出政府辞职。

三、议会

从历史上看，应该说法国是一个传统的实行议会制的国家，自 1785 年第三共和国以来，议会一直实行两院制，两院的名称分别称为国民议会和参议院。但是要看到，议会在各个历史时期的权力地位差异甚大。在实行第三共和国宪法和第四共和国宪法的历史时期，议会权力很大，法国属于典型的议会制国家。第五共和国宪法实行以后，尽管议会制度的形式仍然被保留，但议会在国家机构体系中的地位却明显下降。议会实际行使的权力也被大大削弱。所以，今天的法国不再是一个典型的议会制国家，而是一个兼有议会制和总统制两种制度特色的国家，以至人们称今天的法国是一个实行"半议会制、半总统制"的国家，且在某些方面表现出的总统制特色更为明显。

1958 年宪法对议会的选举制度、议会的组织机构、议会开会会期、议会的主要职权等五个方面作了原则性的规定。

（一）议会的组成和会期

宪法第 24 条规定："国民议会议员依直接选举产生。参议院依间接选举产生。"在根据宪法制定的组织法则具体规定，国民议会的议员，从法国本土及海外省和海外领地设立的 491 个选区直接选出，每个选区选出 1 名议员。其中法国本土选出 473 名，海外省及海外领地选出 18 名，合计选出国民议会议员 491 名。国民议会议员每届任期 5 年。国民议会被总统提前解散时，则提前进行国民议会议员选举。参议员由各省的选举团间接选举产生，各省选举团由各省的国民议会议员、省议员、市议员代表组成，当选的参议员绝大多数都是地方的知名人士和地区绅士。参议员共 295 名，任期 9 年，每 3 年改选三分之一。

国民议会和参议院各设议长 1 名，宪法第 32 条规定，两院议长分别由本院议员选举产生，可连选连任。国民议会议员的任期与该院议员任期相同，即任期 5 年。参议院议长在每 3 年一次的参议员部分改选中选举产生，任期 3 年，但议长连选连任现象很普遍。

议会两院议长除分别具有主持本院会议的当然权力外，宪法中明确作了规定的权力还有：总统在宣布解散国民议会前，应事先征询两院议长的意见（第 12 条）；总统在行使"非常权力"前，要与两院议长进行磋商（第 16 条）；总统缺位或因发生故障不能行使职权时，由参议院议长临时行使共和国总统的职权（第 7 条），根据该条规定，阿兰·波埃在多次连任参议院议长期间，曾因戴高乐辞职和蓬皮杜总统去世，先后于 1969 年 5 月至 6 月，1974 年 4 月至 5 月，两度代行总统职权；两院议长分别有权任命宪法委员会 3 名委员（第 56 条）。

关于议会两院自身设立的组织机构，在实行第四共和国宪法时期，议会两院设立的常设委员会多达十几个，现行宪法第 43 条明确规定，议会两院设立的常设委员会各以 6 个为限。各常设委员会主要承担审议各类法律草案和建议案。国民议会设立的常设委员会是：外交委员会，国防和武装力量委员会，财经和经济计划委员会，宪法和立法委员会，生产和贸易委员会，文化、家庭和社会事务委员会。每个常设委员会的人数在 60 人至 120 人之间。参议院设立的常设委员会，基本同于国民议会设立的常设委员会，但每个常设委员会的人数较少，每个常设委员会的人数在 35 人至 80 人之间。此外，议会两院还根据不同时期的工作需要，临时设立一些非常设的委员会。

宪法第 28 条规定了议会两院举行常会的会期，规定议会两院每年各自举行两次常会。第一次会议从每年 10 月 2 日开始，会期 80 天；第二次会议从每年 4

月 2 日开始，其会期不得超过 90 天；如果两次会议的开会日期是休假日，会议在其后的第一个工作日开始。第一次会议主要讨论和通过下一年度的财政预算案，第二次会议主要是进行立法。

议会除定期召开每年两次的常会外，宪法第 29 条还规定，议会应总理的请求，或者应国民议会过半数议员的请求，可就确定的议程举行特别会议。议会特别会议主要讨论事先确立的有关专门问题，特别会议每次会期不得超过 12 天，特别会议的召开和闭会都要经总统宣布。

宪法第 33 条规定，议会两院的会议公开举行，会议全部议事记录在《政府公报》上发表。同时又规定，议会两院可应总理或各该院全体议员 1/10 的请求，举行秘密会议。

（二）议会的职权

议会两院职权不尽相同，从总体上讲，国民议会的权力大于参议院的权力。宪法规定的议会两院的权力概括起来主要有：

第一，立法权。宪法第 34 条规定："法律应由议会投票通过。"第 45 条规定："一切法律草案或者建议案，应相继在议会两院进行审议，以便通过同一文本。"但是关于财政的法案，应首先提交国民议会通过，然后再交参议院讨论通过（宪法第 39 条）。

宪法第 34 条还具体规定了议会立法的主要项目范围，这主要有：关于公民权利的法律；有关个人的国籍、身份、婚姻、继承权的法律；有关司法诉讼制度的法律；有关税收和货币发行制度的法律；有关议会两院和地方议会选举制度的法律；有关保障国家文职人员和军职人员的法律；有关设立公益机构的法律；有关转让国有化企业为私营企业的法律；此外，还可以对国防、地方自治、教育、劳动和工会等方面，制定一般基本原则的法律。

应该指出的是，虽然第五共和国宪法赋予了议会多方面的立法权。但是应看到，议会的立法权受到了很大的限制，这表现为：首先，宪法第 38 条规定，政府为执行施政纲领，可以要求议会授权政府制定法令，政府法令具有与议会法律一样的法律效力。这就使议会对有关问题的立法权，由议会方面转移到政府手中。其次，总统可以绕过议会，直接将由其提出的立法案提交公民表决，总统还可以行使"非常立法权"进行立法，这又使有些议会持有异议、或者已被议会否决了的立法案，被总统运用立法权力得到确立。最后，宪法第 48 条规定，在议会讨论立法草案时，议会要优先讨论政府法案，这有利于政府法案在议会顺利通过。

第二，监督权。根据宪法第 20 条规定，政府对议会负责，议会对政府有监督权。议会对政府行使监督权的方式有质询权、财政执行监督和提出对政府的不信任案。

关于议会对政府的质询权,宪法第 48 条规定,议会在开会期间每周应留一次会议,供议会议员对政府提出质询,由政府成员作出答复。但实际上政府部长等常以"与公共利益相抵触"为遁词,拒绝回答议员提出的质询,从而使每周的质询流于形式,很难实际起到议会监督政府的作用。

财政执行监督权。宪法第 47 条规定,议会在审议院的协助下,监督财政法的执行情况。

提出对政府的"不信任案"权,又称弹劾权。宪法第 50 条规定,"当国民议会通过不信任案或者表示不赞同政府的施政纲领或者总政策声明的时候,总理必须向共和国总统提出政府辞职。"国民议会可提出对政府的"不信任案",被一些人看作是议会监督政府的最有力的手段。殊不知,宪法本身同时又对国民议会提出"不信任案"的权力作了多重严格的限制。这些限制有以下四点:首先,提出"不信任案"的动议,至少要有 1/10 的国民议会议员的签署才能被受理。其次,"不信任案"正式提出后,不能立即进行表决,只有经过 48 小时之后才可进行表决。再次,对"不信任案"的表决计票实行特殊的计票方法,即只统计对"不信任案"的赞成票,弃权票算作是对政府的支持,只有获得国民议会全体议员过半数的赞成,才算"不信任案"被通过。最后,如果"不信任案"被否决,最初提出签署"不信任案"的议员,在同一次会期中不得再次提出"不信任案"。由于宪法对国民议会提出"不信任案"的手段作了复杂的多重限制,所以"不信任案"很难实际通过。据统计,从 1958 年至 1979 年的 21 年中,国民议会正式向政府提出过 24 次"不信任案",只有 1962 年对蓬皮杜政府的"不信任案"表决后成立,蓬皮杜政府由此被迫辞职,其他多次提出的"不信任案"皆未成立。

第三,批准宣战和实行戒严权。宪法第 35 条规定:"宣战必须经议会批准。"宪法第 36 条规定,超过 12 日的戒严令,要经议会批准后内阁才能宣布实施。

第四,修改宪法程序上的权力。宪法第 89 条规定,议会议员与总统一样,有提出修改宪法的倡议权。同时还规定,修改宪法的草案或者建议案,必须由议会两院以同样的词句表决通过。

第五,选举高级法院法官权。宪法第 67 条规定:"高级法院由国民议会和参议院在两院每次全部改选或部分改选后,在各自的议员中选出同数的成员组成。"根据宪法这条规定,议会两院各可以从本院议员中,选出 12 名正式法官和 6 名候补法官,组成高级法院。

第六,对共和国总统提出控告权。宪法第 68 条规定,总统在执行职务中有叛国罪时,议会两院可依公开投票的方式,以组成各院的议员的绝对多数票作出同一表决。对共和国总统的叛国罪提出控告,由高级法院予以审理。

四、司法机关

法国的司法体系比较复杂。通常认为，法国的最高司法委员会、高级法院（又称特别高级法院）、普通法院，行政法院、争议法庭等机关，都是法国的司法机关。但若就法国现行宪法本身规定的内容看，法国现行宪法只在第 8 章和第 9 章，就"最高司法委员会"和"高级法院"两个机关的组成和职权问题，作了宪法规定；对普通法院（包括四级法院）、行政法院、争议法庭等司法机关，未在宪法中作出规定，而另由组织法作出规定。为了对法国司法机关的全貌有一个初步了解，我们先以宪法本身规定的内容为依据，就最高司法委员会，高级法院两个司法机关的基本情况加以概述；然后再依据组织法等法律，对普通法院、行政法院、争议法庭 3 个司法机关的概况进行介绍。

（一）最高司法委员会

法国现行宪法首先按照司法机关独立的学说，规定司法机关是独立的机关，为了体现和保证司法机关的独立性，宪法第 64 规定："共和国总统是司法机关独立的保障者。"同时规定法官实行终身制。

宪法第 65 条就最高司法委员会的组成问题作了规定。根据宪法及组织法规定，最高司法委员会由 11 人组成，总统任主席，司法部长任当然副主席，司法部长还可以代替总统任主席。最高司法委员会的其他 9 名委员由总统任命，其中 3 名委员必须从高级法院中任命，3 名委员从法官中任命，1 名委员从行政法院中挑选，2 名委员为非法官身份的法律教授。

宪法第 65 条还就最高司法委员会的主要职权作了原则规定，规定最高司法委员会的主要职权有四个方面：提出拟任命的普通法院系统中最高法院审判官和上诉法院院长名单，由总统加以任命；提出普通法院系统中其他法官的任命建议案，由司法部长加以任命；对总统行使赦免权提出咨询；执行法官纪律监督任务，对法官执行职务中的行为是否合法作出裁决。

（二）高级法院

高级法院又称特别高级法院。需要明确的是，高级法院是不同于普通法院序列中的最高法院的司法机关，即它不是审理普通民事和刑事案件的最高审判机关，而是以审理总统及政府成员在执行职务中所犯叛国罪、危害国家安全罪等特殊犯罪的司法机关。

宪法第 67 条规定，设立高级法院，高级法院由国民议会和参议院从各自的议员中，各任命 12 名正式法官和 6 名候补法官组成，并从正式法官中选出 1 名院长和 2 名副院长。

宪法第 68 条规定了高级法院审理的案件范围，高级法院主要审理以下三类案件：审理由议会两院按法定程序提出的对总统叛国罪的控告案；审理政府成员在执行其职务中所犯的刑事罪和危害国家安全罪的案件；审理与政府成员相勾结的普通公民的犯罪案件。

（三）普通法院

法国的普通法院在宪法中未作具体规定，而由根据宪法制定的组织法及有关法律规定。普通法院是审理普通公民的民事和刑事案件的司法机关。普通法院系统本身包括以下四个审级：即初审法庭、大审法庭、上诉法院和最高法院，每个审级又分成民事法庭和刑事法庭两类法庭。

初审法庭是基层司法机构。它主要审理最一般的民事案件和轻微刑事犯罪案件。

大审法庭是第二级司法程序的法庭，主要受理较大的民事和刑事案件。同时还受理初审法庭的上诉案件。

上诉法院是第三级司法程序的法院，主要审理重大的民事和刑事案件，并作出判决。同时还审理下一级法院的上诉案件，并有权变更下一级法院的原判。

最高法院是普通法院序列中最高一级的司法审判机关，受理刑事和民事上诉案件，并有权对任何下级普通法院作出的判决进行变更。

（四）行政法院

行政法院是与普通法院独立并行的司法机关，它不属于普通法院序列。从司法职能及性质上讲，行政法院是一个兼有司法审判、法律咨询、司法监督等多重司法职能的机关。行政法院的司法审判职能是，审理行政诉讼案件并作出判决；行政法院的法律咨询职能是，对政府提交的法律和法令草案提出意见，审查其是否与现行法律和法令相冲突，以供政府作必要的修改。行政法院的监督职能表现在，它有权监督和检查行政机关正在实施的行政管理措施是否合乎法律。

（五）争议法庭

争议法庭又称"权限争议法庭"。争议法庭是设在普通法院和行政法院两种平行的司法机关之上的司法机关。由于在法国的司法体系中，普通法院与行政法院是两个互不隶属、互相并行的司法机关，这样，这两个平行并列、各自独立进行审判的机关，在审判权限问题上，就有可能发生纠纷，争议法庭正是为解决这类纠纷而设立的司法机关。

争议法庭主要处理以下三类有关司法权限纠纷的案件：第一，当普通法院和行政法院都认为某案件不属于自己受理权限的范围时，由争议法庭裁定该案件应由哪方进行审理。第二，当普通法院和行政法院，都认为某案件属于自己受理的权限范围而要求予以审理时，由争议法庭裁决该案件应由哪方审理。第三，当某案件既与行政部门（或行政官员）有关，又与某公民有关，且行政法院和普通法院双方作出的裁决又不一致时，该案可交由争议法庭重新审理，由争议法庭在审理后作出裁决。

五、宪法委员会

1946 年宪法创立了宪法委员会，但其作用十分有限。1958 年宪法保留了宪法委员会的设置，并用专章对宪法委员会的组织程序、职权等问题作了明确规定。宪法委员会在监督选举、监督议会权力、保障公民权利方面发挥了重要作用。

（一）宪法委员会的组成

根据宪法第 56 条规定，宪法委员会的成员由两部分组成，一部分是 9 名经任命方式产生的、有任期限制的委员，另一部分是若干名无须任命的当然的终身委员。经任命程序产生的 9 名委员任期 9 年，不得连任，这 9 名委员分别由总统、国民议会议长、参议院议长各任命 3 名。宪法委员会的当然终身委员，由共和国的各前任总统担任。宪法委员会的主席由总统任命，宪法赋予了宪法委员会主席一项十分重要的权力，即宪法委员会在投票表决中，若出现赞成票与反对票相同时，宪法委员会主席有决定性的投票权。

宪法第 57 条规定："宪法委员会成员不得兼任部长或者议会议员。不得兼任的其他职务，由组织法规定。"

（二）宪法委员会的职能

根据宪法规定，宪法委员会主要有以下四个方面的职能：

第一，监督选举的职能。

宪法委员会监督选举的职能，包括监督总统选举、议会两院议员选举及公民表决投票。宪法第 58 条规定："宪法委员会监督共和国总统选举的合法性。"在总统选举前，宪法委员会审查参加总统竞选的候选人的参选资格。并在审查后决定总统候选人名单。在总统选举中，派代表到各地巡视监督，并处理选举中发生的一切问题。在总统候选人出现故障时，宪法委员会宣告延期进行选举或者重新进行选举（宪法第 7 条）。在总统选举结束后，公布选举结果。在议会两院议员选举中，宪法委员会对议员及候补者资格进行审查，当发生选举争议时"宪法委员会就国民议会议员和参议员选举的合法性作出裁决"（第 59 条）。在议员选举结束后，还要对议员是否兼任其他职务进行审查。在公民直接投票中，对公民直接投票程序的合法性进行监督和审查，并公布公民投票的结果（宪法第 60 条）。

第二，审查法律和法令是否合宪的职能。

法国宪法委员会不受理私人提起的诉讼，只受理宪法规定的申请人提请的审查。宪法第 61 条规定："各个组织法在公布前，议会两院的规章在施行前，都必须提交宪法委员会，宪法委员会应就其是否符合宪法作出裁决。"此外，宪法该条第 2 款还规定，各个法律在公布前，可以由总统、总理、两院议长、议会两院 60 名议员，提交宪法委员会审查，以便对其是否符合宪法作出裁决。宪法委员会在行使审查法律和法令是否符合宪法时作出的裁决，具有强制性，不得进行上诉，其裁决对一切行政机关、司法机关和公共权力机关都有约束力（第62条）。1958年至2004年，有328部法律被提请审查，其中200余个法律条款被宣布无效。

法国宪法对法律进行事先审查，是一种抽象审查。法国宪法委员会的审查结果有三种：一是合乎宪法；二是某些条例不符合，如果是主要条例违宪，则整部法律都将被取缔，如果取缔该条例后剩余部分继续有效，则取缔违宪部分；第三，法律本身符合宪法，但是司法解释必须由宪法委员会规定。

第三，咨询磋商的职能。

宪法第16条规定，总统在行使"非常权力"前，应正式征询宪法委员会的意见，并将宪法委员会的意见向全国予以公布。此后，总统在行使"非常权力"的过程中，还应将他所采取的具体措施，与宪法委员会秘密磋商。

第四，保障公民基本权利的职能。

以1971年"结社自由案"为标志，宪法委员会的职能发生重大变化，其职能由先前的单纯维护国家权力，向保障公民基本权利方向发展。

2008年修宪增加了宪法委员会事后审查的规定，即在普通诉讼程序中，公民若发现法律之规定对宪法所保障的权利与自由构成侵害，可经最高行政法院和最高司法法院向宪法委员会递转违宪审查申请，由宪法委员会在确定期限内予以裁决。并设立总统直接任命的公民权利保护人独立机构，保障公民权利和自由不受公权力侵害。

第四节　公民的基本权利

一、公民基本权利的宪法渊源

现行的1958年宪法没有规定公民基本权利的专章，但在宪法序言中确认了1789年《人权宣言》和1946年宪法序言所确立的公民基本权利。据此规定和宪法委员会的决定，1789年《人权宣言》和1946年宪法序言构成法国公民基本权利的宪法渊源。

（一）《人权宣言》

1789年《人权宣言》确立了人民主权、权力分立和法治原则，也规定了公民的若干基本权利：其一，对平等权的规定，"人们生来是而且始终是自由平等的。"还规定，全国公民都有权亲身或经由代表去参与法律的制定。法律对于所有的人，无论是施行保护或处罚都是一样的。在法律面前，所有的公民都是平等的"（第6条）。这就把人权说成是自然的、天赋的、人人平等具有的、不可剥夺的权利。其二，对人的自然权利的规定，宣称人的"权利就是自由、财产、安全和反抗压迫"（第2条），"财产是神圣不可侵犯的权利"（第17条）。其三，对言论自由的规定"自由传达思想和意见是人类最宝贵的权利之一"（第11条），"意见的发表只要不扰乱法律所规定的公共秩序，任何人都不得因其意见，甚至宗教的意见而遭受干涉"（第10条）。其四，对刑事程序权利保护方面的规定，"凡未经法律禁止的行为即不得受到妨碍，而且任何人都不得被迫从事法律所未规定的行为"（第5条）；"除非在法律所规定的情况下并按照法律所指示的手续，不得控告、逮捕或拘留任何人"（第7条）；"除非根据在犯法前已制定和公布的且系依法施行的法律以外，不得处罚任何人"（第8条）；"任何人在其未被宣告为犯罪以前应被推定为无罪"（第9条）。

（二）1946年宪法序言

1946年法国宪法序言规定，1946年宪法郑重地重申保障1789年人权宣言中的权利和自由、共和国法律所确认的基本原则。其列举的基本权利包括：（1）人的尊严和自由。宪法序言规定"自由的法兰西人民刚刚战胜了奴役和损害人类尊严的社会。法兰西人民重申，无论任何民族、种族或信仰，任何人都享有神圣的不可剥夺的权利。""法兰西人民特别宣告我们今天所必需的政治、经济、社会权利。"（2）平等权。宪法序言规定"法律保护妇女在所有社会领域与男性享有同等的权利。""国家宣告所有的法国人民团结一致，平等承当国家灾难的损失。""法兰西与海外领地的人民以平等的权利和义务为基础组成联盟，不论其种族和宗教信仰。""法兰西联盟由来自不同的国家和人民组成，他们共享和协调资源，他们共同致力于发展各自的文明，增进其福利，保证他们的安全。"（3）劳动权、罢工权和集体谈判权。宪法序言规定"每个人都有劳动和就业的权利，任何人在劳动和就业中都不得因为其种族、政治观点或宗教信仰而受到侵犯。""任何人都可以通过工会和选择参加工会来维护自己的权利和利益。""公民的罢工权利依照法律的规定来行使。""任何劳动者通过其授权的代表可以集体决定工作条件和企业管理。"（4）财产权。这里主要是对财产权的限制。宪法序言规定"所有的财产和企业的开发利用或本身具有共有或垄断性质，都可以转化为公共财产。"（5）生存权、发展权和社会保障权。宪法序言规定"国家保护家庭和个人的必需的发展条件。""国家保障所有人，特别是儿童、妇女、年老工人的健康、生活保障、休息和休闲。任何公民，无论其年龄、身体条件、精神状况，在无法工作的情况下，得以从社会得到体面生存的保障。"（6）教育文化权利。宪法序言规定"国家保障儿童和成人平等的受教育权、职业训练和文化权利，国家有责任组织免费的世俗的教育和授予学位。"（7）参政权。宪法序言规定"努力引导人民自由地自我管理和民主地管理他们自己的事务，驱除所有建立在专制基础上的殖民统治，国家保障所有人平等获得公职，保障所有人集体或单独行使以上所确认的权利。"

二、公民基本权利的内容

法国宪法对公民基本权利的保障，除了《人权宣言》和宪法文本对基本权利的列举外，公民基本权利的保障主要通过宪法委员会的决定来体现。

（一）人的尊严权

在宪法委员会于 1994 年 7 月 24 日作出的一项涉及生命伦理问题的决定中，宪法法官直接引用 1946 年宪法序言第一句，认为"保障人的尊严免遭任何形式的奴役和贬损是一项宪法权利"（94 - 343 - 344DC）。宪法委员会进一步认为，"在社会中，每个人在人的完整性和尊严的前提下，都享有保障他的身体、智力和精神得到充分发展的各种权利"。其实，宪法委员会并没有创设这一权利，而只是重申了那些保障该权利的文本。

在宪法委员会审查的两件涉及人体和人体器官捐赠的法律中，委员会肯定了法律所提出的四项原则。这四项原则突出体现了人的尊严的当代意义：人作为人的至上性；尊重人应从人的生命的形成开始；人体的不可侵犯性、完整性和非财产性；人类的完整性。从比较法的观点分析，上述原则反映了宪法关于人的尊严原则对当代科技发展和道德水准的积极回应。

（二）个人自由权

个人自由权是 1958 年宪法中加以肯定的几项权利之一。宪法第 66 条规定："不得任意拘留任何人。司法机关作为个人自由的保护人，保证依照法律规定的条件使此项原则获得遵守。"在关于"搜查汽车"一案中（76 - 76DC），宪法委员会并没有直接援引该条文，而是认为"个人自由是由共和国法律确认的、并由 1946 年宪法序言宣布的基本原则之一"。在 94 - 343 - 344DC 关于"生命伦理"一案中，宪法委员会将个人自由与《人权宣言》第 1、2、4 条的规定联系在一起。实际上，个人自由权同时受宪法第 66 条和《人权宣言》保护。

此外，宪法第 66 条规定"司法机关"是个人自由的保护人。"司法机关"是指哪些机关呢？在 81 - 127DC 关于"安全与自由"的决定中，宪法委员会倾向认为"司法机关"是指"法官"；后来，在 1993 - 326DC 关于"拘留"的决定中，它补充认为"司法机关"不仅包括法官，还应包括检察官。

（三）结社自由

结社自由受 1901 年 7 月 1 日的结社契约法（登记法）限制。结社既不同于集会，由于它是长期性的；也不同于公司，由于它是非营利性的。因而，各自法律体制互不统属或交叉。宪法委员会第 71 - 44DC 关于"结社自由"的决定将结社自由提到了宪法原则的高度。

一般来讲，组织社团的自由是得到充分保障的。但法律也规定，结社自由权的行使要从属于某种限制。某些特别类型的社团需要提交申请，如某些协会（不是 association，而是 congregation）和外国人社团。宪法委员会 1971 年的决定还保留了阿尔扎斯－莫泽尔地方法规中关于社团必须提前申请批准的规定。

（四）教育自由

在 1789 年、1946 年和 1958 年宪法文件中，人们看不到关于教育自由的规定。事实上，这一自由的确认不得不又一次借助于宪法委员会的决定。宪法委员会根据共和国法律承认的基本原则确认教育自由具有宪法原则的性质（77 – 87DC 关于"教育和良心自由"的决定）。

教育自由包括提供教育自由和接受教育自由两方面。提供教育自由的根据是，在尊重宪法和法律的前提下，任何人都可以自由地根据自己选择的方法提供教育。接受教育自由表示，学生完全可以自由自在地选择学校学习。教育自由意味着教育的多元化。多元化又具有如下三方面意义：（1）教育不能被垄断，如公立学校不能垄断，要允许创立私立学校；（2）家长或学生完全有权决定在公立或私立学校就读；（3）教育者也享有一定的教学自由。

（五）信仰和言论自由

《人权宣言》第 10 条规定，"任何人都不应因其言论、甚至宗教言论而遭受干涉。"这间接地意味着言论自由和信仰自由是分开的两方面。信仰自由较早出现，它表明个人可以决定信仰什么（积极信仰）或不信仰什么（消极信仰）。后来，其应用范围扩大到思想或哲学信仰，以及政治方面。

从宪法文本上看不到任何关于信仰和言论自由的规定。但都认为，信仰自由和言论自由来自《人权宣言》第 10 条和 1946 年宪法序言第 5 款。1958 年宪法第 1 条（经 1995 年 8 月 4 日宪法法令修正）宣称："法国尊重各种信仰。"在上述基础上，宪法委员会认为，信仰自由是由共和国法律确认的一项基本原则（77 – 87DC 关于"教育自由"的决定）。在事实上和在法律上，信仰自由是从宗教自由那里推衍出来的。

保障上述自由要求国家公权机关实施一种"不干预"政策。也就是说，从根本上讲，国家应保持一种与宪法第 1 条规定的"世俗的"共和国的规定相一致的"中立的立场"。这一观点也体现在宪法委员会 76 –77DC 关于"公务员档案"一案的决定之中。

然而，在维护公共秩序这一构成"宪法价值的目标"的前提下，信仰和言论自由的行使也必须照顾到法律规定的某些特殊情况。如 1972 年 7 月 1 日法规定挑起各族主义争端是应负刑责的轻罪；1959 年 12 月 31 日法规定私立学校（往往由宗教组织创办）的老师必须尊重学校的特点，在涉及他们自己的言论和信仰的表达方面，他们必须履行"保留的义务"。尽管如此，"信仰和言论自由具有无条件的和绝对的特点。"

（六）表达和传播自由

从广义上看，表达和通信自由是思想自由（包括信仰和言论自由）的一部分，它们具有共同的法律基础。表达自由更贴近思想自由，因为它是思想的外在表现；思想的传播，即言论和信仰的外在化，是与思想自由不可分割的重要方面。

传播自由更突出自由的手段层面。在此，"信息"和"载体"之间有着极大的相互依赖性。自由表达也就是通过某种物质手段如语言、书籍、杂志、广播、互联网等进行自由传播；总之，在今日，自由表达和传播只是一种自由选择技术和手段（自由传播）以散播思想的能力。有鉴于此，新闻自由和摄像传播自由当然是表达和传播自由最具象征意义的表现。

《人权宣言》第 11 条规定："自由传播思想和言论是人类最宝贵的权利之一。每个公民都有自由言论、著述和出版的权利，但在法律所规定的情况下应对滥用此项权利承担责任。"大约等了 100 年后，上述理念才被体现在一项关于新闻自由的法律之中（1881 年 7 月 29 日法。该法仍然有效。）1982 年 7 月 29 日法规定"声像（或译：'视听'）传播是自由的"。此前，立法机关还通过了关于私人电台的法律（1981 年）。在维护表达和传播自由方面，宪法委员会也不遗余力，作了一系列肯定和保障上述自由的决定，分别见 81—129DC 关于"自由电台"的决定，78—96DC 关于"电台—电视垄断"的决定，84—181DC 关于"新闻企业"的决定，以及 82—141DC 关于"声像传播"的决定，等等。在宪法和法律实践中，新闻自由是第一重要的宪法自由，而声像传播自由则是一种受规制的自由（82—141DC 和 86—217DC）。关于后者，是因为声像传播必须得到提前批准；同时，国家还依法设立了一个独立的监管机关，即最高视听传播局，它享有制定规范权和惩戒权。

（七）财产权

《人权宣言》宣布的四大权利包括财产权。宪法委员会 1982 年 1 月 5 日和 1 月 16 日的两个决定也再次重申了《人权宣言》的精神，肯定了财产权的重要宪法价值。宪法委员会承认，1789 年以来，财产权及其行使的目的和条件发生了演变。一方面，它扩大了财产权的范围，如商标权、经营权和服务；另一方面，它也接受了"因整体利益要求而施加的限制"。有鉴于此，宪法学界也认为，财产权不再是"不可侵犯的和神圣的权利"。尽管如此，由于财产权是与自由、安全和反抗压迫相提并论的，因而对权利所有人提供的保证就"具有宪法的特点，也就是说，法律不能够修正之"。

（八）劳动者权利

劳动者享有宪法规定或承认的若干权利，如组织工会权、罢工权、参与管理权。

1946 年宪法序言和宪法判例是劳动者行使组织工会权的直接宪法依据。工会权首先表明劳动者可以自由地设立工会，这也符合宪法关于结社自由的规定。

工会权也保护了工会代表履行职务的权利。宪法判例重申了工薪阶层参加工会的自由，工人可以参加或不参加工会并不能因此而受到歧视。1946 年宪法序言（第 7 款）规定，"罢工权须在关于罢工的法律规限内行使。"前述 1971 年 7 月 16 日决定后，序言具有宪法效力，因而罢工权也是劳动者的集体权利之一。80 年代的一系列有关判例每次都重申了罢工权的宪法价值。

参与管理权也是由 1946 年宪法序言确认的。宪法委员会赋予立法机关广泛的决断权，即根据具体的情况制定具体的法律措施，以落实该项权利。

思考题

1. 从法国宪法史看法国宪政体制演变的历史轨迹，并总结其特点。
2. 简述法国总统制的主要特点。
3. 试分析法国总统与总理的关系。
4. 试述现行体制下行政权与立法权的关系。
5. 试分析宪法委员会的主要职能。
6. 简述法国公民权利与自由的主要内容。

第四章 德国宪法

德国是大陆法系的典型国家，也是当今宪法理论和公法最为发达的国家之一。德国宪法的经验和教训都值得各国借鉴和汲取。第二次世界大战后德国宪政重建之成功举世公认，《德国基本法》已经成为世界宪法的经典之作，其影响被广为传播。本章拟对德国宪法的历史发展、德国宪法的基本原则、联邦宪法机关、公民基本权利进行概要的介绍和分析。

第一节 德国宪法的历史发展

一、德国基本法之前的制宪历史

德国的制宪历史晚于美、英、法等国家。直到 1871 年，德意志才完成了民族统一，成立了德意志第二帝国并公布了第一部全德的钦定帝国宪法即《德意志帝国宪法》。该宪法共 14 章，78 条。宪法规定，德意志帝国采用联邦制，实行以德意志帝国皇帝和首相为核心的行政体制，建立了两院制的帝国国会，但帝国皇帝独揽大权，主宰一切国家大事，首相和议会在帝国权力体系中均处于弱势地位。该宪法具有明显的封建专制特征。第一次世界大战结束后，1918 年 11 月德国爆发资产阶级民主革命，德意志帝国宪法结束，《德意志帝国宪法》被废止，德国变成了共和国。

在 1919 年 2 月，新成立的临时政府在德国图林根的魏玛小城举行国民议会，国民会议决定实行共和体制，建立德意志共和国，并选举总统和总理。1919 年 7 月，国民议会完成制宪程序，8 月 11 日艾伯特总统宣布新宪法生效实施。因该宪法在魏玛制定，史称"魏玛宪法"。《魏玛宪法》共两编，五章，181 条。第一编联邦之组织及其职责，第二编德国人民之基本权利及基本义务。

其主要内容为：（1）宣布德国国家结构形式仍然采用联邦制，由 18 个邦组成。在联邦与各邦权限的划分上，赋予联邦中央极大权限，并规定各邦的宪法、法律不得与联邦宪法、法律相抵触。（2）规定国家管理实行共和制度，共和国依照资产阶级分权原则组织政府。宪法赋予总统广泛权力。根据宪法规定，立法机关是联邦议会，由联邦国会和联邦参政会组成。行政权由联邦总统和政府行使。联邦政府由总理和各部部长组成，对国会负责。司法权由联邦法院和各邦法院行使，法官由总统任命，地位独立，并得终身任职。（3）宪法对公民基本权利作了全面、详尽的规定。宪法第二篇以相当大的篇幅规定了公民的基本权利，宣布在法律面前人人平等，男女平等，废除因出生和阶级带来的不平等待遇。

（4）宪法还对社会经济生活专门作了规定，因此，该宪法有"经济宪法"之称。宪法规定了公民的工作权利和经济权利；宪法不再强调"私有财产神圣不可侵犯"，而是根据"社会化"原则，规定了对私有制的限制；宪法规定了"劳动会议制度"和"经济会议制度"。

但是魏玛宪法所设定的政治体制有三个重大缺陷：

（1）规定与国民议会平行的直选总统。根据西方民主的固定模式和理念，两个机构由直选产生，就意味着两个机构都是权力中心。而在实际上，宪法只赋予议会以消极的不信任投票权，却特别赋予总统以总理任命权和紧急状态宣布权。比较而言，无论从法律地位上，还是从权力重要性上，议会在总统面前都相形见绌。总统是以个人判断作为决策基础的，而魏玛共和国国会必须以多数票决策，而在那一时期，国会内部党派林立，每届政府都非常短命，无形中又加强了总统的权威。

（2）从瑞士和某些邦的宪法中引入了全民公决措施，作为对人民主权的反映和对议会权力的制约。从民主和宪政意义上看，魏玛宪法的初衷是好的，但在具体规范上，却缺乏操作的必要限制和严格程序；而且，德国社会并不具备瑞士那样的社会民主条件。东施效颦的结果是造成了全民公决的滥用。

（3）没有对政党作出应有的规范，完全听任政党的自由发展；同时，纯粹比例代表制的选举更造成了政治力量的分裂。民意分裂使野心家有机可乘，在一战后经济危机中蛊惑人心，造成法西斯掌权并埋葬共和国本身的结果。

德国当时特殊的社会矛盾和政治生态，加之魏玛宪法的自身缺陷，导致魏玛政权很快落入法西斯主义者手中，在希特勒的操纵下发动了第二次世界大战。在全世界人民反法西斯主义的正义战争中，德国遭到了惨败，第三帝国崩溃，于1945年5月8日宣布无条件投降，从此掀开了德国历史崭新的一页。

二、联邦德国基本法的制定

1945年8月，美、英和苏三国首脑签订了《波茨坦协议》，对德国的未来命运作出安排。首先，战败的德国为苏、美、英、法四大战胜国分区占领，占领当局成为德国国家管理的最高权力机构，负责对德国社会的管理与改造。其次，按照美国人起草的协议，未来德国在经济、社会和政治上应向自由民主社会发展，实现五个"D"：民主化（Demokratisierung）、非纳粹化（Denazifizierung）、非军国主义化（Demilitarisierung）、非垄断化（Dekartellisierung）和非集权化（Dezentralisierung），主旨就是德国不能再次成为威胁世界和平的策源地。最后，对德国领土进行了调整，奥得河与尼斯河东岸的全部土地分别由苏联和波兰瓜分，并对苏联支付战争赔款。

占领当局治理下的德国很快便分裂成了东西两大阵营。在经济上，东西两部分德国分别进行了货币改革，形成了两个不同的经济实体。政治上，东部德国逐步向社会主义社会转变；而西部德国则按照西方模式自下而上地逐渐恢复了政治生活。西部三国占领地区先被允许建立地方性的政党，然后又逐步由德国人自行管理地方的、州的以至全占领区内的事务，到 1947 年，战争管制已基本结束，占领当局名存实亡。随着东西部德国差异的扩大和东西方集团矛盾的加深，1948年 8 月 13 日一夜之间东西柏林间出现了一道隔离墙，即著名的"柏林墙"。1949年 5 月 13 日和 10 月 7 日，德国正式分裂成为西部的德意志联邦共和国和东部的德意志民主共和国两个国家。

德意志联邦共和国是在第二次世界大战的废墟上建立起来的，它的宪法也是在总结魏玛共和国经验教训的基础上制定的。对于深受战乱之苦的欧洲人民和德国人民来说，在德国重新立国和制宪之前，都必须对历史经验作出总结，以期避免战争之火再次在德国这片土地上燃起。

历史经验的首要一点是应当认识到，宪法必须在民主的社会中方能起到积极的作用，即必须是社会本身具有民主的特质，宪法才能获得真正的实施，人民的自由和权利才能得到保障，公共权力才不能为所欲为，也就是所谓的"凡权利无保障和分权未确立的社会，就没有宪法"。德国地方民主自 19 世纪以来就已形成了传统，但国家整体政治则一直处于专制独裁的状态下，些许的民主火花也在专制的夜幕下如流星般一闪即灭。1848 年巴黎二月革命和柏林三月起义后，德国资产阶级曾制定了一部德意志帝国宪法，想把西方民主制度引进德国政治，但在强大的普鲁士和奥地利君主专制铁蹄下消于无形。魏玛共和国的确在宪法制度上实现了政治民主，但由于没有全社会民主的基础，很快就被希特勒篡夺了政权。所以，西部德国在西方三个战胜国控制下，首先是恢复原有的德国地方自治性的民主制度；其次是试图建立起全占领区内的民主社会秩序，先是通过纽伦堡战争法庭的审判，确立了人的生命与尊严的不可侵犯原则，将其作为政府的责任，强调人权的政治基础地位，然后对整个西部德国的纳粹国家机构进行了清算；再次是改组德国重工业结构，使它们不再能成为集权政治结构的基础；最后是改革文官系统，引进中立原则，一改公务员和公共机构为国家服务的传统而为社会服务。

这一切措施，都是为了改变德国的社会政治传统，建立起民主政治制度赖以生存和生长的社会民主土壤，也就是后来基本法所建立的"自由民主基本秩序"。

1948 年 8 月 10 日至 23 日西部德国举行了宪法大会，对未来德国宪法的原则作出了一些界定，如确定联邦制的国家结构形式、自由民主的政治秩序、设立宪法法院以保障宪法的实施等；特别决议联邦德国的宪制文件采用"基本法"（Das Grundgesetz）的名称，表明临时约法之意，以待统一后制定全德宪法。9 月 1 日制宪会议在波恩正式组成，各州议会共派出 65 个代表参加，起草联邦德国基本法。1949 年 5 月 8 日，制宪会议以三分之二的多数三读通过了基本法草案，5 月 23 日基本法生效。联邦政府于 9 月 20 日组成完毕，联邦德国正式成立。

《德国基本法》（以下简称《基本法》）包括序言和正文 11 章，共 141 条。基本法是以魏玛宪法为蓝本制定的，即它的结构、主要条款、一些基本原则保留了魏玛宪法的规定，而针对后者的缺陷作出了若干补救：第一，总统由议会两院选举产生，不再享有任何实际权力，成为虚位国家元首，相应地，议会成为最高国家权力机关，联邦议院即下院为实际的主权机关；第二，由联邦议院产生的联邦政府在其任期内只能由一种"建设性不信任投票"推翻，保持政府稳定；第三，限制全民公决的行使范围，主要用于处理各州关系的问题上；第四，宪法和法律规定政党的地位和作用，由联邦宪法法院判断政党的合宪性；第五，采用比例代表制和多数代表制混合的选举制度，抑制议会小党林立情况的出现。

基本法的制定与 1947 年日本宪法制定的情况有类似之处，即都是在占领国参与的条件下完成的。占领国以"建议"的形式设定制宪的基本导向和原则，宪法草案送交占领当局过目。所不同的是，德国人对战争及其原因进行了深刻的反醒，自觉接受了西方自由民主的观念，并将之融于基本法草案中。所以，德国基本法的制定过程是西部德国人民的主权者行为，基本法在形式上和内容上都具有无可争辩的合法性。

三、德国基本法的发展

按照基本法第 79 条的规定，对它的修改在得到议会两院各三分之二多数票的通过后便能成立。比较其他国家和魏玛宪法的有关宪法修改之规定，德国基本法刚性不强，很容易产生修正案，所以，基本法实施 60 多年，共修改 50 多次。

基本法的修改方式是，它必须是用一种"很明确的"专门法律方能予以修改或补充。作为战败国，基本法的修改不能违抗占领当局的意志，所以，如果要证明基本法条款与有关占领国的国际条约之缔结和生效没有矛盾，应当用修宪专门法律对基本法全文作出说明性的补充。例如 1954 年通过的一条基本法修正法律就规定德国与西方三国军事同盟的国际条约高于基本法（第 143a 条）；不过，由于从 1951 年至 1955 年四大战胜国分别宣布结束对德的战争状态，以及东西方在军事方面的谅解，所以在 1968 年又通过基本法修正案废除了 1954 年的修正。

由于基本法的修改程序比较简单，所以，为了防止企图通过修宪而改变"自由民主基本秩序"这一联邦国家的根本立国基础，第 79 条还规定了三项限制：第一，修正案不得改变德国的联邦制国家结构；第二，不得改变各州参与联邦立法的原则，即各州在联邦中的权利不得侵犯；第三，不得影响基本法第 1 条和第 20 条规定的各项宪法基本原则，即人的尊严不可侵犯原则、联邦制原则、社会民主和社会福利原则、人民主权原则、分权原则和德国人民的抵抗权原则，这些原则不得取消，但可以增加，增加后的条款便成为不可取消的宪法原则，如 1994

年宪法修正案规定的环境保护"半宪法原则"。

1989 年 11 月 9 日，象征德国分裂的柏林墙被推倒，统一已成为不可逆转的趋势。1990 年 5 月，原占领军四国和两德间拟定了"四加二协议"，确定了德国统一的步骤和未来德国的权利义务；1990 年 8 月，两德作为国际法主体，签署了两国间最后一个双边条约，即"统一条约"；1990 年 10 月 3 日，在民主德国议会批准条约后，民主德国"整体"加入联邦德国，两德统一。德国基本法的最大变动就发生这一天之后。这一变动不是指基本法本身有什么根本性的革新，而是在于从那一天起，原民主德国宪法失效和联邦德国基本法开始在全德境内实施。

在统一后，根据"统一条约"，德国联邦议会两院于 1992 年 1 月成立了一个"联合宪法问题研究委员会"，探讨是否应当制定一部正式德国宪法的问题。在经过两年的研究之后，宪法委员会提出最后报告，建议只修改基本法而不是全面制定新的宪法，以保持宪政的连续性。到 1994 年年底为止，德国从以下诸方面对《基本法》进行了修改。

（1）1992 年 7 月 14 日的修改。这是统一的德国成立以来对《基本法》的首次修改，也是《基本法》实施以来的第 37 次修改，涉及航空交通组织法律形态问题。

（2）1992 年 12 月 21 日为了批准欧洲联盟条约而对《基本法》进行的修改。1992 年 2 月，欧共体 12 个成员国签署了欧洲联盟条约（马斯特里赫特条约，简称"马约"），它宣布成立欧盟。

为批准"马约"，联合宪法委员会暂时抛开关于修改《基本法》的其他事项的讨论，专门对于《基本法》中与批准"马约"有关的条文展开商讨，并于该年 6 月 26 日一致通过草案，同年 12 月 21 日正式通过了有关的修改。主要内容有：新设第 23 条，标题为"欧洲条款"，该条共有 7 款，规定"德意志联邦共和国致力于实现一个具有民主、法治国家，社会福利的和联邦制结构的统一的欧洲"，还规定了联邦议院、联邦参议院、联邦政府和各州在对待有关欧盟事项上的作用，主要体现了强化联邦议会地位、州在处理相关事务时具有一定独立性的精神；修改第 28 条第 2 款，规定居住在德国，但出生于其他欧盟成员国的外国人享有德国的地方选举权。顺便提一下，根据联邦宪法法院 1990 年 10 月 31 日的判决，给予欧盟（当时称为"欧共体"）国家以外的居住于德国的外国人以地方选举权的州法律是违反宪法的。

（3）1993 年 5 月 26 日的修改，是关于庇护权的内容。《基本法》第 16 条原规定了"受政治迫害的人享有庇护权"，统一前后大量的难民涌入德国，从而引起了对是否修改《基本法》的该条规定的争论。最终导致了对《基本法》第 16 条的正式修改，即增加"第 16 条 a"，主要内容有：限制援用庇护权的范围，规定来自欧盟或"安定的第三国"的外国人不得引用庇护权，也不存在暂时的停留权；加重申请者在庇护审查程序中的证明责任；原则上以支付实物以确保申请庇护者的生计，并防止滥领救济款项。作这样的修改既可以防止大量的外国人涌入德国，又协调了德国与欧盟其他国家的有关法律的适用。但也有学者认为，这实质上体现了保障庇护权的倒退。

（4）1993 年 12 月 20 日的修改，限于关于联邦铁道民营化的内容。

（5）1994 年 8 月 30 日的修改，主要是有关联邦邮政、电信电话民营化的内容。《基本法》第 87 条第 1 款原规定邮政为联邦专属行政事务，为适应德国邮政改革，以实行邮政民营化的需要，此次修改所增补和更动的内容涉及《基本法》第 73 条第 7 项、第 80 条第 2 款、第 87 条第 1 款、第 87 条（f）、第 143 条（b）等。

（6）1994 年 10 月 27 日的修改。这是基于联合宪法委员会报告书而进行的修改，也是德国统一以来修改幅度最大的一次，修改条款达 20 多条。联合宪法委员会从 1992 年 1 月 16 日开始第 1 次会议以来，经过召开共 26 次会议和 9 次公听会后，于 1993 年 10 月 28 日提出了最终报告书，并于同年 11 月 5 日以"作为修改基本法的劝告"向联邦议会提出。联邦议院和联邦参议院审议通过了其中的部分内容，于 1994 年 10 月 27 日公布，11 月 15 日生效。修改的主要内容有：

①补充《基本法》第 3 条，在其第 2 款"男女享有同等的权利"之后，加上"国家促进真正落实男女平等，并致力于消除现存的一些不平等"；在其第 3 款"任何人不应因其性别、家世、种族、语言、籍贯、出身、信仰、宗教见解和政治见解而受到歧视或享受特权"之后，补充规定"任何人不应因其残疾而遭歧视"。这一条在修改过程中曾引起激烈的争论，社会民主党、基督教民主联盟、妇女联合会均提出过有关的草案。德国引起的有关男女平等的主要争论是在现实中录用公务员时所采用的男女比例制。有些州采用单纯的固定比例制，有些州采用同一资格女性优先的比例制，即当候选人在资格、能力、业绩等都相同时，女性优先获得晋升或录用，这在有些州，如北莱茵－威斯特法伦州，还引起了宪法诉讼。

此次修改的目的是保障男女的真正平等，但对于同一资格女性优先的比例制是否违宪，还是有赖于联邦宪法法院在审理相关案件时依据修改后的《基本法》进行解释。

②新增第 20 条（a）。内容为："出于对后代负责，在宪法范围内通过立法并按照法律和法规，通过国家的执法和司法权，国家应保护大自然所赋予的基本生存条件。"在统一以前，西德的联邦议会就曾对是否应以《基本法》中导入保护环境作为国家目标展开讨论。联合宪法委员会在讨论把保护环境作为国家目标规定到《基本法》中并没有争论，但对于如何规定却存在很大分歧，最终相互

妥协的修正案仅以超过必要多数 1 票获得通过，其提案在联邦议会原封不动地被通过。

③修改第 72 条。这一条是规定对于联邦与州的共同立法的行使原则，此次修改主要是缩减了联邦在联邦与各州的共同立法事项中的权限。修改后规定，当联邦不制定法律行使其共同立法权限时，则由各州行使；在联邦的范围内，为建立同样的生存环境或在整体国家的利益下为维护法律与经济的统一性，确认有必要以联邦法律规范的，联邦才有立法权限。

④修改第 74 条。这一条具体列举联邦与州的共同立法事项。修改后删除了联邦对保护德国文化财富防止其外流及联邦对各州州籍的立法权限，限制了联邦对土地开发受益费事项的立法，并同时增加新条款，赋予联邦对国家赔偿责任、人工受精、基因工程、器官移植的立法权限。

⑤修改第 75 条。在联邦发布原则规定的立法事项内删除有关影片事项的规定，但增加文化资产之保护事项，并新增一限制性条款，使联邦仅于细节规定或直接规定所明示的例外情形下，才有发布原则规定的立法权限，各州在一定期限内有公布相关邦法律的义务。

⑥新增加第 125 条（a）。这是关于法律适用的过渡条款，主要内容有：已经作为联邦法律颁布，但由于修改了第 74 条第 1 款和第 75 条第 1 款，不能再作为联邦法律颁布的法律，仍然可作为联邦法律继续有效，它可以各州法律代替；根据第 72 条第 2 款作为至修改生效的日期有效的文本颁布的法律，作为联邦法律，继续有效，联邦法律可规定以各州法律代替，此规定也适用于此前公布、并根据第 72 条第 2 款不能再公布的联邦法律。

此外，这一次的修改还涉及地方自治权的保障、联邦法律的立法程序、法规命令的制定程序、联邦的行政管理、各州在联邦宪法法院的起诉权等方面。❶

第二节　德国宪法的基本原则

德国宪法的基本原则，是贯穿于德国立宪、行宪和护宪始终的原理与准则。联邦德国基本法第 1 条和第 20 条规定，联邦德国是一个以尊重人权为基础的、民主的、社会的、法治的联邦国家。从宪法的上述规定，德国宪法理论和宪法法院推衍出宪法的基本原则。德国宪法的基本原则主要有民主原则、法治国原则、社会国原则和联邦制原则。

一、民主原则

民主原则，是政治生活进程所需秩序的指导性原则，在这一政治进程中，国

---

❶　李秀清："两德统一与德国宪法制度的发展"，载《法商研究》1999 年第 4 期。

家权力被创制出来并在这一进程中发生功效。联邦宪法法院对基本法"自由民主的基本秩序"的理解为："它排除了任何暴力和恣意性的统治，是一种建立在按照多数人意志的国民自决以及建立在自由平等基础上的法治国家的统治秩序。该秩序的基本原则之中至少包括下列内容：尊重基本法中具体化的人权，主要是要尊重个体人格权与生命权与个体发展权利，主权在民（人民主权）原则、权力分立原则、责任政府原则、行政的合法性原则、司法独立原则、多党制原则，以及任何政党都平等地享有合宪建立以及行使其作为反对派应有权利的原则。"❶基本法的民主形式可称之为"制度民主"，具有自己的特色。德国基本法的民主原则又包括三个方面的内容：

（一）主权在民

基本法规定了若干民主规则，作为政治制度的基础，它是民主原则的核心要素。民主的第一个要求是主权在民。联邦德国基本法第 20 条第 2 款规定，国家所有权力来自人民；国家权力由人民通过选举和全民投票方式，以及通过诸如立法、行政和司法的宪法机构行使之。主权在民包括两项内容。首先，国家所有权力来自人民意味着选举是各个宪法机构及其他国家机关组成、权力和合法性的直接或间接的来源与基础。其次，国家权力在性质上由两部分构成，宪法将它划分为原始权力和派生权力，或选举权和政府权力；人民并不直接行使政府权力，它在法律上是独立的，只能由立法、行政和司法机关行使；选举权是一种定期评判权，用以判断掌握政府权力的机构或个人对权力的行使是否符合"人民的意愿"。

（二）代议制民主

基本法以稳定的代议制使民主规则获得制度上的保障，是民主的第二要素。联邦德国的政府权力由三个机关分别行使，但议会的权力和作用处于中心的优势地位。基本法建立的代议制政体很大程度上是历史经验的总结。鉴于魏玛共和国的失败教训，基本法在政府制度上得出的第一个结论是只把合法地位给予议会，即只设立一个单一的直选民意机构，所有其他国家机构均由联邦或州议会产生，因而相应地只有较小的民意性——议会的"合法身份独占"。其次，限制直接民主形式的应用，除在调整州界和新州加入联邦时，基本法不承认全民公决。再次，在具体操作上，基本法尽力使获得议会多数的政党才能组织政府，并使这一多数政府稳定。为此，基本法规定联邦总理职位须通过联邦议院内的一次选举方得确定，只有通过一次"建设性的不信任投票"选出一位继任者方能失去其职位。

---

❶ ［德］康拉德·黑塞著：《联邦德国宪法纲要》，李辉译，商务印书馆 2007 年版，第 103 页。

（三）政党民主

基本法规定政党的民主责任和方向，建立社会民主。西方国家政党通常被认为是民主的工具，负责联结人民与政府。宪法设立分权的政府，防止越权，保护人民的自由；同时，人们希望政府官员协调工作，集体负责，获得选举胜利的政党组成政府，失败者则成为一个"忠实而有力的"反对派，牵制执政党。宪法在政体上分权，体现民主；政党则在政治运作上集权，体现效率。因为政党对国家政治的这种介质作用，所以被视作国家的"第二宪法"。

基本法在上述政党政治责任方面皈依英美政党传统的同时，进一步赋予政党以社会和道德责任，而且将其全部用立法规范予以固定。首先，鉴于战前政党仅在形式上受到有限的规范与保护，加之历史上政党制度的落后，因而基本法把政党在民主过程中的核心角色通过宪法规范予以确定，使之成为宪政因素，不再属于纯粹的社会组织范畴。其次，政党的目标、组织结构和财政状况因之成为宪法问题，需分别符合自由、民主和公开的原则，防止政党蜕变。再次，鉴于魏玛时期政党对国家民主政治几乎毫无建树，基本法规定了政党的社会和道德责任，不仅应消极地代表或表达不同集团的利益和要求，更应积极地参与公民政治意愿的塑造，这一点构成了德国政党制度的一大特色。最后，担任塑造民意角色的政党不得是"非民主性的和伪善的"，目前德国政府对待民社党的态度多少与这一宪法规范有关。

另一方面，从性质上看，政党只是一种有组织的社会力量，不是国家机构，不具备国家强制力手段，须凭借民众的支持或认同及自身实力互相自由竞争，不受国家控制。但政治力量的竞争要有一个界限，不得有损于"自由民主基本秩序"，联邦宪法法院有权取缔那些企图破坏现行国家秩序的政党。

二、法治国原则

联邦德国的宪法秩序，是一种社会法治国意义上的宪法秩序。德国是传统的法治国家。德文"法治国"（Rechtsstaat）一词的应用迄今已近二百余年。在继承和改造德国传统法治国理论的基础上，联邦宪法法院将法治国家原则理解为一种基本决定或指导原则，其中除了法律的可预见性、安定性、实质的正确性或者说正义性这些命题之外，不再有任何被明确规范到细节的宪法层级的命令或禁止存在。联邦宪法法院认为法治国原则中具有重要意义的是"信赖保护"的规定、比例原则、要求程序公正的权利，它们都源于法治国家原则并因此而获得了其宪法性的位阶。一般认为，基本法意义上法治国家的本质要素包括分权制衡、基本权、行政合法性原则等特定权利或原则。

（一）分权与制衡

鉴于两次世界大战的深刻教训，在制定基本法时，如何控制国家权力就成了实行法治的首要课题，分权便成了法治原则的基石。基本法第 20 条在规定公民和政府间划分社会政治权力的民主原则时，也包含了国家权力在立法、行政和司法机关间进行划分的原则。在议会内阁制政体下，分权在法律上主要指议会与政府在宪法权能上的分工与控制。一方面议会执掌财政权，政府由议会多数组成并受议会监督；另一方面政府可以解散议会，并有一项重要的对抗权力，即发布法令的权能。除了议会与政府相互间的制衡，还存在政府与议会多数之外制衡。包括反对党对议会执政党的制衡，新闻界借助舆论监督的制衡，文官行政系统逐渐形成的微妙但却切实的权力平衡，以及联邦宪法法院对政府和议会以至于所有政治力量的制衡。

（二）公民的基本权利

根据大陆法系法制统一的传统，权利及其享有均应依照法律和法律行为获得，即使存在"主观权利"，一般也须在"客观化"后才能得到保障。所以，基本权利应属于法治原则的范畴。另外，在接受英美法系把权利作为公共权力对抗因素的观点时，德国宪法学将其目的视为使政府充分遵守法律，尊重人的尊严，这同时也就是法治的目的。1933 年以前盛行的实证主义法学在判断权利时，由于只考虑"法"形式上制定过程的正确性，不注重权利如何实现及具体保障。所以，基本法试图通过对基本权利的表述，某种程度上，使"法"或权利在内涵上定位，以获得基本不变的效力。尽管权利表述与历史上的宪法文件区别不大，但在价值取向上却根本不同。

其一，将基本权利规范置于基本法的开篇，使联邦德国明显地具有"人本主义国家"的特征；其二，基本权利只能由议会两院三分之二的多数通过方可修改，其整体作为宪法原则不容触动；其三，基本权利为直接有效的法律，约束立法、行政和司法，有关案件可一直上诉到联邦宪法法院；其四，联邦宪法法院不仅对宪法机构间的冲突作出判决，更有义务决定法律是否违宪。鉴于魏玛时期的公民基本权利在宪法公布后被立法限制乃至剥夺的教训，基本法规定基本权利同样约束立法者。如果基本权利的宪法规范或法律需修改时，应受两个条件的限制：一是不得损害基本法所规定的特别保留，如第 1 条的内容；二是要满足某些附带条件，如不得有悖于基本权利的实质内容，又如需在某些特定原则下修宪等。

（三）国家行为的法律约束

按照法治国的要求，法律对于所有国家活动有不可违反的效力，也即执行权不得违背有效的法律，特别是宪法和法律。这种法律优先原则和上述涉及公民权利与自由时应有的法律保留，从内容和形式上为国家行为设定了界限。

国家行为依法的主要目的在于使国家行为公开及可预测，这是法治的基本要求。立法者应预先把国家行为以法的形式确定下来，分配有关权能和职责；在行政机关内部，权责有需要进行再分配。由于执行权责的不断划分，各管理机构将根据事务要求出台各种"内部规定"。尽管其制定依据一般是相关法律，却难免不与立法精神相冲突。所以，国家行为的法律约束包括法律本身甚或个别宪法规范最终要定于法院。任何这类规范或行为，如果违背法律规范或精神，侵犯公民权利，在法庭上都将是无效的。

独立的司法体系是对国家行为进行法律控制的最后也是最重要的手续。基本法第 19 条和第 93 条规定，任何人受到行政机关的侵害都可以向行政法院、社会法院和财政法院，直至向联邦宪法法院提起诉讼。这里需特别说明两点：第一，战后西德制宪者认识到，仅仅司法独立尚不足以真正维护法治主义不受篡改，战前法院仅单纯解决民刑等问题，间接维护社会秩序；战后基本法将维护公民基本权利放在法院任务的第一位上考虑，这是防止历史灾难重演、资产阶级民主制不遭破坏的重要保障。第二，尽管普通法院和一般专门法院也应遵循宪法，但它们的出发点一般是假定所适用的法律合宪，"只服从法律"；而宪法法院的原则却是"只服从宪法"，从而使整体司法系统占据了直接维护法制和宪政秩序的中心位置。联邦宪法法院六十余年卓有成效的工作，使之获得了除美国外第二位最成功的司法审查体系的声誉。

三、社会国原则

社会国原则，也称社会福利原则。保障公民基本权利的物质内容构成了福利原则的基础，这一原则是对传统法治原则的现代表述，它赋予国家立法机关和行政机关完成社会国家任务的义务："保护社会上的弱者和不懈地致力于社会平等。"基本法所构建出的国家，是一个计划的、调控的、给付的、分配的、能够使个人和社会生活两者同时共存与并行的国家。❶

社会国原则的内容，基于学者和宪法法院对基本法条文的阐释。主要包括以下几个方面：第一，基本法第 14 条规定："财产权负有义务。其使用应同时符合一般公共福利。"个人财产权享有和行使的对应面是社会限制，也即财产权的社会义务的一面。第二，财产权的社会义务要求国家有向全社会提供机会的责任。联邦宪法法院认为，国家应处于"可能性保留"的义务之下，即"个人可以合理向社会索求之物，国家应保留其获得的可能"。第三，进一步具体到对立法者的要求就是：增进社会公平；立法不得置任何人于听天由命的境地。这是一系列社会立法的标准。第四，基本法第 15 条规定："为社会化的目的，土地、自然资源和生产资料可依法……转为公共财产或其他形式的公有经济……"一般认为，这是联邦德国实行"社会市场经济"的宪法依据。在这种经济制度下，经济遵循市场法则运行，当全社会的利益需要时或为必要的社会福利目的，国家可以建

---

❶　［德］康拉德·黑塞著：《联邦德国宪法纲要》，李辉译，商务印书馆 2007 年版，第167、168 页。

立和实施福利性的公有经济及措施，也可将某些私营部门转为公有。然而，按联邦宪法法院的解释，特定的经济制度不可能通过宪法规范来保障，因此，"社会市场经济虽然是一种依基本法而有可能的秩序，但它绝不是唯一的可能"，所以，上述规定传达的实际上是基本法经济制度中立性的含义。

四、联邦制原则

德国联邦制的建立是依据一种古老的国家学说：将全部国家权力按地缘单位系统划分并授予下级单位规范自己区划内事务的高度自治权能。联邦主义是指彼此区别的、但原则上又互相平等的、通常是地区性的政治整体，依照联邦主义这一方式自愿联合、并应受其共同体行为所约束的一种政治基本原则。联邦秩序的意义和任务在于，既要构建与维护政治统一体，同时又不牺牲其成员所具有的独特性，将多样性与整体性协调起来发挥作用。

基本法建立的联邦制的特点在于，原则上未授予联邦的权力由各州行使，实际上联邦权力远远大于各州。这种联邦制主要有三项内容：第一，立法权主要掌握在联邦手中。立法权大体有三种形式：专有立法权由联邦行使，各州无权立法，如外交与国防事务；并行立法权由联邦与各州共有，无联邦法律时，各州方得立法，但根据1994年宪法修正案，州权有所扩大，联邦制定了法律，各州的相关法律不一定必然失效，如民刑法律；联邦有原则立法权、各州制定细则，如教育、文化和环保等。第二，执行法律主要是各州的职责。与美国不同，德国联邦基本上不在各州下设机构，联邦法律由各州代为执行，联邦甚至可以直接指令州政府处理某项行政事务。因而这种联邦制是一种"职能联邦主义"，联邦决策，各州执行。这种近乎单一制的联邦主义有利于法制统一，并可部分抵消政党政治影响管理效率的负面作用。第三，通过作为各州政府代表的联邦参议院，各州参与中央政府的决策过程。联邦立法原则之一是，任何联邦法案如涉及各州利益，均应送交联邦参议院批准。另外，联邦参议院在构成上亦与美国不同，作用也不同，不是联邦与各州分离，而是互相齿合。

第三节　联邦议会

联邦德国是实行三权分立政治体制的国家，同时又是一个议会内阁制的国家。三权中的立法权居于三权之首，行使这个国家权力的机关就是联邦议会；在所有国家机构中，联邦议会又居于权力结构的中心地位。

根据现行德国基本法，联邦议会由联邦议院和联邦参议院构成，前者由全体德国选民选举产生，代表德国人民的整体意志；后者由各州政府成员组成，代表各州的意志和利益。任何法案都须经两院一致通过，方能成为联邦法律。

一、联邦议院

（一）联邦议院的组成和任期

根据基本法第38条的规定，联邦议院议员由选民按照普遍、直接、自由、平等和秘密的原则选举产生。凡年满18周岁、至少在德国居住3个月以上、没有被法院宣布剥夺选举权且在选举时精神正常的德国公民，享有选举权；在一定条件下，居住在国外的德国公民，如驻外使领馆的工作人员，也可以参加选举。享有选民资格的人必须要登记并领取到选票后，才能实际行使投票权。候选人的资格是：除了要求在选举日之前1年获得德国国籍以外，其他方面与选民资格相同。

二战后联邦德国创造了一种新的选举制度，并为其他许多国家所仿效。这就是双选票双计票的选举方式。在联邦议院选举时，每一选民需领取两张选票。第一张选票体现小选区相对多数代表制的要求：全德国分为328个小选区，产生328个直选议员，由选民根据选票上开列的候选人名单，选择自己认为最合适的一位候选人；各政党候选人都以个人的名义参加选举，获得这一选区相对多数的候选人当选。第二张选票则体现了比例代表制的选举要求：全德国以16个州为疆界划分为16个选区，将另外328个议员名额按人口比例分摊到各选区；各参选政党在16个选区中各提出一份本党候选人的名单，每一政党名单中列出的候选人人数不得多于选区应选议席数；选民选择最符合自己政治主张的政党名单；各州分别统计各政党所得第二票票数，按照一定的比例原则，决定各政党的当选候选人。

这种选票计算制度通常被视为是一种混合代表制，但德国宪法学者有不同意见，认为德国选举制度本质上仍是一种比例代表制。其原因在于选举结果取决于第二票，主要是指所谓的"5%条款"的运用。如果一个政党获得的全部第二票少于总有效票的5%，或者获得第一票的议席数少于3席，它将失去按照比例分配议席的资格，它实际所得议席将只限于它获得的直选席位，而它所得比例数所代表的议席将分配给其他符合条件的政党。同时，这个政党在议会内的议员将只能以个人名义参加议会活动，权利要受到极大限制。

联邦议院每届任期4年，其任期在新一届联邦议院产生时结束。正常情况下，每第四年的9月份举行大选，11月份新一届议会组成。在联邦总理提出的信任案被否决或在当选总理只获得相对多数议员支持时，联邦总统有权解散联邦议院，重新举行大选，这时议院的任期就提前结束了。

（二）联邦议院的构成和组织

1. 议员

议员是联邦议院的基本成员，联邦议院作出的任何决定，必须经过议员的行动，方能具有普遍的法律约束力；反过来看，任何单独的议员也都不能作出具有普遍约束力的决定。所以，联邦议院是一个集体的决策机构，需依靠议员的集体活动行使权力。

联邦议院的 656 名议员被称为是自由的"人民代表"，既负有反映选民意愿、服从基本法的责任，却又不听命于任何个人的指示，其意志不受任何他人的控制。同时，议员又是"全体人民"的代表，基本法第 38 条规定，议员不受选民的委托和指示的约束。这也就是说，在宪法意义上，德国联邦议院实行一般代表原则，议员们在作出决定时完全根据自己的良心和对全体人民福利的判断，宪法保证他们不受行政机关、议院、选民、党派、利益集团和议会党团的意志的左右。然而，在现代政党政治影响下，议员的意志独立性实际上为他们的政治义务所抵消，因为多数议员不是隶属于这一政党，就是隶属于那一政党，同时也就是相应的议会党团之成员。他们在议院中投票时，要遵循党的政治纲领，接受议会党团的指令，以使本党的整体意志变为具体的政治利益；他们同时也要维护本党的内部团结，维护本党领导集团的威信，在公众面前显示本党的决策能力。此外，多数议员也是靠政党的支持才当选的，他们亦需通过政党的支持再度当选。所以，在这里，议员在政治上的权利和义务是统一的。

基本法规定议员的权利和义务：第一，生活保障权。当选议员意味着成为职业政治家，不得从事任何营利性的另一职业，所以议员有权每月获得 10 128 德国马克的薪金性补偿；为履行职务，议员还可获得每月 5 765 德国马克的职务补贴；雇用工作人员的，雇用费还可报销。第二，不予追究权和豁免权。为了保证议员在议院的活动能力，基本法第 46 条规定，议员在议院中的投票和发言在议院之外原则上不受追究，但在议院内部可能要受到一定的惩戒，如本党议会党团的纪律处分等；如果议员犯有刑事过失，原则上豁免刑事责任，只有在取得议院的同意后，方可予以逮捕或追究其刑事责任。第三，拒绝作证权。基本法第 47 条规定，议员在以议员身份被人告密或以议员身份密告他人时，有权拒绝到法院或任何听证会为有关人员和事实作证，目的在于保护议员从社会上和公民处获得信息的自由，以便于监督行政机关的活动，因为这类信息主要是有关行政行为的。

2. 议长

议长是联邦议院选举产生的机构代表，对外代表议院，对内处理议院日常工作。联邦议院有 1 名议长，并有 4 名副议长协助议长工作，共同构成议会的主席团。议长的选举通常也体现出政党政治因素，即要从力量最强的议会党团中提名，形式上进行一次投票，确定人选；不过，副议长则不一定是议会多数党的议员。议长与副议长轮流主持议院会议，一般不参与议院的表决。同时，议长也是联邦议院辅助机构的行政首脑，是议院所有辅助机构人员的最高领导。

3. 议会委员会

议会委员会是根据基本法和联邦议院议事规则建立的组织，其任务是进行专业性的预先解释和准备工作，并完成其相应的监督工作。只有委员会通过的法案，才能提交议会党团和联邦议院全体会议进行决定。委员会主要有长老委员会、基本法规定的委员会和其他委员会。基本法设立的委员会主要有欧洲事务委员会、外交事务委员会、国防委员会和请愿委员会。

长老委员会权力最大，通常由 25 名成员组成，主要包括主席团成员和各议会党团的干事长。长老委员会主要是一个协商、协调机构，旨在各议会党团间就议会各委员会的数目、人员和组成及议会的议事日程等问题上达成一致，使议会工作能顺利进行。但是，它不能作出对议院工作有拘束力的决议。在它就某一问题达成一致后，通常是由议长作出决定。

长老委员会是议会党团进行活动的重要基地，各党团的领袖通过长老委员会协商组成专门委员会的权力来控制和管理各自的议员；通过协商操纵立法程序，因为任何立法及议事活动都要在长老委员会的建议下方能由议长主持开始。

4. 专门委员会

专门委员会是联邦议院的常设委员会，目前有 24 个。根据所承担的任务不同，分别由 19 位至 41 位正式成员组成，此外还有同等数目的成员代表，他们都应是议员。事实上，每个议员都应至少是一个委员会的成员。专门委员会，除资格审查委员会、豁免权及日程委员会、预算委员会、申诉委员会、体育委员会和旅游事务委员会外，其他委员会与联邦政府各部对口设置。这一点与美国联邦众议院的常设委员会的设置类似，主要也是为了便于协调立法与行政的关系，互相配合，以及便于监督联邦政府的工作。

此外，联邦议院还可以就特定问题的处理和为讨论某一项重要法案而设立特别委员会。凡不在专门委员会职责范围内的事务，都可以通过设立特别委员会来处理。特别委员会的构成原则与专门委员会相同，它所承担的任务完成后就可解散，所以，特别委员会有临时委员会的性质。

5. 议会党团

议会党团是获得 5% 以上议席（至少 34 位议员）的政党在联邦议院中的组织机构。它在原则上由同一政党的议员组成，但也有例外，如德国基督教民主联盟（CDU）与基督教社会联盟（CSU）在联邦议院中长期以来结成同盟，组成一个议会党团，共同行动；又如第 14 届（1998 年）联邦议院中绿党和 90 联盟共同组成了一个议会党团。

议会党团不是联邦议院的机构，但议会工作中没有议会党团的参与又是不可想象的。一方面，议会工作是在各议会党团的协商下进行的，如前述的长老委员会就是为各议会党团达成协议而设立的一个议会机构，所以，议会机构的设置和某些议事程序的制定，许多都是出于对党派利益的考虑；另一方面，一党议员间在议事过程中意见相左时都必须借助于议会党团的协调作用，首先在本党议员中形成多数意见，继而以团结一致的形象出现在议院辩论中，向公众显示本党的立场和观点。近几届联邦议院通常只有五个议会党团，尽管政党数目在六七个之间。

议会党团参与议会工作的方式不一而足，如为议院的机构组成提出候选人，像议长、副议长、议会秘书等；各委员会以至于长老委员会的组成都是按照各政党的力量对比确定的。在多数情况下，只有一个议会党团或相当于一个议会党团人数的议员，才有权向议院提出动议，进行立法、辩论或质询。

由于议会工作离不开议会党团，政党的生命又与其在议会中的议会党团的表现息息相关，所以联邦议院中的各议会党团都有着较严密的组织。通常议会党团都设有主席、副主席、干事长、理事等，作为领导和管理机构。此外，它们还会组织一些委员会性质的工作组或工作小组，讨论和研究本议会党团关心的问题及斗争策略。各议会党团也要从本党的积极分子中聘请有经验的和有知识技能的专家，作为议会党团助理。

德国特色的议会党团制度中有一个议会集团制度，它是专门为议员人数虽未达5%条款要求但有一定影响的政党而设置的。如在第13届联邦议院中，由原东德统一社会主义工党（SED）演变而来的民主社会主义党（PDS）只占有30个议席，但因其代表着原东德相当大的一股政治势力，所以被赋予议会集团的地位。议会集团的权利几乎与议会党团相同，只不过对议事日程的参与权要小些。

6. 辅助机构

联邦议院的辅助机构主要是为议院工作及有关领导和工作机构提供服务的机构。它们不参与议会决策工作，但却是议会工作顺利进行的必不可少的助手。图书馆、档案室、新闻处和电脑室等机构通过评估、准备文件和材料等工作向议长、议员、委员会和议会党团等提供咨询服务；行政处、警卫室和服务室等，是使议会工作安全、舒适、便利进行的必要条件。

（三）联邦议院的职权

如前所述，联邦德国政治制度实行三权分立的原则。在三权之中，立法权最为重要，而其中联邦议院又具有中心地位。联邦议院的职权范围包括组成联邦政府的权力、立法权、监督权、紧急状态决定权等。

1. 组成联邦政府的权力

根据基本法第63条的规定，联邦议院选举联邦总理。当一位联邦总理辞职或逝世之后，新选举产生的联邦议院开会时的首要任务就是选举新的联邦总理。根据联邦总统提出的建议，联邦议院不经讨论以无记名方式投票选举联邦总理。当选者即被总统任命为联邦总理。倘若总统提出的候选人未能当选，联邦议院可以在14天内以过半数的多数票，从联邦议院自己推举出的人选中选出总理。假使在这个期限内未能举行选举或无一人获得过半数票，就应该进行新的一轮投票，以得票多者为当选，但这一相对多数必须是在一个法定多数以上。❶ 这时，总统必须在 7 天以内任命当选者为总理。但是，假使得票最多者的得票率连上述法定多数也未能达到，总统就有两种选择：要么任命他为总理，要么就解散联邦议院，重新选举。这也就是所谓的政府危机了。在联邦德国历史上，还从未出现过总理选举的第二轮投票，更未有过政府危机。在政党林立和比例选举制下，这多亏"5% 条款"了——是它阻止了大量小党进入议会并给予内阁以稳定的多数，魏玛共和国的政局动荡不再重现于联邦德国。

当选者被任命为总理后，他就可以向联邦议院介绍由他提名并获得总统任命的联邦部长。在宣誓后，政府便最终组成。

为保持政府稳定，基本法还设立了一项特殊的"建设性不信任投票"制度。也就是说，德国联邦议院不能对内阁进行一般的英式不信任投票，而要在联邦议院通过多数票选举一位新总理后，不信任案才能算是通过。在总统免去失去议会信任的总理后，原内阁其他成员亦同时卸任；新总理马上便组织全新的联邦政府。这种建设性不信任投票在联邦德国历史上发生过两次，成功的一次是在1982年，在联邦议院选举了基民盟主席科尔（H. Kohl）为新的联邦总理后，为间谍丑闻缠身的社民党总理施密特（H. Schmidt）因不信任投票的通过而被赶下台。

2. 立法权

联邦议院的另一重要职责就是与联邦参议院共同行动，进行联邦立法。这方面的内容将在下面第三节中详细讨论。

3. 监督权

监督权是各国议会的一项传统权力，是议会代表作为主权者的人民对政府行为进行经常性控制的一个有效手段。议会的监督权主要就是指对行政权和行政机关的控制。德国联邦议院的监督权主要也是对联邦政府进行经常性控制的权力。这种监督主要表现为以下几种形式和权力：

（1）预算权。预算监督是自英国"光荣革命"后议会监督的传统领域，分为预算案的制定和预算案的执行两个方面。在预算案的制定上，首先由联邦政府向联邦议院提出一份预算计划，后者组成若干由两三名议员构成的小组委员会（每届议会开会时即组成，4 年任期中成员不变）进行单项预算审查；最后预算委员会汇总各个单项审议报告形成总报告向议院提出，通过后就成了议会的预算法案。与其他西方国家不同，德国没有可由政府自由支配的预备费项目，不仅预算金额要严格保持与决算收入的平衡，而且政府必须严格按照预算案的规定执

---

❶ 根据基本法第 63 条、第 121 条和联邦议院议事规则第 4 条的规定，总理选举第二轮投票的多数票，是指总理候选人提名的法定人数的多数，即四分之一以上的议员或一个人数达到四分之一以上议员的议会党团中的多数人。

行，如有预算外支出的要求，必须由财政部长向议会提出补充拨款案。在预算案的执行上，主要有两个监督机构，一是联邦议院预算委员会下设的一个审计小组委员会，专门负责审查上一年度预算案的执行情况；一是由联邦议院选举（署长）组成的、并向议会负责的联邦审计署，作为独立机构，它有准司法性的调查权，与审计小组委员会关系密切，互相配合。前者主要是对过去一年政府财政收支问题进行监督（抽样审查）；后者不仅监督前一年的政府收支情况，而且更倾向于对正在执行的政府预算问题进行监督，同时进一步提出对政府工作效率或经济效益问题的看法，供议会和政府参考。

（2）决议权。联邦议院可以作出决议，要求联邦政府采取某一行动，如要求政府对某些问题提出法律草案、采取特定的措施、执行某项政策，对某一政策领域的现状及预期的未来发展提出报告，等等。议会党团通常在一般的议院政策性辩论中提出设想或要求，经过对决议草案的辩论，在多数议员或议会党团的支持下，表决通过决议。不过，根据德国基本法的规定，这类决议不具备法律的形式要件，所以对政府并无法律约束力，只表明议会的愿望和要求，起着督促政府积极行政的作用。由于联邦政府须基于联邦议院的信任，所以，政府通常都对形成决议的联邦议院的意志予以相当的重视，即使不想按决议要求作出行政行为，也要在议院中解释理由或阐明政府的立场。

（3）质询权。质询分为三种形式：大质询、小质询和议员个人质询，每个议员每月有4次质询时间。大质询即议会党团的质询，由联邦议院至少5%的议员、议会党团或议会集团以书面形式提出。在联邦议院议长把质询案交予政府后，无论政府是否作出了书面答复，质询案都必须列入议事日程并付诸辩论。现在，大质询主要是由反对党提出的，这种反对党的大质询被认为是对政府进行政治监督的必不可少的因素。小质询也是一种议会党团质询，用于指出政府工作的缺点和议员发泄不满情绪，同时它主要也是反对党攻击或为难政府的工具。然而，就其整体而言，它具有效率监督的性质，对于改进国家行政管理工作不无裨益。议员个人质询数量最多，由议员个人以口头或书面方式提出，常被用作"修饰地方园圃的器具"，即维护地方利益的工具。议员用它为自己的选区谋福利，一方面提高自己在全国的知名度，另一方面为自己的下次选举奠定基础。

（4）调查权。应四分之一议员的请求，联邦议院可以成立调查委员会。成立调查委员会的目的主要有三：为立法工作准备理论的和现实的依据；对行政弊端或丑闻进行查证；监督特定行政部门的工作。一般情况下，委员会的调查听证公开进行，只有经过多数成员的决定，才能转为秘密会议。为调查工作的顺利进行，调查委员会有准司法权，可以传唤证人、收集证据、索要文件，有关个人和部门必须配合工作，否则可能受到委员会的制裁以至法院的刑事追究。调查结束后，委员会向联邦议院报告调查结果，由联邦议院考虑是否在报告的基础上采取进一步的行动。调查委员会最明显的监督作用，表现在 1978 年成立的八人特别检查委员会。它负责对联邦宪法保卫局、军情反间谍局和联邦情报局从事的情报活动进行长期监督，以保证联邦情报活动不得随意侵犯公民的权利和自由或引起不必要的麻烦。

（5）专门委员会的监督。联邦议院的多数专门委员会是与政府各部对口设置的，其目的之一就是为了监督政府各部门的工作。在政府向议会提出法案时，各专门委员会就能对行政管理活动的目的和方式进行控制；必要时，专门委员会可以行使类似于调查委员会的权力，有权传唤证人、收集证据。其他非对口设置的专门委员会也间接或直接地对行政机关进行监督。如申诉委员会的任务就是接受公民的申诉或请愿，而它们多数针对政府行政管理工作的缺陷和行政疏忽提出。申诉委员会在审查之后，尽管无权像英美法系国家的议会那样通过私法案予以补救，但可以向政府提出忠告或建议，也可以对政府法案作出修改。

其他监督形式还有多种，如对联邦军队进行监督的国防军督察局和保障公民通信自由的专门机构。

4. 紧急状态决定权

根据基本法的规定，联邦议院有决定国家紧急状态和防御状态的权力。

基本法把国家非常情况分为紧急状态和防御状态两种形式。前者是指国内出现的非常情况，包括自然灾害、重大事故、联邦或某一州遭遇紧急的政治经济困难及自由民主基本秩序面临威胁等；后者主要指国家面临外来侵略等情况。遇到国家非常情况，特别是在外敌入侵时，三分之二或至少一半以上的联邦议院议员及联邦参议院共同决议国家进入防御状态，由总统在联邦法律公报上宣布；如果联邦议院不能召集或无法作出决定，情况紧急时议会两院可组成共同委员会，通过防御状态的决定；如果联邦议院或共同委员会均无法采取有效措施时，总统可以自行宣布非常状态。在国内紧急状态时总统亦可作如此宣布，但这种宣布只具形式意义，实质意义的非常状态宣布仍需基于联邦议院的决定。国家非常状态的结束也需议会两院的共同行动，不过只需简单多数即可。国家非常状态宣布后，政府才能进行相应的活动，以保证国家的稳定和安全。

二、联邦参议院

德国联邦参议院是联邦议会的第二院，是各州参与联邦立法和管理的机构。与联邦制国家结构形式相适应，德国的三权分立还意味着各州直接参与联邦决策事务，通过联邦参议院来维护各州的权利。所以，联邦参议院是各州人民对共同事务发表意见、维护各州权益的政治舞台。

（一）联邦参议院的组成

联邦参议院由 16 个州的州政府成员即州长和部长组成。根据基本法第 51 条的规定，联邦参议院的规模依人口的增减而变化，各州依据其居民数在联邦参议院拥有 3 ~ 6 票：每个州至少有 3 个议席；人口在 200 万以上的州有 4 席，600 万以上的有 5 席，而 700 万以上的则有 6 席。

在联邦参议院中，每一个州的票只能统一地投出，即哪个政党在州政府中处于执政党的地位，这个州派出的议员就全部属于这一政党。因此，在参与联邦参议院决策过程时，各州政府内部意见是一致的。

与美国联邦参议院不同，德国联邦参议院没有届数，完全取决于各州政府的更迭。某一州议会选举产生新政府后，原代表该州的议员自然失去议员资格，由新的政府成员出任议员。由于各州选举日期不一，故而无法确定联邦参议院的终始，只能随着联邦议院的召集和休会而决定自己的召集与休会日期。

（二）联邦参议院的组织

1. 议长

联邦参议院每年选举一个州的州长作为议长，同时还要选出另外 3 位州长作为副议长。议长对外代表联邦参议院，对内负责召集联邦参议院会议并主持会议。根据基本法的规定，在联邦总统不能行使职权时，由联邦参议院议长代理职务。另外，议长也是联邦参议院秘书处人员的最高上司。

2. 委员会

与联邦议院类似，联邦参议院的主要工作也是由各委员会承担的。联邦参议院共设 17 个专门委员会，各州负责相应专业的政府成员分别是各委员会的成员。例如，联邦参议院财政委员会的成员是各州的财政部长，法制委员会的成员则是各州的司法部长。这些部长可以委派本州各部内懂得专业的高级事务官作为自己的代表。

与联邦参议院的构成不同，委员会内部席位的分配不以各州人口多寡论，而是每一个州在每一个委员会中都分配有一个席位。所以，每个议员都至少在一个委员会中任职，小州的议员更要在众多委员会中兼任成员。

委员会的会议不公开，其讨论和决定是在秘密情况下进行的。但是，联邦政府的代表被允许参加这些会议，以便为自己提出的法案或其他有关法案进行辩护。委员会的决议以简单多数票通过。

3. 全体会议

委员会作出决议和提出报告后，联邦参议院就要召集全体会议，对报告的有关事项进行大会辩论。但在此前，各州政府要先对全体会议议程的具体内容进行讨论，以决定对具体草案的态度，决定在大会上如何投票。在全体会议上，各州可以不受委员会报告结论的影响，提出自己的修正案。在就有关议案辩论终结后，草案连同其修正案一同付诸表决。凡获得简单多数票的草案便算通过，成为联邦参议院对有关事项的决议。

此外，政党在联邦参议院中也有活动，不过没有议会党团，其间各州的利益高于一切。而且，同一政党的联邦领袖与各州领袖往往不能达成一致。尽管联邦政府总理总是希望在联邦参议院中获得本党各州政府的支持，但这种支持只是在联邦与州的利益一致的前提下才有可能获得。如果联邦政府所属政党在联邦参议院中不占多数，就必须找到能够获得妥协的方法，求得联邦参议院的配合。

（三）联邦参议院的职责

总的来说，联邦参议院的职责就是"参与"联邦的立法和联邦的行政，也即参与联邦管理的决策过程和防范来自联邦立法活动的对联邦制的危害。由于联邦参议院的成员均属各州行政机关的最高领导人，所以既无权在联邦政府的组成上发表意见（除可以提出对联邦政府的质询案和听取政府的施政报告外），也没有其他正式的监督联邦政府的职责。它通过自己在联邦立法和行政管理方面的活动，对整个联邦的立法和行政活动进行监督，以维护各州的权利。

通过联邦参议院的参与，涉及各州权利的法律才能通过，基本法才能获得修改，联邦与各州的关系才能确定，某些特定的国家非常状态才能开始或终结。也就是说，只有在各州的参与下，联邦才能在重大决策问题上采取行动。

联邦参议院的职责主要有：

（1）立法权。联邦参议院有权提出自己的法律草案，但多数集中在各州权利方面，通常不能提出财政方面的法案。联邦议院的法律草案首先要交联邦参议院审议通过，后者对联邦议院通过的所有法律进行研究。具体立法过程下面再谈。

（2）审查权。联邦参议院有权对联邦政府颁布的重要行政法规和行政法令进行审查，经过批准方能生效。如有关环境保护、交通运输和食品法令等，必须获得联邦参议院中各州政府的同意。

（3）参与欧盟事务的权力。联邦政府有义务向联邦参议院全面报告有关欧盟立法的情况，听取联邦参议院的意见；紧急的或机密的欧盟事务则由联邦参议院下设的一个专门的"欧盟法案机构"进行审议。联邦政府在作出决定前都要参考联邦参议院的意见。

（4）代表权。联邦参议院是各州权利的代言人，所有州都在联邦设有办事处，即联邦州代表处。代表处的负责人由负责联邦事务的州政府部长担任，是州在联邦的全权代表。全权代表在联邦政府、联邦议院和联邦参议院中代表本州的利益，同时向本州报告联邦的情况。联邦政府全权代表通报政府会议上所作的决议。

三、联邦立法

联邦议会的权力中，最重要和最经常行使的权力是立法权，按照卢梭的说法，它在本质上可以等同于主权者权力。所以，立法权的分配和立法程序是十分复杂的一种宪法制度，在联邦制的德国，更是如此。

（一）立法权的范围

作为一个联邦制国家，德国分权原则的基础在于，国家权力首先要在联邦与各州之间分配。在立法权、行政权和司法权的分配上，宪法将大部分最重要的立法权赋予了联邦即联邦议会，而行政权和司法权则绝大多数赋予了各州。基本法明确规定了联邦的立法权，并将之分为专有立法权、并行立法权和原则立法权。

1. 专有立法权

按照基本法第71条的规定，专有立法权是只有联邦才拥有立法权力的事项，凡是只能由联邦处理的事务，或者为了求得全国一致行动而需在全联邦范围内以同样方式处理的事务，都属于联邦专有立法权规范的范围；在此范围内，只有在联邦法律明确授权的情况下，各州才能进行立法。

专有立法权的范围主要包括外交与国防、关税与贸易、国籍及涉外事务、金融与度量衡制度、联邦机构组织、铁路航空交通与邮政、知识产权保护、宪法保卫和与国际犯罪的斗争、国家专营制度等。

2. 并行立法权

根据基本法第72条的规定，并行立法权主要也是联邦的立法范围，但如果联邦不使用它，则各州可以根据联邦法律的规定和需要颁布法规。并行立法权所涉及的立法事项，多属于居民生活和权利有直接关系的重要的公共秩序领域，范围十分广泛。主要有：民刑法、诉讼法、户籍法、结社与集会法、外国人居留法、武器法、公共救济法、经济法、劳动法、保险法、核能利用法、培训与科研法、公有化法、卡特尔法、农林与食品法、土地法、医疗及医院法、水运及交通法、环境法、公职薪酬法、税法等。

3. 原则立法权

基本法第75条规定了联邦的原则立法权。在这些立法领域中，联邦进行原则性立法，各州根据联邦法律所确定的立法原则，结合自己的情况和需要，规定具体的实施细则。原则立法权的范围有：州和县乡公共机构的权力、高等学校的一般准则、新闻和电影的一般性权利、狩猎和自然风景的保护、土地分配和规划、水利管理、户口登记和身份证件。

上述三种联邦立法权中，专有立法权属于当然的联邦权力，而并行立法权和原则立法权范围内的事项在联邦制国家中本属各州管理的事务，但在"联邦国度内生活条件统一"的名义下被解释为是联邦的"默示权力"。实际上，这一方面是出于联邦国家管理的某些需要及维护自由民主基本秩序的需要，故联邦享有权利，确定若干原则或曰界限，防止各州和地方政府在政制上变质；另一方面也是要使法治适度统一。由此看来，德国的联邦制被称为"紧密型联邦"，不无道理。

（二）联邦议会的立法程序

1. 法案的提出

根据基本法第76条的规定，法律草案只能由联邦政府、联邦议院议员和联邦参议院提出，其中以政府提出的最多。

任何法律草案在联邦议院正式提出后都要分发给联邦议员、联邦参议院成员、联邦各部以及新闻界，公民个人也可以向指定的出版单位索要。

2. 联邦议院对法案的审议

法案的审议基本上要经过"三读"程序。在一读前，联邦议院中的各议会党团先对法案进行研究：先在议会党团理事会讨论，然后交其工作小组研究，最后召开议会党团全体成员会议讨论。

（1）一读。法律草案提交联邦议院后，议长首先要把法案拿到长老委员会上，由各议会党团协商是否进行一读。如果没有达成协议，法案就被搁置；达成协议的法案就进入一读程序。

（2）委员会审议。通常情况下，多数委员会还设立小组委员会，对于那些比较重要或内容比较庞杂的法案，委员会将把法案分为若干部分，由几个小组委员会先进行审议，再由委员会本身进行汇总，提出总报告。

（3）二读。联邦议院召集全体会议，对委员会的报告进行二读。二读中，通常情况下全会的执行主席只宣布对法案的个别条款进行讨论。每个议员都有权利提出修改意见，如果讨论中没有人对任何条款发表意见，便可由议员对法案进行逐条表决。如果获得多数同意，该法案在二读时便获得了联邦议院的通过；如果全部条款都被拒绝了，那么这项法案便被否决，不再进入下一程序。在第一种情况下，法案通常要进行三读。

（4）三读。经过一般性辩论，34名以上的议员或至少一个议会党团可以提出最后的修改意见。对于每一条修正案进行逐条辩论和表决后，大会执行主席便可宣布对法案进行最后的整体表决。如果多数赞成，法案就在联邦议院获得通过。对一般法案，只要赞成票多于反对票，法案便算通过；但对于一项修改基本法的法案，则必须获得联邦议院全体议员三分之二以上的赞成票，方能通过。

通过最终表决后，法案由联邦议院议长在决议上签字长，由后者研究联邦议院的决议，参与联邦立法。

3. 联邦议院转交给联邦参议院审议

联邦议院通过的所有法案都要经过联邦参议院进行第二轮审议。法案在联邦参议院通过，经公布后就成为联邦法律；如果联邦参议院否决法案或与联邦议院有意见分歧，法案就要交给调解委员会作进一步的努力。

4. 调解委员会的调解

调解委员会是每届议会召集时成立的一个专门委员会，由16名联邦议院议员和代表各州的 16 名联邦参议院议员组成。调解委员会的任务是消除和调解两院对法案的意见分歧，许多法案就是在这种调解下最终获得通过的。调解委员会开会时，政府部长随时可以参加会议，其他人则必须有调解委员会的许可，才能列席。由于这个委员会相对独立于两院，联邦参议院派遣的人员不必受指令的约束，而是根据自己的信念与判断参与调解。调解委员会处理的分歧一是联邦参议院对联邦议院通过的某项法案表示全部或部分不同意；一是对于需联邦参议院批准的法案，联邦议院和联邦政府也可以要求召开调解委员会。

调解委员会的处理结果有三种：第一，建议取消联邦议院已经通过的法案，或者提出具体的书面修改意见；第二，建议确认联邦议院已通过的法案；第三，没有达成一致的建议。在第一种情况下，联邦议院需要重新进行审议；在第二、三种情况下，都需要联邦参议院采取下一步行动。

5. 议会的最后行动

在调解委员会建议取消或提出修改的情况下，如果法案涉及各州的管理权和财政权，或者涉及基本法的修改，则该法案必须经联邦参议院通过方能生效，这被称之为赞同法。因而，联邦参议院如最终否决调解委员会的建议，法案就不能生效了。除此之外，无论调解委员会对法案的处理结果如何，假使联邦参议院否决了法案，只要联邦议院以多数票再次通过了法案，法案就获得了通过，这被称之为修正法。法案在此完成在议会两院的立法程序。

6. 法律的公布

获得联邦议会两院一致通过的法案递交联邦政府，由总理和有关的部长副署后，再呈请联邦总统审查。总统在形式上审查后签署并发布总统令。至此，法案成为正式的联邦法律，在联邦法律公报上予以公布。

法律公布后，就产生了实施法律的责任。除必须由联邦政府机构执行的法律外，实施法律是各州政府的责任，也即各州政府不但要执行本州议会制定的法律，还要负责联邦法律的执行。这也是紧密型联邦制的一种体现。

第四节　联邦行政机关

德国实行责任内阁制，联邦总统是"虚位元首"，没有独立的行政权。行政权力集中于以联邦总理为首的联邦政府。德国联邦行政机构分为联邦政府与联邦管理机构。德国联邦政府由联邦议院产生并对其负责；联邦管理机构则属于中立的文官系统，只负责执行，不承担政治责任。联邦行政机构虽然拥有最高执行权，但联邦法律通常都是由各州和地方行政机构来贯彻执行。

一、联邦政府

（一）联邦政府的职责

根据基本法第 62 条的规定，联邦政府，或联邦内阁，由联邦总理和联邦各部部长组成。联邦政府的任务是治理国家，对整个德国的内外政策作出决定，除非法律规定某一事务不属于它的权限。内阁是一个整体，体现着联邦统一的意志，如果它失去了联邦议院的信任，只能作为一个整体被推翻，即内阁全体成员对内阁政策向联邦议院负连带责任；联邦议院只能以建设性不信任投票选出一位新总理后方能推翻内阁，不能通过对其他阁员的不信任案，只能对部长表示不赞成。内阁内部必须保持方针政策执行和解释上的一致，体现行政权和行政管理上的意志统一。

联邦政府的基本职能：

（1）引导职能。政府应当把在议会中多数的政治意志转变为具体的法律草案。联邦议院通过的法律，多数是内阁提出来的。政府的领导作用实际上建立在与议会的互相尊重的基础之上，没有议会的支持，也就没有政府的领导。根据基本法，"政治领导就是议会和政府之间合作的过程"。

（2）执行职责。政府还应该通过规范手段即通过行政法令及通过行政机构、行政人员和行政措施，保证将议会多数的意志付诸实施，变为社会现实。

（二）联邦总理

联邦总理由联邦议院选举产生，他决定政府的方针政策，并对此承担责任。他的主要职权是：

（1）组成联邦政府。内阁成员由总理向总统提名任命，这保证在内阁中只有他是经选举产生的，具有代表政府的合法资格。这种合法资格使他获得了挑选内阁成员的权力，且联邦议院就不能向部长直接下指示。另外，只有总理可以向总统提出提前召集联邦议院会议，向联邦议院提出信任问题并由此可以提出解散联邦议院，或者宣布进入立法非常状态。

（2）确定政治方针。基本法第 65 条规定：联邦总理确定政治方针并对其承担政治责任。联邦政府裁定联邦各部部长间的意见分歧。联邦总理根据联邦政府所通过的并经联邦总统批准的工作条例领导各部工作。

（3）机构设置。根据联邦政府工作条例，总理决定联邦各部的数量和职权范围。

（4）领导作用。总理主持内阁会议，并引导内阁讨论。当阁员与总理意见不一致时，多数情况下总理的意见起决定性作用；当阁员间出现争执，总理有权裁决。

（5）在国家进入防御状态后，总理直接取代国防部长，成为军队统帅，享有全部指挥权。

联邦总理在完成其使命时依靠总理府。总理府由一位联邦不管部长主持，他在联邦议院的长老委员会中代表联邦政府，并在政府与议院的关系上全面支持总理。总理府必须向总理汇报出现的各种政治问题和各部的工作情况，为总理的决策作准备，并关注决策的贯彻情况，协调各部的工作。总理府实际上也是政府的秘书处，负责内阁会议和内阁委员会会议的准备工作、政府决议的草拟、防务的全面规划和协调，等等。

联邦总理肩负重任，因而由本党的两位联邦议员作为他的议会国务秘书，其头衔是国务部长。其中一位国务部长负责欧洲联合问题和情报协调工作；另一位国务部长负责联邦与各州之间的合作和文化事务。

总理直接领导联邦新闻局，但由一位国务秘书主持。新闻局的任务是时时向联邦总统和联邦政府报告世界各地发生的所有重大事件，调查和阐明公众舆论动向，为联邦政府的政治决策提供帮助。此外，新闻局还负责向公众和媒介说明政府的政策，配合外交部做外国的政治舆论工作。

（三）联邦部长

联邦部长一方面是内阁成员，另一方面又是在本部门范围内独立负责领导部门工作的首长。作为内阁成员，部长参与联邦政府的政治决策，一旦总理或内阁对联邦某一个政治问题作出了决定，每个联邦部长就都要受决定的约束，必须像对自己作出的决定那样去维护它。作为一位主管部门的领导，部长又必须在总理决定的方针范围内对其主管部门的事务作政治决策，领导和督促下属机构的工作。所以，部长既要执政，又要管理，还要随时回答联邦议院的质询。出席法案审议会议，解释内阁的立场。

二、联邦行政管理机构

联邦行政管理机构是政治中立的文官系统，不与政府共进退。它们的责任主要有两个：一是为政府提供服务，将政治家们确定的政策和法律付诸实施；二是为公众提供服务，管理社会事务。事实上，国家的法律、政府的政策基本上是靠行政管理机构贯彻的，与公民经常打交道的联邦机关多数也是这些联邦机构。因此，不管政治家们如何争斗，联邦行政管理机构都会安之若泰，它们是真正的政府，是保持社会日常运转的主要国家机器。不过，德国的联邦行政管理机构及其人员主要是为政府制定政策服务，真正的管理工作多数都是由州及州以下的机构完成的。

联邦行政管理机构由联邦各部、各部下属机构、公法人团体及联邦审计署组成。除了各部的部长外，这些机构主要由按考绩进退的文官构成。要注意的是，这里不能把联邦各部与联邦部长相混淆，后者是政治官员，可以随联邦议院的多数之更迭而换人，而前者则是近乎永恒存在的。

（一）联邦各部

联邦各部一方面是政府的工作机构，为本部部长的政治决策进行准备工作；另一方面，它们又是行政管理的职能机构，执行法律和政府及其部长依据宪法和法律作出的政治决策。联邦各部是有关方面联邦行政管理的最高机构，本身也要作出某些决策，制定行政规章。同时，各部通常也不是行政管理的最后机关，它们也要依靠下属的联邦机构，使下级机构各司其职。

与联邦各部的任务相适应，各部的建制基本相同，都分为两大部分：

第一部分是直接协助部长工作的机构和人员；另一部分是各部的职能部门。就第一部分而言，每一位部长都有两类秘书和有关办公室协助他的工作：（1）第一类秘书属于政务秘书，每一位部长都有一名或两名联邦议院的年轻议员作他的议会国务秘书。议会国务秘书的任务是协助部长完成执行使命，尤其是要帮助部长与联邦议院、联邦参议院、两院的委员会、议会党团及各政党保持联系。他们代表部长向两院及在联邦政府的会议上对有关事项作说明。此外，他们还可以受部长委托执行特殊使命，如代部长出席一些公众活动，与选民沟通等。（2）另一类是事务国务秘书，每位部长也配有一名到两名高级公务员，作为部长在本部日常工作的助手，处理主管部的工作。（3）各部还有起协助领导作用的若干机构，如部长办公室、部长和国务秘书的专职报告起草人、内阁事务秘书室、议会事务秘书室、新闻秘书室等。

第二部分是职能部门，即各部所设的司、分管司和处，分别由司长、分管司长和处长领导。其中较重要的是中央司或称行政司，主管人事、预算、组织和部内下属机构的一般事务。

（二）联邦下属机构

联邦下属机构实际上是具有独立机构性质的联邦行政机构，有些属于各联邦部管辖，有些向联邦议院负责。这种机构数量有限，主要有：联邦统计局、联邦刑事局、德意志专利局、联邦反卡特尔局、联邦车辆运输局、联邦保险局、联邦卫生局、联邦环保局、德意志气象局、联邦宪法保卫局等。它们都相对独立于联邦政府和各部，都是由联邦议院以法律设立的，承担法律规定的特定任务。例如，联邦宪法保卫局的主要任务：一是保卫自由民主基本秩序，收集反宪法的极端行为及危害治安行为的情报；二是反间谍活动。它受联邦内务部长管辖，同时受到议会两院和法院的监督。

凡是基本法允许设下属机构的联邦级管理机构，均设有联邦中级机构和下级机构。中级机构相当于州一级的行政机构，下级机构相当于地方一级的行政机构。

（三）公法人团体

为处理联邦立法规定的事务，联邦可以依据议会法律设立间接的联邦行政管理机构，即直辖于联邦的公法人团体，例如自我保护全国联合会、农业市场秩序联邦管理处和普鲁士文化遗产基金会等。它们都是根据相关的联邦法律建立的，是独立的法人团体。它们属于接受国家资助的半官方机构，因而也就要受到联邦有关机构的监督。

（四）联邦审计局

联邦审计局是根据联邦议会法律成立的、只对议会法律负责的独立机构，负责审查联邦预算和决算情况，检查联邦机构和联邦行政管理机构在使用预算资金和从事经济活动时是否注意节约和符合规定的资金用途，检查联邦的特别财产和企业的经营情况。在德国财政方面，没有通常其他国家那样的准备金制度，任何行政活动都必须符合预算规定的任务；如果有额外支出，政府必须向联邦议院提出临时拨款法案，经批准后才能动用国库资金；最后在决算时一并核算。所以，联邦审计局肩负着监督政府和行政机关财政的重任，有义务向联邦立法机构提供证明联邦政府不存在问题的材料，并因此与联邦议院的财政委员会关系密切。

第五节 联邦司法体制

一、司法体系与司法原则

（一）司法体系

众所周知，联邦德国是大陆法系的典型国家。在司法体系上，法律划分为公法和私法两大类。公法是调整国家或国家机关之间相互关系的法律，包括宪法、刑法、诉讼法、行政法等法律，其中以行政法最为庞杂，如警察法、教育法、公共机构法、经济管理法、社会法和税法等。国家机关依法办事，是法治国的最重要的内容之一，所以国家机关的活动必须要有法律的授权；只有在法律规定范围内和在十分必要时，所谓的自由裁量权才是有意义的。

所谓私法，是处理公民之间相互平等的财产关系的法律，全部民法（包括债权法、物权法、家庭法和继承法）都属于私法范畴。另外，商法、竞争法、专利法和劳动法等涉及人与人之间平等的民事关系的法律，其中部分内容也属于私法。

法律的公私法分类，其意义在于确定一项诉讼的审判管辖。也就是说，联邦德国的法院系统根据案件的不同，分为享有不同管辖权的法院，主要有普通民刑法院和其他专门法院，还有宪法法院作为最高审判机关。作为大陆法系国家，检察官也属于司法体系的一部分，肩负公诉和法律监督的职能。.

（二）司法原则

作为联邦制国家，联邦德国与美国相似，也没有统一的审判权，与其司法体系相配合，存在着不同的审判权，也即司法权是有分工的。不过，按照基本法的规定，审判权的行使要遵循一定的原则，它们是：第一，实行法官专职制，司法权委托法官行使，只有法官才有权审判，除法官外，一般执法人员也行使执法权。第二，法官独立审判，只服从法律。法官独立于立法和行政，不受新闻单位和其他人的影响，原则上法官在任期内不能免职或调动。第三，不得剥夺任何人接受法官裁判的权利。每一案件在受理时都必须先确定受理法官，这一法官必须是主管法院的，在这个法院内按照法官的业务分工他又是处理此类纠纷的专家。第四，在法庭上，任何人都有权要求法庭在宣判前听取他对涉案事实的陈述，法院必须听取并考虑其陈述。第五，保证程序正义，当事人有权要求法院公正审理，尤其是在刑事诉讼中，公诉人和被告人之间的地位和机会是平等的。第六，公民有权得到有效的法律保护，保证被告人的上诉权。第七，只有根据有效的法律并按照法定形式才可以限制一个人的自由，只有法官才有权决定是否应剥夺某人的自由。第八，法律不得追溯既往，禁止适用在行为发生时尚未生效的法律，法律未明文规定的行为不受处罚。

二、司法机构与司法人员

(一) 法院体系

德国采取联邦制国家结构形式，但与美国不同，德国纵向只有一套司法体系，联邦和州只有一套司法机关体系，不像美国那样，联邦法院与州法院在适用法律上有所区别，德国各级法院既适用联邦法律，也适用州法律，而且主要是适用联邦法律。

德国法院横向体系大致可分为以下五个部分：

1. 普通法院

普通法院负责审理民刑案件，还在地产登记、遗产及监护人等方面的纠纷中进行民事调解。它分为四级：初级法院、州法院、州高等法院和联邦法院。民事案件按照不同诉讼种类中涉及标的的多少，可以由初级法院或州法院初审，如5 000马克以下的产权争议就由初级法院作一审；州高等法院是上诉审法院，如果初级法院是一审法院，则州法院就是上诉法院，但无论如何，只有诉讼标的金额超过1 200马克的案件才允许上诉；联邦法院实际上是再审法院，再审与否决定于法院的态度，但如果标的金额超过6万马克，联邦法院就必须复审。刑事案件可按其罪行轻重或性质由上述前三级法院中的任何一个法院作一审；一般案件均可上诉，倘若只要求法律审的话，案件就可以直接上诉到州高等法院；不过，由州法院的大刑事审判庭、刑事陪审庭和州高等法院作一审的案件不能上诉，只能要求再审。无论民事还是刑事案件，联邦法院都不能作为一审法院，它只能是再审法院，经它审理后作出的判决就是终审判决。唯有在案件涉及宪法问题时，它才必须等待联邦宪法法院的裁判。

2. 劳工法院

劳工法院或劳动法院包括初级、州和联邦三级劳工法院，负责审理劳资关系中私法性质的纠纷、劳资谈判双方之间的纠纷和关于执行企业法的纠纷。劳工法院审理案件时的主要实体法律依据是劳动法，诉讼程序基本上采用民事诉讼程序原则，但有一些特殊程序规范，以便简化手续、加快案件处理。劳工诉讼的收费通常较低。联邦劳工法院审判庭由庭长 1 人、职业法官 2 人、来自劳资双方的名誉法官 2 人组成。

3. 行政法院

行政法院系统由初级、高级和联邦行政法院构成，负责审理行政法方面的私法纠纷，但由社会法院和财政法院受理的行政诉讼除外，有关行政机构方面的由基本法引起的案件也不属于行政法院管辖，此外还有少数行政诉讼归普通法院管辖。联邦行政法院有 5 名法官，其他行政法庭通常由 3 名法官和 2 名名誉法官组成。行政案件以初级行政法院为一审法院，高等行政法院为上诉审，联邦行政法院为再审或终审法院；在特殊情况下，初级行政法院的案件可以越级要求联邦行政法院进行再审，而不用向高等行政法院上诉。

4. 社会法院

社会法院（也译作福利法院，审理所有有关社会福利保险方面的诉讼，如社会保险、失业保险和联邦劳工局的某些任务及战争受害者制度方面的公法纠纷，分为社会法院、州社会法院和联邦社会法院三级。社会法院由 1 名法官任庭长，2 名名誉法官任副庭长；州和联邦一级的社会法院有 5 名人员，1 人任庭长，法官和名誉法官各 2 人。通常情况下，所有案件的一审都要向社会法院提起，州社会法院为上诉审，联邦社会法院为再审或终审法院。

5. 财政法院

财政法院只分为两级：州的初级财政法院（实即高等法院）作为一审法院，联邦财政法院则为二审和终审法院。财政法院的责任是审理税务方面的纠纷，即审查征税单据、财政局的其他单据及关税单据的合法性。财政法院设审理委员会，由 3 名法官和 2 名名誉法官组成；联邦一级的 5 名法官全都是专职法官。财政法院的诉讼程序基本上适用行政诉讼程序法，只有个别例外。在财政管理机构拒绝公民或法人的复议请求后，当事人就可以向财政法院起诉。在法律无明确规定时，如果财政法院确认税务部门规定的税额违反法律，可以自行确定税额和关税。

除上述 5 种法院外，德国还有联邦专利法院和纪律法院系统。根据主体的不同，纪律法院有若干形式：公务员纪律法院，分为联邦和州法院二级；法官纪律法院或称为法官司法工作法院；军人法院或称士兵法院；还有公证人法院及律师、税务咨询、会计师、建筑师、医生、兽医和药剂师等职业纪律法院。

（二）司法人员和法律职业

（1）法官。法官根据基本法行使司法权，在公法上，法官与联邦或与某个州保持特殊的职务信任关系，即"法官关系"。法官在人际关系上和审判事务上都是独立的，即不允许任何组织或个人向法官下达任何指令；在没有得到本人同意的情况下，法官原则上不得被免职，实行终身制；只有在法律规定的条件下通过裁判，法官才能被解除职务。法官是专职的，不得兼任任何行政的和立法的职务，也不得从事与履行职务不相符合的其他职业；法官要与政治相脱离，在任职期间不得公开自己的政治信仰和参加特定的政党活动。

通过国家考试取得法官职务资格的人方可被任命为法官。法官人选由联邦或州的司法部提名，由法官选举委员会选举产生。联邦的法官选举委员会由联邦议院选出的 16 名议员组成，只有由它选举产生的人，联邦总统才能任命为法官。各州法官的任命方式不是统一的，但也要有专门的法官选举委员会负责此事。

（2）名誉法官。他们是兼职的业余法官，参与各个司法部门的工作，享有审讯和判决方面的权利，同时也要履行法官的义务。在刑事诉讼中，名誉法官就是陪审员；在其他诉讼中，名誉法官通常都从熟悉特定专业的人士中选择，特别是有关劳动法院、社会法院、行政法院和财政法院中的诉讼，他们的参与是非常必要的。名誉法官必须是具有德国国籍的自然人，由法官选举委员会从地方政府提供的名单中挑选产生。

（3）检察官。他们实际上是具有法官职务资格的国家公务员。检察系统属于行政序列，独立于法院系统，但不独立于立法和行政，直接受制于司法行政部门，所以，检察官不像法官，在个人和业务上都不具备不受干涉的地位。但是，由于检察官要与法官一起共同完成诉讼任务，帮助法院作出公开的裁判，所以是被列入第三种权力的司法机关。

（4）初级司法人员。初级司法人员也就是我们通常所说的书记员，他们都是从大学法学院毕业的专业司法人员，承担初级法院的民事调解任务，同时也是法官的助手；在有些情况下他们也参与简单的案件审理工作。然而，这些初级司法人员并非法官，而是属于国家公务员序列的司法人员。具体而言，他们的工作主要是对土地登记案件进行裁决，负责管理土地注册登记工作，负责土地强制拍卖工作和破产清偿工作，进行民事调解，制作催款书和强制执行令，负责判决的执行任务，还承担案件受理和咨询方面服务。

（5）专家。在对有争议的重大案件事实的评判上，有时法官因缺乏特殊专业的知识和训练，在诉讼中需求助于专业人士。专家是法官的助手，在法官的职责范围内支持法官。所以，他们像法官一样，也要求有不偏不倚的立场，也可以因偏见或某些不利于公正审判的关系而被拒绝提供专业意见。对于专家提出的专业结论，法官有独立的判断权，实行自由心证的原则。

第六节　联邦宪法法院

一、联邦宪法法院的性质和作用

联邦宪法法院在德国联邦国家机构体系中有着特殊的地位，既是一个政治机构，又是一个司法机构。作为政治上的立宪机构，联邦宪法法院的政治作用主要是监督国家机关：第一，对法院的裁判进行监督。根据某一公民的请求，联邦宪法法院可以对其他法院的审判程序和法律适用是否损害公民的宪法基本权利进行判断，也就是说，它可以对所有法院的判决进行审查。但是，所有这些审查必须依据基本法的规定方能进行，如果证明其他法院的裁判没有违反宪法，联邦宪法法院就无权改变任何终审裁判。第二，监督行政机关。根据公民的请求，联邦宪法法院还可以审查政府和行政管理机构的行政行为是否侵犯公民的宪法权利。第三，监督立法机关。主要是应公民的宪法控诉或其他案件或有关机关的申请，审查法律是否违宪。第四，处理权限纠纷。当联邦议院、联邦参议院、联邦政府、议员、政党等机构中任意两者之间发生宪法权限争议，都可以请求联邦宪法法院作出裁决；另外，联邦与州之间、各州之间发生的权力纠纷，也属于联邦宪法法院关注的领域。这样，联邦宪法法院就起着维护宪法权威和三权分立体制及联邦制原则的作用。第五，其他作用。作为保障宪法实施的最终权威机关，联邦宪法法院还可以利用一些特别程序保障德国基本法规定的自由民主基本秩序。它有权审理弹劾总统案，宣布政党为非法，接受选举诉讼案。

作为一个司法机关，联邦宪法法院是联邦范围内的最高司法机构。如上所述，它有权宣布其他法院的判决无效。它是唯一只适用联邦基本法的法院，它在组织上是独立的，诉讼程序不同于其他联邦法院。基本法规定，它本身是"直接有效的法律"，而联邦宪法法院就是证明和维护这种效力的组织形式。这是使它获得德国最高司法当局地位的原因所在。同时，通过适用基本法，它所作出的宪法解释或判例就构成了德国宪法性法律的一个重要组成部分，离开了联邦宪法法院的判决，就很难说基本法能起到约束政府的作用，也很难说基本法实施了。所以，从一定意义上讲，德国法治国建设在很大程度上是靠联邦宪法法院而完成的，特别是它活动的基础是维护公民的基本人权，人权法治就构成了联邦德国法治国的基本特征。

在宪法原理上，作为议会内阁制国家，基本法的解释权本应属于联邦议会。但在1951年通过的《联邦宪法法院法》中，联邦议会把这一权力让渡给了联邦宪法法院："联邦宪法法院的判决将对于全联邦的宪法机构和国会以及所有的法院和公共权力具有约束力。"这就在事实上使联邦宪法法院成了基本法的最高解释机关，从而也就承认了司法审查制在德国宪政制度中的权威作用。

二、联邦宪法法院的组成和任期

联邦宪法法院由 16 名法官组成，法官任期 12 年，不得连任。16 名法官中，半数由联邦议院选举产生，半数由联邦参议院选举产生。联邦议院按比例选举的方式从议员中选出 12 名议员，组成选举委员会；选举委员会以三分之二的多数选举法官。联邦参议院委任的法官亦需获得参议院三分之二的票数。从法官的选举过程中，可以看到，与其他法院不同，联邦宪法法院实质上是一个政治机构，而政治是没有公正可言的，所以，法官从不讳言其政治态度，其政党归属也是公开的。联邦议院选举委员会的产生也反映了政党力量的强弱对比。法官选举之所以要以三分之二的多数通过，目的在于防止造成在议会两院中占多数议席的政党单方面控制联邦宪法法院的情况。联邦宪法法院院长的职位也可以成为政治交易的一个筹码，如前任院长罗曼·赫尔佐克（RomanHerzog）在任职前是基民盟的一名官员，在卸任后又被选举为联邦总统，作为交换，社民党的一名议会领袖——联邦参议院柏林议员利姆巴赫女士（JuttaLimbach）被选为赫尔佐克的继任人，担任联邦宪法法院院长。然而，作为法官，在审判案件时必须遵守宪法原则，恪守公断人的职责，不能无原则地维护政党利益。当然，法官中也有无党派法官。

联邦宪法法院分为两个审判庭，各 8 名法官。一个叫作基本权利庭，一个叫作国家法庭。每一庭中至少要有 3 名前任联邦最高法院的法官，而所有法官必须具有法官资格，不管他原来是否是政治家。联邦宪法法院设正副院长各一人，分别担任一个审判庭的主席，通常院长任国家法庭的主席，副院长任基本权利庭的主席。正副院长由联邦议院和联邦参议院交替选举产生，他们在法律问题上的权利与其他法官平等，但其意见往往举足轻重。

三、联邦宪法法院的权限

普通法院和专门法院无权审查联邦或州的法律是否违反基本法，只有联邦宪法法院才有这个权力，也只有它才能宣布某项法律违宪而无效。宪法法院的权限主要有以下几个方面：

（1）联邦和州之间的权限争议的评判：基本法第 93 条第 1 款、第 84 条第 4 款和第 99 条还规定，当宪政机关间就基本法授予的权力范围发生纠纷时，可以请求联邦宪法法院作为公断人，裁判有关权力划分的法律与基本法规定间的关系。这种诉讼：主要不是要法院评判有关法律的合宪性问题，即一般不存在法律的违宪情况，而主要是监督各宪政机关，看它们的行为有无越权、滥用权力或玩忽职守。例如，州政府可以控告联邦政府违反基本法对联邦与州权力划分的界限，而破坏联邦制原则的行为。

（2）联邦政府机关之间争讼的裁决：裁决联邦最高机关（联邦议院两院、联邦政府及其他派生机关）和联邦最高机关通过议事规程授予固有权利的其他关系人（比如联邦议院中的议会党团、公法性质的基金会等）的争议案。有些什么权利涉及宪法赋予他的，他没享受到，可以到宪法法院请求裁决。

（3）法律法规的审查权：包括抽象的法律法规审查权和具体的法律法规审查权两种。抽象的法律法规审查：根据基本法第93条第1款和第126条及《联邦宪法法院法》的规定，联邦政府、州政府、至少三分之一的联邦议院议员对于已公布的法律，可以提请联邦宪法法院进行是否违宪的审查，而不问是否此法的实施已造成不良后果或是否已有具体诉讼发生。所谓"抽象的"，就是指提出审查申请不必与具体的法律纠纷有关，所以，这种审查也可以说是一种事前审查。它实际上是一种特定主体的诉讼，真实目的在于保护联邦议院中反对党的利益，给它们一个最后的反对手段。

具体的法律法规审查，是一种事后审查形式。根据基本法第100条第1、2款和第126条及《联邦宪法法院法》的规定，在所有法院所处理的案件中，如果当事人一方认为某项法律违反宪法，那么法院必须中止诉讼，将案件的宪法问题提交联邦宪法法院裁定，看是否违反了基本法的规定。这时，联邦宪法法院并不对具体的案件事实进行全面的研究，而只是判定有关法规的合宪性问题。宪法判决作出后，提出审查的法院结束中止状态，继续具体的审判程序，依据宪法判决作出对案件的处理。

（4）受理宪法诉愿：在基本法第93条第1款规定的一般意义上，任何公民或法人对于任何法律或国家机关行为都有进行合宪性挑战的权利，不管这一法律或行为是否已经造成对公民权利的侵犯，也不管这一法律或行为的施行是否与自己有关。不过，在实践中，按照联邦宪法法院确定的原则，公民必须在"用尽"一切可能的手段而得不到救济的情况下，联邦宪法法院才会受理案件。此外，《联邦宪法法院法》还规定，针对法律的起诉，要在法律生效1年后才能提起；起诉人也要证明基本法权利受侵犯或可能受侵犯的原因与法律的实施有关。事实上，宪法控诉的成功率非常低，在至今近8万件诉讼中，胜诉率一直不足3%。

（5）民主和法治保障的审查：可以分为四个方面：一是根据基本法第21条的规定，联邦议院、联邦参议院、联邦政府、州政府可以向联邦宪法法院起诉，要求审查某一政党是否因其宗旨和活动违反宪法而应予以取缔；二是基本法第18条规定的公民滥用表达自由而丧失此类自由的情况，联邦议院、联邦政府、州政府都可以提起这类诉讼，但至今尚无此类案件发生；三是基本法第61条规定联邦议会两院以三分之二多数票提起对联邦总统的弹劾案，由联邦宪法法院进行审理，一旦确认总统有蓄意损害基本法和法律的行为，法院有权宣布他的职权失效；四是基本法第98条第2、5款规定的对违反基本法原则和州宪法的联邦法官，联邦宪法法院有权根据联邦议院以三分之二多数通过的弹劾案，对该法官处以调任、强令退休或撤职的处理；对于各州法院在此问题上的适用规则方面的争议，联邦宪法法院有权裁定。

（6）选举审查与法律争议：基本法第 41 条第 2 款规定，联邦议院议员和有关权利人可以对联邦议院的议员资格审查结论向联邦宪法法院提出申诉。基本法第 100 条第 3 款规定，两个州宪法法院在解释基本法时发生歧义或与联邦宪法法院的解释不同时，后作解释的法院必须向联邦宪法法院提出请求，以确定基本法条文的含义。

（7）审理和裁决政党是否违宪的争议案：根据基本法第 21 条第 2 项的规定，"政党依其目的及其党员之行为，意图损害或废除自由、民主之基本秩序或意图危害德意志联邦共和国之存在者，为违宪。"如果联邦参议员或联邦议院确信某一政党是反宪法的，则可以将此问题提交宪法法院，已决定该党是否应禁止而解散。二战后，宪法法院审理过两个政党违宪，一个是极右的国家社会主义党，被取缔了，另一个是极左的德国共产党被解散。

联邦宪法法院审理案件时原则上不公开进行，判决也是秘密作出的。其判决书的形式与美国联邦最高法院的判决书类似，表决的多数意见写出判词，多数意见中的不同理由可用同意意见附在判词之后，反对意见又附于同意意见之后。向联邦宪法法院起诉通常不收诉讼费。

第七节　公民的基本权利

一、概述

（一）以人权保护为基础的权利观

联邦德国是建立在法西斯政权的废墟之上的，对纳粹德国大规模侵犯人权的情况有着深刻的认识和理解。例如，著名法学家拉德布鲁赫（Gustav Radbruch）在二战前是一个坚定的法律权利论者，但是在二战后，则转变为一个新自然法学说的拥护者，认为法律必须有一个"绝对的先决条件"，即个人权利和自由，违反正义的法律必须为正义所取代，而二战前的德国实证主义法学对法西斯主义完全没有防备能力，造成了恶果；故此，"非法之法"不是法。"他的观点实际上是当时德国朝野对宪法问题的基本看法，因而，在制定基本法时，制宪者就决心完全摈弃旧的权利观，采用新的人权道德作为法治基础，不给纳粹以通过合法途径死灰复燃的可能。

基本权利是联邦德国的立国基础。反映在基本法的结构上，是把宪法基本权利内容列为基本法的第一章，表明国家对权利和维护权利问题的重视。不论实质保护如何，在形式上联邦德国基本法是将公民的宪法权利视为最高宪法规范和国家基础的。

基本法开宗明义在第 1 条第 1 款就规定："人的尊严不可侵犯。尊重它和保护它是国家的责任。"也就是说，人的尊严是宪法权利保护的最高价值，它既是一种客观权利，又是一种主观权利；既作为一切个人基本权利的基础，又作为政府对公民的义务的基础。或者说，德国的一切宪政制度从保护人的尊严开始。只有在承认人的存在的基础上，才能谈得上保护人的权利，才能认识到国家及政府存在的目的无非是为了实现人的需求。基本法对人的尊严的规定表明：第一，对人的尊严之维护是基本法价值体系中的最高价值；第二，人的尊严是一项宪法原则，它是其他宪法权利的基准；第三，它是判断法律正义与否的标准之一；第四，它是联邦宪法法院进行一般权利保护的原则。

基本法第 1 条第 2 款说：基于第 1 款的规定，"德国人民确认不可侵犯和不可转让的人权是所有人类集团、世界和平与正义的基础。"保护人权，也是基本法的一项原则，其主旨在于使人权成为判断任何政治行为的标准，不管这种政治行为出自于国内组织还是出自于外国组织或国际机构。基本法对人权的规定，先于《欧洲人权公约》，后于《世界人权宣言》，因而在基本法制定时还不是实在法的渊源，只是一项抽象的原则，但随着德国加入人权国际公约和《欧洲人权公约》，宪法上的人权原则也就成了国家权力的一般标准，不仅用来判断本国政府的行为，而且用来判断他国政府的行为。正是基于这一条款关于人权是世界和平的基础之规定，一方面德国自认为是"和平主义国家，绝不发动侵略战争"；但另一方面又有义务参加以保护人权为目的的国际维和行动，近年来还在履行国际条约义务的名义下，参加了对他国的侵略。

（二）基本权利的效力

与其他国家宪法相比较，德国基本法的另一重大发展在于，在它的第 1 条第 3 款中申明，从第 2 条起的基本权利规范"直接有法律效力，约束立法、行政和司法"。这一规定表明德国已抛弃了二战前的法治原则，按照美国宪政模式建立起司法审查制。法律和政府活动都不能侵犯公民的基本权利，而司法机关受基本权利约束只不过表明法院特别是联邦宪法法院，要适用基本权利规范去判定立法和行政的活动。司法审查制的建立还表明，基本权利是发展的权利。事实上，联邦宪法法院现在已成为专门法院司法审查制成功的象征，与美国司法审查制鼎足而立。

由于德国联邦议会有修改宪法的权力，因而，为防止议会通过修宪而取消公民的基本权利，或者将约束自己的宪法规范取消，基本法第 79 条第 3 款特别规定：对基本法的修正案不得影响第 1 条所确定的宪法原则。也就是说，人的尊严、人权保护和基本法权利对国家机构的约束作用这三方面原则不得修改，从而保证了基本法的性质及它所确立的根本宪政制度不会为以后可能出现的野心家改变。

二、基本权利的主要内容

基本法规定了广泛的公民基本权利，基本法第 1 章列举的基本权利包括：人性尊严；个性自由发展、生命权、身体不受侵犯、人身自由；平等权；信仰、良心和信教自由；言论自由；婚姻、家庭、非婚生子女的权利；集会自由；结社自由；通信、邮政和电信秘密；迁徙自由；职业自由；住宅不受侵犯；财产权、继承权和财产征收；避难权；请愿权。第 2 章第 20 条和第 20 条 a 条还规定了德国公民的抵抗权和环境权。

（一）人性尊严

基本法第 1 款规定："人的尊严不可侵犯。尊重和保护人的尊严是一切国家权力的义务。"规定的是"人的尊严"以及"国家的保护义务"；第 2 款"德国人民信奉不可侵犯的和不可转让的人权是所有人类社会、世界和平和正义的基础"，规定的是人权；第 3 款"下述基本权利为直接有效地约束立法、行政和司法的法则"规定的是基本权。第 1 条渐次规定的三个款项背后蕴含着立宪者们极深的价值评判和宪法理论内涵，包含宪法人格权在内的基本权的价值基础就孕育于人的尊严、人权、基本权三者间的内在关联。基本法第 1 条有关人性尊严的规定，后经宪法法院的判例和德国宪法学者的阐发，逐渐成为宪法价值秩序中的根本原则，也是基本权利存在的基础。在具体权利内容上，人性尊严是主观权利与客观法秩序的统一。人性尊严具有防御国家公权力侵害的功能，也是对国家提出了保障人性尊严的义务。宪法法院作为宪法看护人，在对宪法条款进行解释、对一般法律违宪性的抽象审查、受理公民的宪法诉讼以及通过法官法发展基本权时，都必须受人的尊严和人权的限制和约束，并据此进行解释。

（二）个性自由发展权

基本法第 2 条第 1 款规定了人的个性自由发展权，即任何个人都有通过自己的努力去实现自我价值的自由。保护人的个性发展主要包括两个方面的意义：首先，这项自由被认为是"首要自由权"，处于其他自由权之上，其他权利只不过是为完善个性发展而设定的辅助手段；其次，它还意味着一种"原始基本权"，是其他必须保护而又未在基本法中明列举出来的宪法权利的出发点和基础，联邦宪法法院就根据这一权利而确定其他应实施权利保障的人权或公民权的内容。

不过，基本法还规定，个性发展"不得损害他人的权利和触犯宪法秩序或道德规范"。法律可以据此要求对个性的自由发展进行限制。

（三）人身自由权

基本法第 2 条第 2 款规定："人人有生存权和身体不可侵犯权。人身自由不容侵犯，这些权利只有根据法律才能进行干预。"人身自由是一类权利的集合，具体有包括：

（1）生存和身体不可侵犯权。生存权也可以表述为生命权，包括身体权或健康权，它们都是不可侵犯的权利。任何人的生命和健康都应平等地受到保护，法律确认任何生命都是有价值的。所以，基本法第102条废除了死刑；而且，根据其他法律和司法解释，为尊重每一个生命，人工流产也是非法的；另外，基本法第4条还规定，任何人出于自己的良心判断，或为自己的生命和健康着想，可以拒绝履行携带武器的兵役义务。

（2）被拘禁者的权利。由国家机关限制人身自由是对人的权利采取的重大措施，所以基本法在第104条专门规定，"人身自由非依正式法律和依该法所规定的程序，不得限制之。"如果某人因犯罪等原因被拘禁，他在精神上和肉体上都不得受虐待。剥夺人身自由及剥夺自由的期限只能由法官决定；如在紧急情况下剥夺了某人的人身自由，则要及时请求法官决定；警察逮捕或拘留人犯皆不得将其羁留至第三天之始。被拘留者应在第二天交由法官讯问，允许他提出异议，如发出逮捕状的理由不充分，就必须及时释放。剥夺自由的理由和期限，警察应及时通知其亲属或朋友。

（3）公平审判权。基本法第101、103条规定，任何人不得被拒绝由法定法官进行的审理；在法庭上他可以要求迅速审判；在定罪时，采取法无明文不为罪的原则；任何有罪判决不得依行为发生后的法律作出，即法律不得追溯既往。

（4）住宅不受侵犯权。基本法第13条规定："德国人的住宅不受侵犯。"在紧急情况下，由法官或法定机关发布司法令状后，才能由特定人员按令状规定，对公民的住宅进行搜查。所谓"紧急情况"，主要指公共利益维护、个人生命安全、维护公共秩序和治安、同流行传染病作斗争、保护青少年免受危害以及解决住宅紧缺等情况，此时，这项权利可依法予以限制或剥夺。

（5）迁徙自由。这是德国人公民权的一项，即所有德国人享有在联邦领土上自由迁徙的权利。但是，在增加社会负担或有遗弃可能时，接受社会福利救济者、未成年人或受监护者不得自由迁徙；在国家采取控制传染病蔓延及与犯罪行为作斗争时，也可以限制迁徙自由。

（6）通信自由。基本法第10条规定："通信、邮政、电讯秘密权不得侵犯。"这类自由是人身自由的特殊表现形式，是隐私权的基本表现形式之一。随着通信手段的发展，这方面的权利内容还在不断增加，如传真、电子邮件等形式的通信也在受保护之列。根据第2款的规定，国家限制公民的通信自由只能依法进行；同时，限制通信自由的立法理由明确为危害宪法秩序、保证联邦与各州的利益，在这些情况下，必须由联邦议会成立的专门机构批准，才能对有关人员的通信进行检查或限制。

（四）平等权

基本法第3条规定："在法律面前人人平等。"国家促进男女平等的实现并力求消除现有的不平等现象。任何人不得因性别、门第、种族、语言、籍贯和来源、出身、信仰、宗教或政治观点而受到歧视或享有特权。任何人不得因残疾受到歧视。"这其中因宗教或政治观点不同而受到歧视或享有特权的情况是难于具体判断并予以保护的，最主要的是说国家不得资助任何宗教或政治观点。"法律面前"的平等尽管也是指所有人在平等地守法以及法院平等地将法律适用于所有的人，但还意味着立法应考虑对所有人的平等对待，即法律在同等条件下不能因人的性别以及人的政治观点的不同而区别对待。所以，法律面前的人人平等虽不强调立法权上的平等，但仍然包括立法上的平等对待。

（五）表达自由

这也是一类权利和自由的集合，包括以下几种权利：

（1）信仰自由。基本法第4条第1款规定："信仰与良心自由、宗教与世界观自由不受侵犯。"信仰、良心、宗教、世界观都属于人们思想领域的自由，是国家或其他人绝对不应干涉、从本质上说也不能干涉的自由，所以也是所谓的"绝对自由"。这些自由不存在于具体的普通法律之中，它们作为受国家保护的基本权利，只能以概括性很强的文字出现在宪法中，不能太明确。可是，这些自由如果要以一定形式表现时，它们就不是完全不受干涉的了。因此，本条第2款规定，"正常的宗教活动受到保护；"言下之意，即是非正常的"宗教"活动不受保护。这包括两种情况：一是以宗教活动为名挑起宗教间的冲突，如一种宗教的教众到另一宗教或教派聚集的地方进行挑衅性的活动；二是借宗教之名进行反国家、反社会的活动。因为在联邦德国，有些宗教的教义是一般地反对一切战争的，所以，本条第3款规定了对信仰自由的特殊保护，即任何人不得违背其良心被迫拿起武器服兵役。

（2）言论和出版自由。言论自由或狭义的表达自由是宪政国家中最基本的政治自由。在德国宪法学中它意味着自由民主的法治秩序，是从个性发展权中衍生出来的自由权，但其范围却不受个性发展权的限制。在基本法第5条第1款中列举了口头、书面和绘画三种表达形式，根据联邦宪法法院的解释，三种形式之外的其他形式也有可能受到保护。然而，不是每一种形式的言论都会受到法律的保护，且任何情况下一种形式的表达都不得侵犯另一种形式的表达。第1款还规定："新闻出版、广播与电视报道的自由予以保护，不受检查。"现代德国对出版等问题都是采取事后审查的方式。言论和出版自由的行使范围当然也要受到限制，即第2款规定的："在一般法律内及在保护青少年和个人荣誉的法律内予以规定"，也就是说，言论、出版、新闻等自由权行使时，其内容不得对青少年的身心健康有损害影响，也不得对他人进行诬陷或诽谤，影响他人的荣誉。

（3）学术自由。基本法第5条第3款规定：公民"有从事艺术、科学、教育和研究的自由"。这类自由实质上属于言论的范畴，是其自然延伸。所以，对于这类自由，法律并不预先设定范围，而是根据实际发生的必要情况予以立法限制，但保护是主要的，限制只在必要情况下进行。不过，对于教育问题，本款却规定了特别限制："教育自由应忠诚于宪法。"这种对教育自由的限制不意味着禁止对现存宪法的批评，主要是限制其滥用，以防自由民主基本秩序被破坏，即不得宣传用实际行动和武力方法反对宪法。另外，基本法第 7 条对于教育制度作出了更具体的规定，主要涉及教育与宗教的关系、教育与国家的关系问题。原则上教育应与宗教相分离，但在特殊情况下可成立宗教教育的小学；公立学校中只能进行一般的宗教教育，即作为一种知识而不是作为一种世界观予以教授。私立学校可以自由设立，但限制其改为公立学校，如师资、设备等方面符合要求，则可获批准。

（4）集会权与示威权。基本法第 8 条规定："所有德国人均有不携带武器和平集会的权利，无须事前报告或许可。"集会权与示威权是互有关联的两种基本权利，经常同时发生。但是，鉴于魏玛共和国时期纳粹武装集会示威的教训，基本法特别指明"不携带武器"的"和平集会"属于法律允许的范围。同时，由于集会示威对公共秩序有一定影响，所以在本条第 2 款规定了"露天集会的权利得基于法律规定进行或依法予以限制"。

（5）结社自由。基本法第 9 条规定："所有德国人皆有结社的权利。"这项权利也只能由德国公民行使，但与集会自由一样，外国人也可以根据具体的德国法律，作为一般自由而享有这一自由。结社自由的基础是表达自由，结社只是一种形式，保证有共同意愿或利益的个人能够长久地分享共同利益、集中力量、扩大影响和发展自我。结社有两种主要目的，一是政治上的或社会上的，一是经济上的。第 9 条第 2、3 款对它们分别确定原则。对于政治结社，其目的和活动不得违反国家刑法、损害宪法秩序或制造人民间矛盾；对于经济结社，不得损害社会利益或平等对待的原则。

（6）请愿权。基本法第 17 条规定："任何人均有权单独或联名用书面形式向有关负责当局及议员请愿或提出控诉。"请愿权是一项古老的权利，与代议制民主有着渊源关系，但德国历史上的请愿权不发达，所以对它至今还没有专门的含义或较一致的理解。一般而言，请愿权在德国属于行政法领域的一种实践活动，同时也有公民创制的意义。

（六）劳动权

这是属于经济权利的一类权利，规定在基本法第 12 条中。本条第 1 款规定："所有德国人有权自由选择其职业、工作地点及职业训练所。"它也是属于德国公民的一项基本权利，外国人只能有条件地获得工作机会。本条第 2 款禁止任何个别性的强迫劳动，只有在法院剥夺某人自由权后方能对其进行强迫劳动，目的在于改造罪犯；一般的、普遍的义务服务不能算作是强迫劳动。与第 1 款不同，第 2 款的规定不属于基本权利保护，而是人权保护，即任何人、包括德国公民都不能被强迫劳动。

（七）社会权利

（1）婚姻和家庭保护。基本法第6条规定国家法律特别保护婚姻和家庭，这是社会稳定的基础；规定保护儿童，父母和家庭负有对他们进行抚养和教育的义务，私生子与婚生子女有同等的权利；母亲享有受社会保护和救济的权利。

（2）财产权。基本法第14条继承了魏玛宪法的传统，规定了有限制的私有财产权，从20世纪初起，财产权在德国就既不是神圣的，也不是绝对不可侵犯的了。本条内容主要是：首先，基本法承认财产权和继承权受法律保护，不因宪法的"社会国"原则而有公有化的威胁。❶其次，财产权的内容和范围以法律规定之。再次，在第2款中，基本法规定：财产权负有义务，其使用应同时有利于公共利益。最后，基本法规定了对私有财产进行征收的条件和原则：只有在公共利益必需时，才能征收个人财产为公用；征收必须有补偿，但要在个人利益和公众利益方面进行平衡；补偿金额上的争议由法院解决。

（3）土地权。基本法第15条规定了私有土地权，实即对财产权的特殊内容的规定。根据这一条，土地、自然资源和生产工具都可以在社会化的目的下成为公有财产，但要予以适当补偿，补偿的程序适用第14条的规定。

（八）抵抗权

基本法第20条第4款规定："所有德国人对于企图破坏自由民主基本秩序的任何人或集团，在无其他挽救可能的情况下，有抵抗的权利。"鉴于魏玛共和国的宪政制度和社会传统力量未能有效地阻止希特勒法西斯主义的崛起，基本法特别规定了抵抗权。

三、基本权利的限制

对基本权利的限制形式，主要有两种，一是宪法直接限制，二是法律保留。

（1）宪法直接限制。基本权利不是无限制的，在享受权利的问题上，公民与国家行使权力有着一个共同的基础——自由民主基本秩序即宪法秩序。无论是国家还是公民，在任何事情上都不能侵害这一根本的社会秩序。所以，基本法在规定政党（第21条）和社会团体（第9条）的宗旨和活动不得侵害宪法秩序外，用第18条专门规定了个人享有基本权利的一般范围："凡以攻击自由民主之基本秩序为目的而滥用自由表达的权利，特别是出版自由、教育自由、集会自由、结社自由、通信、邮政、电讯秘密权、财产权和避难权者，即丧失上述各种基本权利。联邦宪法法院将宣布褫夺此类权利，并确定褫夺的范围。"

---

❶ 德国基本法制定前后，社民党有些人认宪法原则中确认的"社会国"就等于是"社会主义国"，但联邦宪法法院否定了这种说法，认为基本法不确定任何一种经济制度或经济形式。

任何人，无论是德国公民还是外国人，在联邦德国境内滥用上述基本权利，意图危害德国的自由民主基本秩序，都会被剥夺这种权利。这里列举的基本权利，都属于如果遭到滥用，就会产生严重危害后果的那些权利；至于那些未列举的基本权利，也有可能产生危害后果，但通常在普通法律的效力范围内即能处理。与第20条第4款规定的抵抗权类似，第18条的这种规定属于宪法保护条款，是基本法自己设定的被动保护自身效力的措施。某人是否滥用基本权利，通常先由检察机关提起公诉，然后由联邦宪法法院作出判决。不过，虽然有若干据此提起的诉讼，但至今尚无任何人被宣布剥夺基本权利。

（2）法律保留。根据第19条的规定，基本权利可以依法予以限制。限制基本权利必须有基本法的明确授权，同时通过相应的法律才能进行。这种普通法律必须是一般性的，不得仅适用于某一特定个人，并要明确指出所遵循的基本法条款。在任何情况下，限制基本权利的措施都不得危及基本权利的实质。这也就是说，无论限制措施是规定在基本法中的、还是规定在普通法律中的、或是来自于联邦宪法法院的判决，都不能借限制之名实际剥夺或取消基本权利。如果基本法的修正案在实质上剥夺了基本权利，那么这项宪法修正案本身就可以被宣布为违宪。

思考题

1. 1919年魏玛宪法在内容和实施过程中有哪些经验教训？现行基本法在制度上是如何予以预防的？

2. 联邦议院有哪些职权？对其职权有哪些限制？

3. 联邦参议院是什么性质的立法机构？

4. 行使德国行政权的机构有哪些？联邦总理有哪些职权？

5. 如何理解联邦宪法法院的性质和作用？

6. 基本法是在什么基础上制定的？它所建立的是一种什么样的宪政体制？

第五章　日本宪法

日本是亚洲第一个制定宪法的国家，日本历史上存在过两部宪法，即明治宪法和日本宪法。本章拟从日本宪法的历史发展、日本宪法的基本原则、日本宪法确立的宪政体制和基本人权等方面，进行介绍和分析。

第一节　日本宪法的历史发展

一、明治宪法

（一）明治宪法的制定

明治维新之前，欧美资产阶级自由、民主的政治思想即已开始在日本传播。19世纪70年代，日本出现了要求实行资产阶级自由、人权、议会制度、宪政制度的自由民权运动。

1874年1月，板垣退助、后藤象二郎、江藤新平、副岛种臣等人，联名向明治政府提出"设立民选议院建议书"，要求建立议会，限制官僚专政。自由民权论者提出的民选议院主张，被越来越多的人接受。天皇迫于压力，于1875年4月14日颁布诏书：允诺"逐渐确立国家的立宪政体"。1881年10月12日，天皇再次颁布诏谕，宣布定于1890年正式开设国会，并钦定宪法。为制定宪法作准备，早在1871年，天皇就委派岩仓具视为特使、伊藤博文为副使的考察团，专程赴欧美资本主义国家考察各国宪法制度。考察回国后，伊藤博文向天皇提出，英国、美国、法国文明超出日本甚远，其宪政不适合日本国情，普鲁士德国同日本国情比较接近，其宪法可为日本效法。1882年3月，天皇派遣参事院议长伊藤博文等人再赴欧洲考察。这次他们重点考察了德意志的国家制度，并请德国法学家古内斯特和施泰因讲授宪法制度。伊藤博文认为德意志帝国虽然名义上实行了君主立宪制，可是宪法却赋予德意志皇帝以极大的权力，选举产生的议会作用不大，它通过的任何法律都需要有皇帝批准后才能生效。1883年8月，伊藤博文回国后，被任命为宫内省大臣，负责起草宪法。1888年4月，新设枢密院为天皇的最高咨询机构，伊藤博文任议长，负责审议宪法草案。1889年2月11日，天皇颁布了这部名为《大日本帝国宪法》的"钦定宪法"。1890年由日本帝国议会正式通过，并决定同年11月29日开始生效。

（二）明治宪法的基本特点

明治宪法包括有天皇、臣民权利义务、帝国议会、国务大臣及枢密顾问、司法、会计和补则等几方面的内容，共 176 条，其中有 46 条是抄袭 1871 年《德意志帝国宪法》。因此，明治宪法几乎就是德意志帝国宪法的翻版。这部宪法的主要特点是奉行"主权在君"的原则，反对人民主权，宪法赋予天皇至高无上的绝对统治权力。其主要表现如下：

1. 天皇主权。明治宪法确立的首要原则和根本原则是天皇主权。宪法第 1 条就规定："大日本帝国，由万世一系之天皇统治之"；"天皇为神圣不可侵犯"（第 3 条）；"天皇为国之元首，总揽统治权"（第 4 条）。这几条集中表明了天皇因是天照大神（皇祖）万世一系的子孙，有着任何人所不具备的特殊的神格权威，所以，他的统治权就不是宪法赋予的，而是他本身所固有的，因而天皇是神圣不可侵犯的。既然如此，由天皇总揽国家的统治权，也就成为理所当然的了。不仅如此，天皇还占据本应属于议会的一些职权。比如，宪法规定"天皇以帝国议会之协赞，行使立法权"（第 5 条）；同时还规定"天皇召集帝国议会，命其开会、闭会、停会，及众议院之解散"（第 17 条）；更有甚者，天皇还可以"在帝国议会闭会期间，发布可代替法律之敕令（第 8 条），这就是说，天皇敕令具有重要的法律效力，在日本也只有天皇才具有独立的立法权。此外，又规定天皇有"任免文武官吏"、"统率海陆军"、"宣战、媾和、及缔结各种条约"、"实行大赦、特赦、减刑及复权"等方面的权力。宪法尽管也载有"依本宪法条规行之"的词句，也就是说要得到议会承认为条件，实际上天皇具有无须经议会同意的许多特权，天皇实际上是凌驾于议会之上、至高无上的统治者。天皇权力遍及立法、行政、司法、军事所有方面。宪法的这些规定表明，日本的国家主权属于天皇，而不是属于人民。

2. 议会协赞天皇。由于宪法承认天皇具有最高的统治权力，所以，属于议会主要职能范围的立法权和监督权在宪法中就受到极大的限制和削弱。宪法规定："帝国议会，以贵族院，众议院两院，构成之"（第 33 条），其中"贵族院，依贵族院令所定，以皇族，贵族及敕任议员组织成之"（第 34 条）。根据《贵族院令》的规定，贵族院由以下几种人组成：皇族、公爵、侯爵定为终身议员；伯、子、男爵每 7 年选任一次；有特殊功勋而又是非贵族出身的官僚、学者由天皇任命；另从大纳税人互选若干人组成。贵族院在日本帝国议会中起着领导作用。

作为议会下院的"众议院，以选举法所定，以公选之议员组成之"（第 35 条）。宪法规定帝国议会并不是最高的立法机关，因为议会只是"协赞"天皇行使立法权的（第 37 条）。议会通过的法律还须经天皇裁决（第 6 条）。同时议会在监督财政方面的职权也因受到种种限制而作用甚微，因此议会根本无权过问皇室费用和军事费用的开支，甚至对政府财政预算也无约束力，因为宪法规定，议会"如未议定预算，或预算并不能成立时，政府应照上年度之预算施行。"（第

71 条)。

3. 内阁辅弼天皇。内阁是从属于天皇的国家最高行政机构。宪法规定内阁的主要职责是"辅弼天皇，负其责任。凡法律敕令及其他关于国务之诏敕，须经国务大臣付署"（第 55 条）。内阁只对天皇负责，不对议会负责，议会也无权决定内阁的去留。内阁（政府）实际上只是天皇的僚属。

首相的人选是由元老推荐，天皇任命。各国务大臣由首相提名，天皇任命。根据宪法第 11 条规定："天皇统帅海陆军"，第 12 条又规定："天皇定海陆军之编制及常备兵额"。既然宪法如此明确地规定了军队统帅权属于天皇，那么辅佐天皇统帅军队、掌握军令大权的军部自然就处于特殊地位，并享有向天皇"帷幄上奏"的权力，在此情况下，内阁首相对军部的事务是不能过问的，实际上也根本不敢过问。在明治宪法的荫护下，军部势力的专断，最终导致成为日本发动对外战争的大本营。中日甲午战争、日俄战争，以至以后对东北的侵略，都是在政府宣战前，军部先开了火，政府才采取行动的。

4. 公民的权利受到极大限制。公民的基本民主权利和义务是宪法不可缺少的内容。日本明治宪法由于是钦定宪法，因此"人民"在宪法中都成为天皇的"臣民"。宪法规定了臣民"有纳税"和"服兵役"之义务（第 20、21 条），也列举了臣民有居住、迁徙、言论、出版、集会和结社自由等方面的权利。但是又规定这些权利必须"在法律范围内"、"在不妨害安宁秩序及不违背臣民义务之范围内"方能行使。明治宪法虽然也写上了若干有关人权的条文，但实际上却把人民的权利剪裁到最低限度，这些条文不过是天皇专制统治的装饰品而已。

二、日本国宪法

1945 年 8 月 15 日，日本向同盟国宣布，日本接受《波茨坦公告》实行无条件投降，第二次世界大战结束。根据《波茨坦公告》的规定，日本宣布投降后，日本领土应由同盟国军队占领，实际由美国军队占领。美国远东军总司令道格拉斯·麦克阿瑟任盟军总司令，开始对日本实行全面控制。根据《波茨坦公告》的规定，战后日本国政治的基本方向是："欺骗及错误领导日本人民，使其妄欲征服世界者之威权及势力，必须永久剔除"，"日本政府必须将阻止日本人民民主趋势之复兴及增强之所有障碍予以消除，言论、宗教及思想自由，以及对于基本人权之重视，必须成立"等。据此，1945 年 10 月盟军最高统帅麦克阿瑟分别于 10 月 4 日和 10 日通知东久迩内阁的近卫国务大臣和币原内阁，要求着手进行宪法修改工作。

东久迩内阁接到指示后，立即组织了以松本蒸治为首的宪法调查委员会。宪法调查委员会企图在不对明治宪法作根本改动的基础上修改宪法，其提出的修宪原则为：（1）天皇总揽统治权的精神不变；（2）扩大议会的权限，对天皇权力做必要限制；（3）扩大国务大臣的对天皇的辅佐权，国务大臣也对议会负责；

（4）加强国民自由和权利的保障。根据这一方针，于 1946 年 2 月，将宪法草案即松本草案提交盟国最高统帅麦克阿瑟。

麦克阿瑟认为，松本草案对日本的民主化反映得不够充分，不足以表明日本已吸取了战败的教训。于 2 月 3 日责令盟军总部民政局，为日本政府起草了宪法草案，并提出起草宪法的三原则：第一，天皇仅为国家的象征；第二，废止日本用国家权力发动战争，还要放弃以战争作为自卫手段；第三，日本将来也不会被授予拥有海陆空军的权力。这就是所谓"麦克阿瑟便笺"，它成为日本新宪法的基本原则，并最终成为"和平宪法"最核心的第九条款。

盟军起草的麦克阿瑟草案于 1946 年 2 月 10 日完成，并于 13 日提交日本政府。币原内阁由于是同时得到松本草案被否的消息和麦克阿瑟草案，特别是两者在内容上相去甚远，感到难以接受麦克阿瑟草案。

币原内阁在经过反复权衡及与盟军总部交涉之后，为保住天皇制，于 1946 年 3 月 6 日发表了以麦克阿瑟草案为基础的日本政府的"宪法修改草案纲要"。该草案于 4 月 17 日向全国公布，交国民自由讨论和国会审议。众议院于 8 月 24 日表决通过宪法修改草案，贵族院于 10 月 6 日通过宪法修改草案。10 月 29 日天皇裁定批准宪法修改草案，11 月 3 日《日本国宪法》正式公布。根据该宪法 100 条关于"本宪法自公布之日起经六个月之后开始施行"的规定，自 1947 年 5 月 3 日起施行。

日本国宪法的结构由序言、天皇、放弃战争、国民的权利与义务、国会、内阁、司法、财政、地方自治、修改、最高法则、补则 11 章构成，共 103 条。该宪法形式上是对明治宪法的修改，实质上是依照现代资产阶级宪法原则重新制定的一部宪法。

三、修宪的争议与和平宪法的变迁

宪法第 96 条规定："本宪法的修订，必须经各议院全体议员三分之二以上的赞成，由国会创议，向国民提出，并得其承认。此种承认，必须在特定国民投票或者国会规定的选举时进行投票，必须获得半数以上的赞成。"这一严格的修改程序使日本国宪法自生效实施至今一直没有修改过，但关于修宪的争议却一直存在。

日本宪法修改的争议，主要是围绕日本国宪法第 9 条展开的。日本国宪法采取的和平主义是彻底的和平主义，正像日本学者所阐述的，在世界宪法史上是绝无仅有的。它明确规定：第一，放弃任何战争；第二，废除军备，不保持战斗力；第三，否认国家交战权。然而 60 多年的历史证明，日本国宪法的适用与其宣布的政治理念相去甚远。

1950 年 6 月以朝鲜战争的爆发为契机，根据麦克阿瑟指令及同年 8 月政令设立了警察预备队，随后发展为 1952 年的保安队、海上警备队、1954 年的自卫队。

从这开始，日本国宪法规范与现实不一致的问题都是围绕第 9 条展开。

日本国宪法修改的动议，主要经历了以下几个阶段。

第一阶段 日本国宪法施行前后。根据远东委员会的政策决定，日本国宪法施行后 1 至 2 年期间内（1948 年 5 月 3 日至 1949 年 5 月 3 日），给予一次修改宪法的机会。具体事由由日本国会和远东委员会负责，麦克阿瑟曾在给芦田的信中指示在一年以内实施国民投票。芦田接受总司令部旨意，意欲在国会设立非正式宪法研究会，因国会态度消极未能实现。国民态度亦消极，而学术界作出积极反应，公法研究会的《宪法改正意见》和东大宪法研究会的《宪法改正的诸问题》引人瞩目，它们的共同特点是支持宪法基本原理，提倡对其中某些地方作更加明确、强化的改正，然而政府于 4 月 20 日回明没有修改意向。

第二阶段 独立时期。随着日本恢复独立，修改宪法首先从第 9 条开始，后来演变为以再建军备为中心全面修改宪法，理由是日本国宪法是美军司令部强加给日本国民的，现在应重新制定一部自主宪法。这次日本政府表现了极大的热情，学术界则比较冷静，以东京大学宫泽俊义先生为代表的宪法学者从理论上驳斥了"强加宪法论"。

第三阶段 改宪和护宪两派势钧力敌。吉田内阁和鸿山内阁时期，宪法斗争政治化。改进党宪法调查会的《宪法修改问题》（1954 年 9 月）。自由党宪法调查会的《日本国宪法改正案纲要》（1954 年 11 月）的公开发表，掀起了全面改正论。与此同时，"拥护宪法国民联合"组织成立（1954 年 1 月）展开了护宪运动。1956 年，宪法改正问题作为政治问题提上议事日程。

这一时期的特征表现为修宪作为政治斗争日趋明朗化。

第四阶段 宪法调查会时期。1957 年政府成立宪法调查会，成员为国会议员 30 人，资深学者 20 人，社会党未参加。主要调查内容是：（1）日本国宪法的制定过程。（2）宪法运用的实际状况。（3）基于上述调查是否需要修改宪法。调查会历经 7 年之久，于 1964 年 7 月提出最终报告书，根据这份报告书，"强加宪法"论趋于平静，它表明宪法精神已经扎根于日本国民心中。

第五阶段 相对稳定时期。在 1970 年至 1976 年，宪法修改呈持久战状态，20 世纪 80 年代和 90 年代基本沿用这一状况，80 年代改宪论引人瞩目的是 1982 年 8 月自民党宪法调查会公开发表的《中间报告》，但仅停留在问题的整理上，1982 年 10 月《第一次宪法改正草案》和同年 12 月《第一次宪法改正草案追加案》提出了具体修改宪法的方案。其实，这一时期自民党单独统治已经发生动摇，宪法改正面临新的课题。

第六阶段 突破宪法界限。20 世纪 90 年代以来，由于海湾战争的爆发，围绕宪法第 9 条和国际贡献，形势发生急剧变化。为实现解除宪法制约的目的，主张对宪法的明文规定进行修改的要求也越来越强烈。

　　1992 年 6 月 15 日通过的《协助联合国维持和平活动法案》（简称《PKO 法》），迈出自卫队"合法"海外派兵的第一步。❶ 也是日本向海外派兵实现的第一次突破。1992 年日本国会通过《协助联合国维持和平活动法案》，一方面从法律上确定自卫队可出国执行联合国主持的国际维和行动，自卫队员可以作为"合作队员"向海外派遣，其自卫队员的身份不变，派出的自卫队员可以携带小型武器并在需要自卫时使用武力；另一方面也规定自卫队不能参与监督停火或收缴武器等主要维和任务，只能从事医疗、救灾、运输、通信等后方支援活动。

　　2001 年 9·11 事件后，阿富汗战争中日本向海外派兵实现的第二次突破。日本国会连续通过了《反恐怖特别措施法案》、《自卫队法修正案》、《海上保安厅法修正案》3 个法案，对《协助联合国维持和平活动法案》规定的派兵条件做出多处突破：一是派兵范围扩大。《反恐怖特别措施法案》将自卫队的活动范围扩大到了所有国际公海、上空和"对方国同意的"外国领土。以支援美军战斗为借口，"反恐作战时"日本自卫队可派遣到世界任何地方。二是放宽自卫队在海外使用武器的标准。过去规定自卫队官兵只能在遇到人身危险时使用武器，新法案将使用武器自卫的权力下放到自卫队管辖的人员。三是派遣自卫队不必事前取得国会的认可，首相向自卫队发出命令后 20 天内取得国会"事后承认"即可。

　　第三次突破是通过 2003 年的伊拉克战争。其实在阿富汗战争中，日本派出其海上力量为美军作"后勤支援"，已不再考虑联合国或指向国是否发出邀请了。《支援伊拉克重建特别措施法案》表明，日本政府是否向海外派兵，不一定依据联合国是否提出需求。派出的自卫队活动区域不一定是不再发生战斗的区域。其担负的任务与使命也不再局限于人道主义援助。

　　2001 年 10 月的《反恐怖特别措施法案》，2003 年 5 月的"有事三法案"（《武力攻击事态因应法案》、《自卫队法修正案》，《安全保障会议设置法修正案》），2003 年 7 月的《支援伊拉克重建特别措施法案》，被日本媒体描述为小泉首相在短短两年内完成的"保安三部曲"，"划时代的痕迹"。"第一部曲"《反恐怖特别措施法案》只允许对阿富汗战场的行动提供后勤支援，"第三部曲"已经允许自卫队进入仍在交战的国家领土了，自卫队走出国门的门槛一次比一次降得更低。

　　在不断突破宪法和平条款的同时，日本国会对宪法修改的动议也在酝酿之中。2000 年 1 月，拥有修改宪法创议权的国会第一次设立的对《日本国宪法》的历史、现状及未来进行全面调查的众参两院宪法调查会。经过历时五年多对宪法"广泛且综合的调查"后，2005 年 4 月 15 日和 20 日，日本众参两院宪法调查会分别出台了《最终报告书》和《关于日本国宪法的调查报告书》。两院报告

---

❶　宋长军："关于日本宪法修改的几个问题"，载《外国法译评》1996 年第 4 期。

书结束了日本半个多世纪以来关于"是否有必要修改宪法"的争论,在修改宪法的必要性上第一次达成了共识。两院报告书中,各党派对维护现行宪法的基本原则和精神达成共识,如坚持"国民主权"、"尊重基本人权"、"和平主义"三项原则;维持"象征天皇制"和"认可女性天皇";"坚持国会两院制"、"文官指挥"自卫队等。对修改的焦点第9条,在坚持第一款"放弃战争"条款、"保持个别自卫权"上达成一致,但在是否修改第二款及如何修改上,各方意见分歧较大。尤其参议院报告书中,对"是否允许行使集体自卫权"、"是否写明自卫队"、"是否写明以海外派兵为前提的国际合作"等问题未达成一致。两院报告书的出台加快了修宪的进程,预示了修宪的主要方向。❶

2012年安倍晋三第二次上台后,2013年将修宪目标集中在宪法第96条。第96条是对修改宪法的程序规定:如要修改宪法,须先得到日本参、众两院各三分之二以上议员的支持,之后还要获得半数以上国民投票的赞成。安倍晋三希望将三分之二议员支持的规定,改为只需获得参、众两院各二分之一以上支持。外界认为,如果第96条被修改,等于降低了修改宪法的难度,下一步修改最核心的第9条就变得相对简单。

第二节　日本国宪法的基本原则

日本国宪法包含三大基本原则:国民主权、基本人权和和平主义。三大原则统一于民主主义的根本原理,"国民主权和基本人权,均源自于'人的尊严'这一最基本的原理,二者一起构成了广义的民主主义。"❷

一、国民主权

依据明治宪法,由天皇总揽统治权,立法、行政、司法诸权集中于天皇制、统一于天皇。而依据日本国宪法,"天皇是日本国的象征,是日本国民整体的象征,其地位以主权所属的全体国民的意志为依据"(第1条)。同时,"天皇有关国事的一切行为,必须有内阁的建议和承认,由内阁负其责任",(第3条)。象征天皇制存在的前提是国民主权原则。宪法序言规定:"主权属于国民","国政仰赖国民的严肃信托,其权威来自国民,其权力由国民代表行使,其福利由国民享受"。宪法明确规定了国民主权的原则。

二、基本人权

日本国宪法是建立在个人主义原理的基础之上的,对每个个人予以高度尊重

---

❶　孙伶伶:"修宪预示日本未来政治走向",载《日本学刊》2005年第3期。

❷　[日]芦部信喜著《宪法(第三版)》,林来梵译,北京大学出版社2006年版,第32页。

的个人主义是日本国宪法最根本的原理。宪法对这一原则有相应的规定。宪法序言将"确保自由带给我们全国的恩惠"作为制宪的目的，宪法第 13 条明确规定"所有国民都作为个人受到尊重。对于生命、自由和追求幸福的国民权利……在立法及其他国政上都必须予以最大的尊重。"

三、和平主义

也称永久和平原则，这是日本国宪法的最大特色。为防止日本军国主义的复活，使日本走和平主义道路，宪法序言载明，日本人民"决心……根绝因政府的行为而再次造成战祸"，"期望永久的和平"，"信赖爱好和平的各国人民的正义与信义，决心保持我们的安全与生存"，并且"努力维护和平"，使"全世界人民都具有免除恐怖和贫乏并在和平中生存的平等权利"。为此，宪法第 9 条规定："日本国民真诚地希望以正义与秩序为基础的国际和平，永远放弃以国家主权发动战争、以武力威胁或者使用武力作为解决国际争端的手段。为了达到前款规定的目的，不保持陆海空军及其他战争力量，不承认国家的交战权。"

第三节　天　皇

一、天皇制的发展

明治宪法的天皇是国家统治权的总揽者，而且大日本帝国由万世一系之天皇统治之。这些规定显然与资产阶级国民主权、基本人权及权力分立原则相违背。第二次世界大战后，围绕着是否保留天皇制，国际社会与美国占领军，日本国内民主势力与反民主势力展开了激烈争论。

国际社会与美国占领军就是否保留天皇制有过激烈的争论。1945 年 8 月 15 日，日本宣布接受《波茨坦公告》向盟国投降。日本投降以后，中、苏、澳等战胜国强烈要求追究天皇的战争责任，并废除日本的天皇制。可美国在占领日本以后，却不顾大多数国家的坚决反对，不仅未将天皇裕仁送上国际军事法庭，而且将日本的天皇制继续保留了下来。

美国在是否保留天皇制的问题上，其态度有一个过转变过程。在对日作战的初期，美国是坚决主张废除日本天皇制的。但在太平洋战场上展开反攻以后，美军损失惨重。美国政府认识到，如果答应日本保留天皇制的要求，即可获取日本的早日投降，从而能大大减少美国军队在战场上的伤亡。

最早提出保留天皇制主张的是曾担任过十年驻日大使的格鲁。他认为，日本国民对天皇有一种宗教式的崇拜。如果盟国采取严厉态度，主张废除天皇制，日本人就会为天皇而誓死战斗到底，而这将会在战场上给美国带来巨大的损失。❶

❶ 刘金源："日本天皇制保留原因初探"，载《日本研究》1995 年第 4 期。

太平洋战场转入反攻以后，美军所遭受的重大伤亡，也使得格鲁的主张得到了高级军事将领和美国总统的支持。

德国在欧洲崩溃以后，美苏之间结成的反法西斯同盟逐渐丧失了基础，出于战后国际政治及其远东政策的需要，美国开始慎重考虑日本保留天皇制的要求，以便使日本成为战后远东地区坚定的抗衡苏联的势力。美国试图利用日本人尊崇皇室的心理，希望通过保留天皇制，在人们的心理上筑起反对共产主义的最坚强堡垒。

美国还希望通过保留天皇制来为占领日本提供方便；天皇在美国占领政策的推行方面，迫于压力而采取了一种积极合作的态度，这更坚定了美国保留天皇制的信心。在占领日本后，美国政府逐渐认识到，要全面废除天皇制，在日本将会遇到重重阻力，而简便易行的途径是，既保留天皇制的外壳，满足日本人的要求，为美国占领政策的推行提供方便；同时又施以民主化改造，使它能符合美国人的利益。麦克阿瑟洋洋自得地表示："占领的成功，有赖于天皇的真诚协助和影响力之处甚多。"甚至赞扬"天皇是胜过二十个师团的战斗力量。"

日本国内民主势力与保守势力也展开过激烈争论。以日本共产党为代表的民主势力主张彻底废除天皇制，主要理由是：（1）不废除天皇制就不可能彻底废除军事法西斯制度；（2）天皇负有不可推卸的战争责任。盟国也曾主张废除天皇制。在保留天皇制的问题上，日本保守势力态度坚定。他们主张保留天皇制的主要理由是：（1）日本政府在投降时作为最后的要求提出两项，即民族荣誉和维护国体，而《大西洋宪章》和《波茨坦宣言》也曾经许诺，只要人民有所要求，就容许保留天皇制；（2）日本除共产党外，其他政党都要求保留天皇制；（3）实行天皇制是日本人民的传统信仰和习惯；（4）天皇的战争罪责不大。

正因为如此，以松本为代表的保守势力试图基本保持战前的天皇制，松本草案的基本原则之一是不改变天皇总揽统治权。麦克阿瑟则要在大大削弱天皇权能的基础上保留天皇制。日本政府对麦克阿瑟草案中关于天皇的规定极为不满，但迫于当时的国际国内形势，不得不表示同意。

明治宪法和日本国宪法虽然都规定了天皇制，但二者却有根本的不同：（1）明治宪法以天皇主权或者神敕主权为根本原则，而日本国宪法则以国民主权为根本原则。（2）明治宪法规定天皇是神的子孙，具有神格，使神社、神道在事实上成为国教；日本国宪法将宗教与国家完全分离，天皇是人而不具有神格。（3）明治宪法的天皇是统治权的总揽者；日本国宪法的天皇则仅仅是国家的象征。

二、天皇的地位

（1）天皇的象征地位。宪法第 1 条规定，天皇是日本国的象征、日本国民整体的象征，其地位基于主权所属的日本国民的总意。这种地位表现为两个方面：

①天皇是日本国的象征；②天皇是日本国民统一的象征。这一规定表明，天皇只具有象征国家的作用，除了这种象征作用外再无其他作用，天皇不再掌握国家统治实权，仅仅是作为国家象征存在的虚位君主。对于这种象征意义的天皇是否为国家元首，学者中有肯定说和否定说，多数学者认为天皇无元首的实质权能，不能视为元首。

（2）皇位继承。宪法第 2 条规定，皇位根据国会制定的皇室典范由世袭继承。皇位继承的资格限于属于皇统的男系男子，妇女没有继承资格。按照皇室典范规定，皇位的继承顺序是：①皇长子；②皇长孙；③皇长子的其他子孙；④皇次子及其子孙；⑤其他的皇子孙；⑥皇兄弟及其子孙；⑦皇伯叔及其子孙；⑧如无以上适当人选，则传位于最亲近的皇族，但在一切场合以长辈在先，在同辈内以长者在先。皇嗣如有精神病或者身患不治之症或者有重大事故时，根据皇室会议决议按照上述顺序可以变更继承皇位的顺序。皇位继承的原因只能是天皇驾崩，天皇生前不许退位。天皇未成年、因精神或者身体患病或者有重大事故不能从事有关国事时，可以根据皇室会议的决议，设置摄政。

（3）皇族的特权及特别义务。皇族有以下特权：①皇位继承的资格；②摄政资格；③接受敬称的权利；④由国库支付皇族费用的权利；⑤成为摄政的皇族在任期间不受刑事追诉的权利。皇族除适用法律、命令外，有以下特别义务：①皇族男子的婚姻须经皇室会议议决；②皇族不得收养养子；③皇室财产的转移须经国会议决。

三、天皇的权能

宪法第 4 条规定："天皇只能行使本宪法所规定的有关国事的行为，而没有关于国政的权能。"国事行为可以理解为是指与政治（统治）无关的形式性的、礼仪性的行为。依据宪法第 6 条的规定，天皇根据国会的提名，任命内阁总理大臣；根据内阁总理大臣的提名，任命最高法院院长。依据宪法第 7 条的规定，天皇根据内阁的建议与认可，为了国民行使下列有关国事的行为：（1）公布宪法修正案、法律、政令和条约；（2）召集国会；（3）解散众议院；（4）公告举行国会议员的大选；（5）认证国务大臣和法律规定的其他官吏的任免、全权证书及大使、公使的国书；（6）认证大赦、特赦、减刑、免除刑罚执行以及恢复权利；（7）授予荣典；（8）认证批准书及法律规定的其他外交文书；（9）接受外国大使及公使；（10）举行仪式。天皇根据法律规定可以委任有关国事的权能。

宪法第 3 条规定："天皇有关国事的一切行为，必须有内阁的建议与认可，由内阁负责任。"可见，天皇不再掌握任何实际国家权力，只是根据内阁的意志履行国事手续而已。

第四节　国　　会

一、国会的地位

日本国宪法是以代议制民主制度为基础。在宪法中国会有以下三重地位：国民的代表机关，国家权力的最高机关，日本唯一的立法机关。

（1）作为国民代表机关的地位。第43条规定，国会两议院由代表全体国民的当选议员组织之。从该条规定的内容来看，国会作为由国民选出的议员组成的代表机关，反映国民的总意，为国民而行动。在宪法学说上，国会是代表全体国民，议员在议会中仅依自己的信念而展开言论、表决，不受原选区的委任约束。但随着经济发展和社会结构的复杂化、价值多元化，国会作为国民（选民）意思和代表者的意思结合的观念逐渐被接受。

（2）作为国权最高机关的地位。宪法第41条规定，国会是国家权力的最高机关。宪法一方面承认权力分立，另一方面又承认国会是国权的最高机关，相互之间有所矛盾。为解释这一地位，学说中出现了总括机关说和政治美称说。

（3）作为国家唯一立法机关的地位。宪法第41条规定，国会是国家的唯一立法机关，所谓国会是"唯一"的立法机关，是指实质意义上的立法，必须专门由国会加以制定，或者说只有国会才有权制定实质意义的法律。第59条规定，法律案，除本宪法特别规定的情况外，经两议院通过方成为法律。

二、国会组织

（一）众参两院的组成

日本国国会为两院制，由众议院和参议院组成。

众议院议员现为500人，每届任期四年。根据《公职选举法》规定，凡年满25周岁的日本国民，有众议院议员、都道府县议会议员、市町村议会议员、市町村行政首长的候选人资格。

但众议院被解散时，任期随即结束，被补选议员的任期为前任未任满的时间。议员因下列原因而退任：（1）辞职；（2）被解散；（3）除名；（4）因资格争讼而失去资格；（5）选举无效或者当选无效；（6）任期届满；（7）丧失被选资格；（8）成为参议院议员。

参议院议员现为252人，其中152人由地方选区选出，100人由全国选区选出，每届任期6年，但每3年改选议员的半数。根据《公职选举法》规定，凡年满30周岁的日本国民，有参议院议员、都道府县知事的候选人资格。因参议院没有解散制度，议员退任的原因除解散外，其他与众议院议员退任的原因相同。

众参两院设有主持院务工作的议长和副议长各一人。议长、副议长在国会召集时从议员中选举产生，任期与议员相同。议长的任务是负责维持议院的秩序，整理议事记录，监督议院事务，代表议院，当议院表决出现可否数相同时，有权作出裁决。在议长和副议长选出之前或者都缺位时，由秘书长代行职务。

众参两院均设有常任委员会，负责审议有关议案。常任委员会在众参两院选举后组成新的一届国会时组成。众议院常任委员会现有 18 个，参议院为 16 个委员会。各常任委员会设有委员长一人、理事若干人。被选任为委员的议员如无正当理由不能辞职。此外，为审议特殊问题的议案或者不属于常任委员会所管辖的特定议案，众参两院还设有 9 个特别委员会。

两院还设有下列辅助机构：（1）各设有法制局和事务局；（2）两院各派人数相等的议员组成法官追诉委员会和法官弹劾法院；（3）国立国会图书馆。

（二）众参两院的关系

（1）两院关系。两院的活动相互独立，但由于是两院制，所以两院的决议必须一致。为保证两院决议的一致，国会法第 83 条规定：①在甲议院通过需要国会决议的议案或者作出修改时送交乙议院，如被否决时须将其意旨通知乙议院；②乙议院同意或者否决了甲议院送交的议案，须将其意旨通知甲议院；③乙议院修改了甲议院送交的议案时，须将其交回甲议院；④甲议院同意或者不同意乙议院交回的议案时须将其意旨通知乙议院。

（2）众议院的优越地位。众参两院除在修改宪法创议权和国政调查权上完全对等和平等外，在需要国会决议的其他事项中，众议院拥有优越地位。这种两院制被称为"跛行两院制"。众议院的优越地位主要表现在以下四个方面：

①法律议决中的优越地位。众议院通过而参议院作出不同决议的法律案，众议院以出席议员三分之二以上的多数再次通过时，即成为法律；众议院也可以依法要求召开两院协议会，参议院不得拒绝；参议院接到众议院通过的法律案后，除国会休会期间，60 日内不作出任何决议时，众议院可以认为参议院否决了该法律案。

②预算议决中的优越地位。预算案必须先在众议院提出；参众两院作出不同决议时，依法召开两院协议会，仍不一致时，以众议院的决议为国会的决议；参议院接到众议院通过的预算案后，除国会休会期间，30 日内不作出任何决议时，以众议院的决议为国会的决议。

③条约批准中的优越地位。参众两院作出不同决议时，依法召开两院协议会，仍不一致时，以众议院的决议为国会的决议。

④内阁总理大臣提名中的优越地位。两院作出不同提名的决议时，依法召开两院协议会，仍不一致时，或者众议院作出提名决议后，除国会休会期间，10 日内参议院没有作出提名决议时，以众议院的决议为国会的决议。

（3）两院协议会。依宪法和国会法的规定，当两院对预算、条约的审查和对内阁总理大臣的提名不一致时，必须召开两院协议会协商解决；对法案的审查，如果众议院提出请求召开两院协议会时，必须召开，参议院只能在对众议院送来的法案有不同意见时，才可以要求召开两院协议会，但众议院有权拒绝。两院协议会由众参两院各派委员 10 人组成，由众参两院派出的委员互选产生两名议长，轮流主持会议。协议会作出的协议案，须经出席协议会委员三分之二以上多数表决通过时才能成立。各议院在对成案进行审议时不得再进行修改。

（三）众议院的解散

众议院的解散是指众议院议员在其任期届满之后，全部失去议员身份。宪法第 69 条规定："内阁在众议院通过不信任决议案或者信任决议案遭到否决时，如 10 日内不解散众议院，必须全体辞职。"依据宪法第 7 条的规定，解散众议院属于天皇的国事行为之一，但必须根据内阁的建议或者认可，所以解散众议院的实质权力是在内阁手中。众议院通常是在会期中被解散，闭会期间被解散也是允许的。如果是在会期中被解散，则会期随即结束，参议院同时闭会。从实践中看，内阁解散众议院的主要依据不是宪法第 69 条的规定，而是其他方面的理由。众议院必须自解散之日起 40 日内举行大选，并须在自选举之日起 30 日内召集国会。在国会召集时，内阁总辞职，重新提名总理大臣，组成新内阁。

三、国会的权能

（一）立法权

国会作为唯一的立法机关，其主要权能是制定法律。两议院议员和内阁可以向国会提出法律案。议员提出法律案的条件是：在众议院必须有 20 名以上议员赞成，在参议院必须有 10 名以上议员赞成；预算案只能由内阁提出，议员可以提出修正案，但众议院必须有 50 名以上的议员赞成，参议院必须有 20 名以上的议员赞成。法律案经两院审议通过后，由众议院议长通过内阁总理大臣上奏天皇，在上奏天皇之日起 30 天内予以公布。公布时需由主管大臣署名和内阁总理大臣连署。法律由公布之日起，经过 20 日后实施。但法律本身特别规定实施日期的，不在此限。

（二）监督政府权

国会监督政府的权限主要有：（1）提名和选举内阁总理大臣。内阁总理大臣应由国会在国会议员中议决提名，并应先于其他一切议案，如两院提名不一致，实行众议院优越原则。天皇根据国会的提名任命内阁总理大臣。（2）众议院有权提出对内阁的不信任案或者否决对内阁的信任案。如果众议院通过了对内阁的不信任案或者否决对内阁的信任案，内阁在 10 日如不解散众议院就必须总辞职。战后众议院通过了 3 次对内阁的不信任案，内阁均拒绝总辞职，以解散众议院相对抗。（3）国会议员有权就内阁发表的施政方针和提出的各种议案，向总理大臣和各国务大臣提出质询。

（三）财政监督权

依据宪法规定，国家的年度预算、补充预算和决算，均须经过国会的审议和通过。日本现行会计年度为当年 4 月 1 日到次年的 3 月 31 日止。年度预算由内阁编制后，先送交众议院审议。两院审议的程序是，由议长先交预算委员会审议，总理大臣、大藏大臣及有关的官员向预算委员会说明预算案的内容，接受预算委员会的质询。再由预算委员会向议院报告审议结果，并在众议院表决通过。如果众参两院对预算案发生分歧，需召开众参两院协议会解决，仍无法达成一致时，实行众议院优越原则。预算案在会计年度开始前无法通过时，内阁可以编制临时预算向国会提出。内阁提出追加预算案时，也必须按上述程序送交国会审议。决算由内阁同时向两议院提出，分别进行决议。国会拒绝通过预算案或者对决算作出否决决议，即意味着对内阁的不信任。

（四）外交监督权

依据宪法规定，内阁有权与其他国家缔结条约，但须在事前或者事后得到国会的批准或者承认，否则条约无效。

（五）修改宪法的创议权

依据宪法第 96 条规定："本宪法的修改，应经各议院全体议员三分之二以上赞成，由国会创议，向国民提出建议，并得其承认。"

此外，国会还有国政调查权、对法官的弹劾案审判权、接受国民请愿权等。

第五节　内　　阁

一、内阁的地位与权能

（一）内阁的地位

宪法第 3 条规定，天皇有关国事的一切行为必须有内阁的建议和承认；同时，宪法第 65 条规定，行政权属于内阁。因此，内阁具有双重地位：（1）对宪法规定的天皇国事行为进行建议和承认的机关；（2）与天皇没有关系而独立行使行政权的机关。

（二）内阁的权能

内阁具有以下两方面的权能：

（1）宪法第 73 条规定的权能。宪法第 73 条规定，内阁除执行一般行政事务外，执行下列各项事务：①诚实执行法律，总理国务；②处理外交关系；③缔结条约，但必须在事前或根据情况在事后获得国会的承认；④按照法律规定的准则，掌管有关官吏的事务；⑤编制并向国会提出预算；⑥为实施本宪法、法律的规定而制定政令，但在此种政令中，除法律特别授权者外，不得制定罚则；⑦决定大赦、特赦、减刑、刑罚执行的免除及恢复权利。

（2）宪法第73条以外的权能。主要有：①对天皇的国事行为进行建议和承认；②提名最高法院院长；③要求参议院紧急集会；④任命最高法院院长以外的法官及下级法院的法官；⑤支出预备费；⑥向国会提出决算；⑦向国会及国民报告国家的财政状况。

二、内阁组织

（一）内阁的成立

依据宪法和内阁法的规定，内阁由内阁总理大臣及其他国务大臣组成。关于内阁总理大臣及其他国务大臣的资格，宪法规定了两项：①内阁总理大臣及半数以上国务大臣必须是国会议员；②内阁总理大臣及其他国务大臣必须是文职人员。内阁的成立分为两个步骤：

（1）任命内阁总理大臣。内阁总理大臣的产生程序是：由国会两院在召开国会时，先于其他一切议案，分别从国会议员中提名和投票选举，如果两院提名不一致，召开两院协议协商提名，仍不一致时，实行众议院优越原则。

（2）内阁总理大臣组阁。内阁总理大臣被确定之后，由其任命其他国务大臣。其他国务大臣有两类：①担任内阁各行政省大臣的国务大臣；②不担任各省职务而担任总理府外局重要委员会或者厅的负责人的国务大臣。

内阁成员确定之后，便在总理大臣率领下，到皇宫履行认证仪式，由天皇对新内阁总理大臣进行认证，其他国务大臣的任命和具体分工则由总理大臣宣布。

（二）内阁总辞职

宪法第66条第3款规定："内阁行使行政权，对国会负连带责任。"在出现某些特殊事由时，内阁通过总辞职来表现这种连带责任。宪法第69条和第70条规定了3种内阁总辞职的情况：

（1）众议院通过对内阁的不信任案或者否决对内阁的信任案后，如内阁在10日内不解散众议院时，则必须总辞职。

（2）内阁总理大臣死亡或者丧失国会议员资格而必须辞职，造成内阁总理大臣缺位时，内阁必须总辞职。

（3）在众议院议员总选举后，首次举行新一届国会会议时，上届内阁必须总辞职。

此外，实践中，除上述原因外，导致内阁总辞职的原因是多种多样的，主要表现是内阁总理大臣因政治或者经济等方面的因素被迫辞职，从而导致内阁总辞职时应立即通知两议院，以便两议院尽快提名新内阁总理大臣的议决。已经辞职的内阁在新内阁总理大臣产生之前继续执行职务。

（三）内阁总理大臣及其他国务大臣的地位和权限

（1）内阁总理大臣。依宪法规定，总理大臣是内阁的首长，为确保内阁内部的统一性，其拥有指导、统制的权力。其有下列具体职权：①任命或者罢免其他国务大臣；②同意对在职国务大臣的公诉；③代表内阁向国会提出法律案及其他议案；④代表内阁就一般国务及外交关系向国会报告；⑤代表内阁对行政各部门进行指挥监督；⑥就法律及政令与主管大臣连署；⑦代表内阁建议召集国会和决定召集临时国会；⑧代表内阁决定解散众议院；⑨在众议院解散期间，请求召集参议院紧急会议；⑩当各省、厅大臣在权限上发生争议或者有疑义时，有权实施内阁会议裁决权；⑪根据国家公安委员会的建议，有在全部或者部分地区宣布紧急状态布告的权力；⑫有调动国家警察和自卫队的权力；⑬有罢免违反法令或者失职的都道府县知事的权力；⑭主持内阁会议；⑮中止行政各部的处分或者命令；⑯提名最高法院院长及法官、高等法院法官的人选，任命法制局长、宫内厅长官、侍从长、各省厅的政务次官、副长官和事务次官等。

（2）其他国务大臣的权限。各国务大臣分别担任各省大臣、府、厅长官及委员会委员长。具有以下职权：①参加内阁会议；②统一管理各自机关的工作，监督职员服务；③向内阁总理大臣提出任何问题，并可要求召开内阁会议；④认为需要对主管的工作制度、法律、政令进行修改或者废除时，应拟出方案报请内阁总理大臣召开内阁会议讨论；⑤为施行法律、政令或者根据法律、政令的特别委任，对主管工作有权发布各机关的命令；⑥有权就本机关所掌管的工作对所属机构和职员发布训令和指示；⑦在所主管的工作范围内，有权指挥、监督地方政府首长的工作。

（四）内阁的组织机构

（1）内阁的辅助机构。主要有：①内阁官房。负责内阁阁议事项的整理、其他内阁日常事务和有关阁议事项的综合协调，并负责保持其他行政各部门所必需的政策统一；掌管、收集、调查有关内阁重要政策的情报工作等。设内阁官房长官1人，由国务大臣担任。②内阁法制局。负责审查提交内阁审议的法律案、政令案和条约案；就有关法律问题向内阁总理大臣和其他国务大臣申述意见；调查研究有关法制问题等。设内阁法制局主管1人。③人事院。负责主持国家公务员的考试、任免及决定职别、俸给等。设人事院总裁1人。

（2）总理府。主要职能为综合调整政府各部门的政策和措施，掌握不属于其他政府机关及荣典、统计等项事务。总理大臣为总理府首长，另设总理府总务长官，由国务大臣担任。

（3）独立行政委员会。内阁在总理府及各省还设有作为外局的独立委员会，如总理府的公平交易委员会、国家公安委员会、公害等调整委员会及宫内厅、总务厅、北海道开发厅、防卫厅、经济企划厅、科学技术厅、环境厅、冲绳开发厅、国土厅、防卫设施厅，劳动省的中央劳动委员会，法务省的司法考试管理委员会，公安审查委员会及公安调查厅，大藏省的国税厅，文部省的文化厅，通商产业省的资源能量厅、特许厅及中小企业厅，运输省的船员劳动委员会、海上保安厅、海滩审判厅及气象厅，自治省的消防厅。此外，人事局也属于这类机构。这些委员会或者厅具有相对独立于内阁的地位，如独立行使职权，委员长及委员的任命经两院同意，委员长及委员实行任期制，委员长及委员有身份保障，享有某些准立法权和准司法权。

（4）内阁直接统辖的行政机关。内阁直接统辖的行政机关称"行政省"（相当于部），共有 12 个，即法务省、外务省、大藏省、文部省、厚生省、农林省、通商产业省、运输省、邮政省、劳动省、建设省和自治省。各省在内阁统辖下分别管理各自法定职权范围的事务，承担着国家的重要行政职能。设各省大臣，由国务大臣担任，总理大臣或者副总理大臣有时也兼任某一省大臣。省下设大臣官房和若干局，局下设课，局和课之间个别情况下设部。

（5）会计检查院。负责对国家的收入和支出的决算进行检查，对国家的会计进行一般监督的机关。它既相对独立于内阁，又不从属于国会。检查官经国会同意，内阁任命，任期 7 年，可连任一次，年满 65 岁退休；院长由组成检查官会议的 3 名检查官互选。设检查官会议为决策机构，下设事务局作为执行机关。

第六节　司法机关

一、司法原则

（1）司法权由各级法院统一行使。宪法第 76 条第 1 款规定："一切司法权属于最高法院及根据法律规定设置的下级法院。"依据法院法规定，下级法院有高等法院、地方法院、家庭法院和简易法院。宪法第 76 条第 2 款规定："不得设置特别法院。行政机关不得施行作为终审的判决。"据此，日本只设一套普通法院系统，审理刑事案件、民事案件、行政案件并附带审查违宪案件。

（2）司法独立。宪法第 76 条第 3 款规定："所有法官依良心独立行使职权，只受本宪法及法律的拘束。"为确保这一原则的实现，宪法进一步规定：①法官除身心障碍经法院决定为不适于执行职务者外，非经正式弹劾不得罢免；②法官的惩戒处分不得由行政机关行使；③最高法院法官为终身制，下级法官的任期为 10 年，可以连任；④实行高薪制，在任期中不得减薪。

（3）审判公开。宪法第 82 条规定，法院的审讯及判决应在公开法庭进行，如经全体法官一致决定，认为有妨碍公共秩序或者善良风俗之虞时，法院的审讯可以不公开进行。但对政治犯罪、有关出版犯罪或者宪法所保障的国民权利成为问题的案件，一般应公开审讯。

（4）三审终审制，即初审——控诉审——上告审。对轻微民事或刑事案件，其审级程序为：简易法院——地方法院——高等法院三级；重大民事或者刑事案件的审级程序为：地方法院（或家庭法院）——高等法院——最高法院三级。

二、法院组织体系

（1）最高法院。设于东京都，由 15 名大法官组成（包括最高法院院长）。作为日本行使国家司法权的最高机关，最高法院拥有三方面的权能：①司法终审权。依据法院法第 7 条的规定，最高法院是民事、刑事、行政案件的终审法院，一切法律上的争讼的上告审都由最高法院进行。②规则制定权。有权就有关诉讼程序、律师、法院内部纪律以及司法事务处理等事项制定规则。③司法行政权。下级法院法官由内阁按最高法院提出的名单任命，任免最高法院法官以外的法院职员，规划法院的编制、预算，司法行政监督权等。

最高法院行使审判权时，由大法庭和小法庭进行。大法庭由全体法官组成，审理违宪案件和与最高法院判例相抵触的案件；小法庭至少由 3 名法官组成，审理对下级法院判决不服的上告案件。

最高法院内设由全体法官参加的法官会议，以院长为会议主席，讨论决定司法行政问题。还设有事务总局、司法研修所、法院书记员研修所、家庭法院调查研修所、最高法院图书馆。

（2）高等法院。全国共有 8 所，分别设在东京、大阪、名古屋、广岛、福冈、仙台、札幌、高松。此外，还在金泽、冈山、松江、宫崎、那霸、秋田设有 6 个分院。分院具有与本院相同的审判权。主要职权：①审理对地方法院第一审判决、家庭法院判决及简易法院的刑事判决的控诉；②审理对地方法院和家庭法院的决定和命令及简易法院（有关刑事方面）的决定和命令的控告（应由最高法院审理者除外）；③审理对地方法院第二审判决（刑事案件除外）及简易法院判决的上告；④审理内乱罪的第一审案件。

（3）地方法院。主要职权：①审理诉讼标的在 90 万日元以上及涉及不动产的第一审案件；②审理除内乱罪和罚金以下的第一审刑事案件；③审理对简易法院除刑事以外判决的控诉案件；④审理对简易决定及命令的控告案件（除最高法院和高等法院管辖的以外）。

（4）家庭法院。主要职权：①审理及调解家事审判法所规定的与家庭有关的事件；②审理少年法所规定的少年保护事件；③审理未成年人禁止吸烟法规定的第一审犯罪案件。以实行独任制为原则，有法律特别规定时实行合议制。

（5）简易法院。主要审理诉讼标的在 90 万日元以下的案件（除行政案件外）及其他轻微的刑事案件，实行独任制。

第七节　违宪审查制度

一、违宪审查的类型

在明治宪法上没有建立违宪审查制度，这一制度是根据日本国宪法第 81 条的规定建立起来的。宪法第 81 条规定："最高法院为有权决定一切法律、命令、规则以及处分是否符合宪法的终审法院。"这一规定，在日本被认为是关于司法审查制度的宪法依据，并且认为日本采用的违宪审查制度是美国的司法审查模式，即由普通法院在审理民事、刑事、行政案件过程中，就涉及该案件的法律、命令等的合宪性进行附带性审查。因此，法院只在具备案件性、当事人适格、具有诉讼利益、成熟性及提起违宪审查请求时适格的情况下，才对法律、命令等的合宪性进行审查。法院判例及大多数学者均认为，法院无权对法律、命令等的合宪性进行抽象审查。

二、行使审查权的主体和对象

根据宪法第 81 条的规定，最高法院为有权决定一切法律、命令、规则及处分是否符合宪法的终审法院。下级法院是否有权进行违宪审查，大多数学者及法院判例认为，该条规定并未排斥下级法院的违宪审查权。从违宪审查的实践看，日本除最高法院外，下级法院也行使违宪审查权。同时，日本属于大陆法系国家，不存在"先例约束原则"，上级法院的判决对下级法院没有约束力，即法院的判决不是判例，不具有法的效力，也使得上级法院在行使了违宪审查权以后，下级法院仍对同样问题行使违宪审查权。

根据宪法第 81 条的规定，明确属于违宪审查对象的，在处理具体的宪法诉讼案件过程中，法律、命令、规则以及处分构成违宪审查的对象。在这里，"法律"包括经国会通过的法律以及地方公共团体通过地方议会和委员会制定的条例及规则。"命令"指行政机关制定的法规。"规则"特指众议院规则、参议院规则和法院规则。"处分"既包括行政处分，也包括立法机关、司法机关的具体的判决等。此外还有对立法不作为的违宪审查。

围绕着条约是否为违宪审查的对象，日本学术界出现了宪法优位说和条约优位说。前者认为条约是法律或者处分的一种，同时签订条约是按照宪法规定的程序进行的，因而应依据宪法对条约是否符合宪法进行审查。后者认为宪法未将条约列为审查对象，同时条约涉及两国或多国之间的关系，因而不应对其进行合宪性审查，当然如果实施条约的手段在具有可选择性时，实施机关采用了违宪的手段，则可以进行合宪性审查。后者为通说，同时判例也支持后者。这一争论的实质涉及《日美安全保障条约》是否违宪。

三、违宪审查的方法和标准

关于违宪审查的方法，在日本宪法学界有"法令违宪"和"适用违宪"的区分。法令违宪是指法令本身违宪，有"全部违宪"和"部分违宪"两种情况，采用"字面审查"的方法进行违宪审查。适用违宪以司法的自我抑制为根据，是指虽然法令本身合宪，但适用于该案件的当事人则违宪，采用"适用审查"的方法进行违宪审查。

违宪审查的原则与标准通常包括明确性原则、合理性标准、严格合理性标准、严格审查标准、双重基准论、LRA 标准（less restrictive alternative doctrine）、明显且现存危险的标准等。

明确性原则主要适用于对限制人权的法律法规进行字面上审查的情况，要求限制规定本身必须明确。其目的在于防止因规定不明确而导致在法律执行过程中被误用。从这一原则推导出过度宽泛性的法理或不明确而无效的法理，并与严格审查标准相对应。这一原则大多适用于有关言论自由等领域。

合理性标准、严格合理性标准、严格审查标准是相对于法律法规的立法目的而进行的程度不同的合宪或违宪审查标准。合理性标准一般适用于限制经济自由权的立法，在此领域，适用合宪性推定原则，强调尊重立法部门的判断，合宪性的判断居多。严格审查标准是指违宪审查主体对立法目的及其达成目的的手段进行严格审查的标准。这包括对立法目的的正当性以及实现目的的手段的必要性的审查，实施规制一方需要承担重要的举证责任。严格审查标准主要适用于对表达自由、投票权、信教自由、迁徙自由、有关刑事程序的权利、隐私权、平等保护等的规制领域。介于前两者之间，严格合理性标准主要适用于经济自由和劳动基本权的规制领域。

双重基准论（double standard）是指在自由权领域，因为精神自由和经济自由两者所要求的人权保障程度不同，对有关限制前者的立法应该排除适用于后者的合宪性推定原则而适用严格审查标准：即有关精神自由方面的规制以严格标准审查其合宪性；而有关经济自由的规制，尊重立法部门的裁量，以宽松的标准审查其合宪性。不过，从战后日本的一些著名案例看，有关精神自由的严格审查标准并未确立，这也是有关双重基准论的最重要的遗留问题之一。

LRA 标准是指在对法律法规进行违宪审查时，既使立法目的具有正当性，在规制方法以及对违反规制的制裁方面，如果存在达成立法目的的其他更加非限制性的可以选择的手段，则该法律法规违宪。明显且现存危险的标准是指对言论自由的限制必须是该言论具有明显而且现存危险的场合，否则限制该种言论自由的法律法令就是违宪的。❶

四、违宪审查判决的效力

在违宪判决的效力上，与英美为代表的判例法国家不同，在战后日本宪法学界有所谓"一般效力说"、"个别效力说"与"法律委任说"等观点。所谓一般效力说是指由最高法院判定违宪的法律条款一般归于无效，等于废止；所谓个别效力说是指该法律只限于产生违宪问题的该事件无效而被拒绝适用，并不涉及该法律条款自身的存废及其效力；与一般效力说与个别效力说不同，另一种观点认

---

❶　张允起："日本宪法诉讼的理论、技术及其问题"，载《比较法研究》2007 年第 5 期。

为，采取何种结论有赖于法律上的规定，这被称为法律委任说。虽然日本最高法院通过行使其强有力的司法行政权在某种程度上可以左右法院的人事，从而人为地提高其判决的权威性，但这与判例法国家司法上的"先例约束原则"是有很大区别的。

由于美国属于英美法系国家，实行"先例约束原则"，法院的判决为判例，对下级法院具有约束力。而日本属于大陆法系，不存在"先例约束原则"，法院的判决不是判例，对下级法院没有约束力。这在理论上就形成了矛盾：被法院认为违反宪法的法律、命令等只对特定的当事人无效，而对其他社会成员仍然有效；上级法院认为某项法律、命令等违反宪法无效，而下级法院却认为该项法律、命令等符合宪法有效。在此背景下，在关于法院的违宪审查判决的效力问题上，产生了个别效力说和一般效力说之争。这一争论的根源在于，日本虽属大陆法系但却采用美国型司法审查制，司法体制与违宪审查体制相互脱节。

第八节　基本人权

一、基本人权的原理

基本人权是人人都固有的权利。基本人权最初被理解为自由权，为保障自由权有实效又包括了参政权，伴随社会的发展和人权意识的提高又包括了社会权。

日本国宪法对基本人权作了概括性规定：（1）"国民享有的一切基本人权不能受到妨碍。本宪法所保障的国民的基本人权，作为不可侵犯的永久权利，现在及将来均赋予国民"（第11条）；（2）"受本宪法保障的国民的自由与权利，国民必须以不断的努力保持之"（第12条）；（3）"全体国民都作为个人而受到尊重。对于谋求生命、自由以及幸福的国民权利，只要不违反公共福祉，在立法及其他国政上都必须受到最大的尊重"（第13条）。在法律上一律平等、禁止贵族制度、授予荣誉称号的限制。

日本国宪法的基本人权，一般可分平等权、自由权、参政权和社会权。

二、法律下一律平等

宪法第14条第1款规定："全体国民在法律下一律平等。在政治的、经济的或社会的关系中，不得以人种、信仰、性别、社会身份以及门第的不同而有所差别。"在日本，平等原则除上述内容外，还有以下具体表现：

（1）废除华族及其他贵族。华族是指明治宪法下有公侯伯子男爵位之称号者及其家属；贵族是指有皇族礼遇的朝鲜王公族及华族待遇的朝鲜贵族。他们在明治宪法时期享有各种特权。由于日本国宪法仍承认皇位在皇族内世袭，故皇族不在废除之列。

（2）荣誉、勋章及其他荣典的授予，不得附带任何特权；授予的荣典只限于对现有者或将接受者这一代有效。

（3）婚姻及家庭生活中的平等。包括夫妻平等、男女平等及废除家族制度。

（4）其他方面。如国民有根据其能力接受教育的权利、国民行使选举权及被选举权时没有种族、信仰、性别、社会身份、门第、教育程度、财产或收入的差别，任何人不得因进行请愿而受到差别待遇等。

三、自由权

自由权包括精神自由、人身自由和经济自由。

（一）精神自由

1. 思想、良心及学问自由

具体分为：（1）思想及良心自由。通常是指国民不论具有何种思想及良心，都是自由的，而且这种自由具有绝对性，国家不得以任何理由（包括公共福祉）加以限制或者以国民具有或不具有某种思想而给予差别待遇。宪法第19条规定："思想及良心的自由不受侵犯。"思想及良心自由作为内心自由包括沉默自由，即国家不得强迫国民表明自己具有何种思想及良心。

思想自由和良心自由都属于精神自由，通常认为，思想自由是指在逻辑上认为何者为正确的判断自由。良心自由是指在伦理上认为何者为正确的判断自由。因而，良心自由属于思想自由中的道德判断部分，亦是最基本的部分。

（2）学问自由。通常是指形成、发表、讲授思想及学说体系的自由及达到此目的的手段自由。广义指一切学术研究及其发表、讲授自由；狭义指高深学术研究、高层次教育机关的自由，特别是大学自由。大学自由又包括实现大学自治。大学自治是指大学（研究机关）的教授、研究者，在理论上被认为与法官相同，应保持独立性，教授的任免只能由校方而不能由政府进行，校内行政活动如校内秩序、大学设施的管理及学生的校内活动等由学校自己管理。第二次世界大战前，日本曾发生过龙川事件（1933年）、天皇机关说事件（1935年），战后曾发生过东京大学事件（1953年）等侵犯学问自由的事件。

2. 信教自由

包括三项内容：

（1）信仰自由，即有信仰或者不信仰宗教的自由。

（2）进行宗教仪式的自由，即进行礼拜、祈祷及其他宗教上的庆典、仪式、活动等的自由。

（3）宗教结社自由，即宗教团体的设立及其教义、活动是自由的，但不得借宗教之名蛊惑、动摇人心。

为保障宗教自由，避免政教合一，宪法还规定：任何宗教团体都不得从国家接受特权或者行使政治上的权利；国家不得强制任何人参加宗教仪式；国家及其机关不得进行宗教教育以及其他任何宗教活动；公款以及其他公有财产不得为宗教组织或者宗教团体使用，提供方便和维持活动之用。

3. 集会、结社及其他表现自由和通信的秘密受保护

宪法第 21 条规定："保障集会、结社、言论、出版及其他一切表现的自由。不得进行检查。通信的秘密不受侵犯。"言论、出版及其他一切表现的自由是指通过各种手段发表思想的自由，包括绘画、照相、电影、音乐、唱片、收音机、电视机、报纸、杂志等。这些自由作为上述精神自由的外在表现形式而受到保障。

为保障这些表现自由，法院在对规制表现自由的立法进行合宪性判断时采取以下原则：（1）推定违宪原则；（2）禁止事前检查原则；（3）法律文句表现明确具体原则；（4）必要最少限度限制原则；（5）表现自由必须有明显而现实的危险原则。

（二）人身自由

人身自由是指人们有不被非正当拘束其身体的自由。包括以下两个方面的自由：

（1）摆脱奴隶性拘束及苦役的自由。宪法第 18 条规定："任何人都不受任何奴隶性的拘束，或者除因犯罪受处罚的情况外，不得违反本人意志而使其服苦役。"禁止"奴隶性的拘束"的规定显然是参照美国宪法修正案第 13 条第 1 款的规定。"苦役"是指在精神上及肉体上造成痛苦的拘束。日本劳动基准法第 5 条规定："雇主不得通过暴行、胁迫、监禁及其他不当拘束精神或者身体自由的手段，违反工人意志的强制劳动。"

（2）在刑事程序上的人身自由。宪法从第 31 条到第 40 条的各项规定，都是关于刑事程序的规定，且大部分是保障在刑事程序上的人身自由。

①罪刑法定主义和法定程序的保障。宪法第 31 条规定："任何人不经法律规定的程序，不得剥夺其生命或者自由，也不得处以其他刑罚。"这一规定包括了罪刑法定主义、刑事程序法定主义及行政程序法定主义。

②不受不法逮捕的权利。宪法第 34 条规定："任何人除作为现行犯被逮捕外，如无有权限的司法官署签发并明白指出犯罪理由的令状，均不受逮捕。"

③不受不法监禁的权利。宪法第 34 条规定："任何人如不立即告知其理由并立即予以委托辩护人的权利，均不得拘留或者监禁之。又，如无正当理由，任何人都不受拘禁，如本人提出要求，必须立即对此理由在有本人及其辩护人出席的公开法庭上予以说明。"

④居所及所有物不可侵犯。宪法第 35 条规定："任何人，关于其住所、文件及所持物品，不受侵入、搜查及查抄的权利，除第 33 条的规定外，如无依据正当的理由签发并明示搜查场所及查抄物品的令状，不得侵犯。""搜查或者查抄依照有权限的司法官署签发的个别令状进行。"

⑤禁止拷问及酷刑。宪法第 36 条规定："绝对禁止公职人员施行拷问及酷刑。"本条也显然是仿照美国宪法修正案第 8 条规定的。

⑥刑事被告人的权利。包括被告人享有公正迅速而公开接受审判的权利；废止明治宪法下的预审制度；刑事被告人有对证人发问及使用公费寻求对自己有利的证人的权利；被告人有委托律师的权利。

⑦禁止刑罚的事后法和一事不再理。宪法第 39 条规定："任何人在其实行的当时是合法的行为或者已经认为是无罪的行为，不得追究刑事上的责任。又，对于同一的犯罪不得重复追究刑事上的责任。"

（三）经济自由

（1）居住及迁徙自由。即国民在国内及国外的任何场所短期居住及迁徙的自由。宪法第 22 条第 1 款规定："任何人在不违反公共福祉的范围内，都有居住、迁徙和选择职业的自由。"这一自由通常受以下限制：根据传染病预防法等可对患者强行隔离；受刑者应收押在刑务所；破产者没有法院的许可不得离开居住地；亲权者有指定子女的居所权等。

（2）选择职业的自由。包括国民选择任何职业的自由和从事所选择的职业的自由。其中包含营业自由。营业自由要受到以下几方面的限制；①在营业性质上可能有害公共福祉；为维持善良风俗的限制、为维持公共卫生的限制，要求从事者具备一定资格。②从国家财政政策上为了让国家独占收益而把一定行业作为国家独占行为，从而禁止私营。例如，作为专卖事业的烟草、盐等。③为确保行业的公共性而由国家独占一定行业或者接受国家的监督等。如邮电事业由国家独占，电力、水道、交通等行业、植物特种企业在得到某种特权或者保护的同时，要接受各种监督。

（3）脱离国籍的自由。宪法第 22 条第 2 款规定："不得侵犯任何人移居外国或者脱离国籍的自由。"移居外国的自由作为居住、迁徙自由的一部分受到保障。脱离国籍的自由是指日本人按照其志愿放弃日本国籍的自由，但不包括丧失日本国籍成为无国籍者的自由。

（4）财产权。宪法第 29 条规定："财产权不受侵犯。""财产权的内容应符合公共福祉，由法律规定。私有财产在正当补偿的条件下可以用于公共使用。"财产权是指一切财产权利，包括所有权及其以外的物权和无形财产权、债权及水利权、河道使用权。

四、参政权和国务请求权

（一）参政权

参政权是指国民参与国政的权利，其中最主要的是选举权和被选举权。宪法第 15 条规定："选举和罢免公务员是国民固有的权利。""关于公务员的选举，保障由成年人行使的普选。一切选举中的投票秘密不得侵犯。对于选举人所作的选择，不论在公私方面，都不得追究责任。"日本于 1950 年制定了《公职选举法》，对国民的选举权和被选举权作了具体规定。

（二）国务请求权

国务请求权也称受益权，广义上是指国民要求国家进行有利于国民利益的一定行为的权利。

（1）裁判请求权。宪法第 32 条规定："任何人在法院接受审判的权利不得侵犯。"其内容包括：①任何私人间的纠纷，只能由公正的法院解决；②法院的组织及其管辖由法律规定；③被告不能接受法院以外的组织的裁判；④法院对于以合法程序起诉的案件不得拒绝受理；⑤不排斥法院以外的机关可以进行前审，但不得进行终审。

（2）刑事补偿请求权。宪法第 40 条规定："任何人在拘留或者拘禁后受到无罪的审判时，可以依照法律的规定要求国家补偿。"适用原则包括：①国家机关进行逮捕、拘留、拘禁、起诉、裁判等行为时合法，而裁判结果为无罪时，适用本条；②如果国家机关在进行上述行为时是违法的，则适用宪法第 17 条关于损害赔偿责任的规定；③因本人的故意或者过失导致错误裁判时，法院可不予以补偿。

（3）请愿权。宪法第 16 条规定："任何人对于有关损害的救济，公务员的罢免、法律、命令或者原则的制定、废除或者修改以及其他事项，都有和平请愿的权利，任何人都不得因进行此种请愿而受到差别待遇。"在日本，请愿只是陈述希望，表明意见的行为，只有在国会各议院和地方议会经审查基础上的请愿，才受到相关议会的督促执行；在国会法、地方自治法等法律上对请愿权作了具体规定。

（4）赔偿请求权。宪法第 17 条规定："任何人由于公务员的不法行为而受到损害时，可以依照法律的规定，向国家或者公共团体请求赔偿。"适用原则包括：①采取过错责任原则；②由公务员所属的国家或者地方公共团体承担赔偿责任；③公务员有故意或者重大过失时，国家或者公共团体对该公务员有追偿权。

五、社会权

社会权也称广义的生存权，包括狭义生存权、受教育权、劳动权和劳动者的团结权、团结交涉权及其他团体行动的权利。

（1）狭义生存权。宪法第 25 条规定："全体国民有享受最低限度的健康而文明的生活的权利。国家必须在生活的一切方面努力提高和增进社会福利、社会保障以及公共卫生的工作。"通常认为，这一规定是不具有具体内容的请求权，其具体内容由具体法律规定，如生活保护法；相应地，国家所承担的义务不是具体的法律的义务，而是一种政治的、道德的、立法的义务。著名的案件有违反粮食管理法案及朝日诉讼。

（2）受教育权。宪法第 26 条规定："全体国民按照法律的规定，依照其能力都有平等受教育的权利。""全体国民按照法律的规定，都有使其保护的子女接受普通教育的义务。义务教育为免费教育。"这一权利既有自由权的性质，也有生存权的性质。根据教育基本法规定，日本实行九年义务教育。

（3）劳动权。宪法第 27 条规定了劳动权。劳动权有两重含义：①广义上指有劳动能力的国民有要求国家提供劳动机会的权利；②狭义上指有劳动能力的国民在私营企业没有得到劳动机会时，可以要求国家提供劳动机会，国家不能提供时，有权要求国家提供特殊保护。

（4）劳动者的团结权、团结交涉权及其他团体行动的权利。宪法第 28 条保障劳动者的团结权、团体交涉权和团体行动权。团结权是指劳动者为了维持、改善劳动条件而组织工会的权利；团体交涉权是指劳动者团体与雇主进行交涉的权利；团体行动权是指为了确保团体交涉而进行同盟罢业、怠工、罢工、示威等行为的权利。

六、国民的基本义务

明治宪法规定臣民有两项义务，即服兵役的义务和纳税的义务。日本国宪法从放弃战争原则出发，未规定服兵役的义务；在保留纳税义务的基础上，增加了让子女受教育的义务及劳动的义务。

（1）让子女接受普通教育的义务。承担该义务者通常为对子女行使亲权者，在没有亲权者时为监护人；为了履行此项义务，市町村有设立小学和中学的义务。

（2）纳税的义务。宪法第 30 条规定："国民依照法律的规定有纳税的义务。"

（3）劳动的义务。通常认为，劳动义务是指国民应通过自己的劳动生活，与明治宪法中的战时征用制不同，它不是一种法律义务，而主要是一种道德义务。

宪法虽然承认私有财产和保障选择职业的自由，并不禁止不以劳动为生，但依据生活保护法规定，不运用可以利用的资产、能力及其他一切手段维持其最低生活者，为没有履行劳动义务者，对此国家不承担保障生存权的责任。

思考题

1. 日本国宪法的基本原理是什么？
2. 日本国民有哪些基本人权？
3. 两部宪法下天皇制的主要区别是什么？
4. 国会有哪些权能？
5. 内阁在哪些情况下必须总辞职？
6. 日本违宪审查的对象是什么？

第六章　俄罗斯联邦宪法

如果说英国宪法开创了不成文宪法的传统，美国宪法奠定了成文宪法的历史根基，日本宪法树立了东西合璧的典范，我们很难用一句话概括出俄罗斯宪法的特征，从脱胎于"苏维埃社会主义法系"到回归"欧洲法律传统"，俄罗斯联邦宪法历经变迁，在俄罗斯社会转型的进程中发挥着独特的作用。近年来，俄罗斯在国际舞台上频频展示国家实力，昭示着这个昔日的超级大国正坚定不移地朝着民族复兴的道路上迈进，与此同时，俄罗斯宪法存在怎样的逻辑自洽成为学者普遍关注的课题。我国和俄罗斯联邦既存在某种历史上的渊源性，又存在现实阶段上的相似性，学习和研究俄罗斯宪法有助于我国与这个最大的邻邦在宪政领域进行理论方面的探索和实践层面上的交流，对完善我国的宪法制度建设具有重要的借鉴意义。本章拟从俄罗斯宪法的历史发展、俄罗斯总统制、俄罗斯联邦会议及俄罗斯宪法保障体制等几个方面对俄罗斯宪法制度作详细的介绍。

第一节　宪法的历史发展

一、沙俄时期的制宪实践

18 世纪初彼得一世改革对俄国的社会产生了深刻的影响，俄国的经济、军事、教育得到空前的发展，俄罗斯开始逐渐向近代化的国家迈进，列宁曾敏锐地注意到"俄国无疑正在欧化……但是这种欧化……甚至从彼得大帝时代就开始进行了"，然而，从欧洲留学归来的彼得一世似乎对欧洲的民主政治并不感兴趣，改革进一步加强了俄国的专制制度。1721 年，俄国参政院把国号改为俄罗斯帝国，彼得一世被尊称为彼得大帝，俄罗斯帝国的诞生将君主专制推向了高峰，政治上的专制、僵化和俄国近代经济发展的要求始终存在无法调和的矛盾，这就为俄国宪政观念的萌芽准备了社会条件。18 世纪下半叶，俄皇叶卡捷琳娜二世开始实行开明专制，彼时启蒙运动正风行欧洲大陆，她深受法国思想家孟德斯鸠、伏尔泰、狄德罗等人的影响并将启蒙思想引入俄国，1767 年，她亲自起草了一项法令《圣谕》，该法令集中体现了叶卡捷琳娜二世开明专制的思想，同时也蕴含了自由、平等的理念："自由是万物的灵魂，没有自由，一切都将死气沉沉。我需要人人遵守法律，但不需要奴役。我需要一个使人得到幸福的总目标，不需要破坏这个总目标的任性、奇想和暴政……"遗憾的是，《圣谕》并没有实际施行，俄国农奴制的存在让自由平等的宣示徒具形式意义，叶卡捷琳娜二世本人在执政的晚期日趋专制，甚至站到了启蒙运动的对立面，当听到法国革命的消息后，她公开指责启蒙思想是"法兰西的瘟疫"，尽管如此，俄国人民已经接触到了自由民主的思想，这在客观上促进了宪政观念的传播。

进入 19 世纪，工业革命的浪潮席卷欧洲大陆，俄国依然在农奴制的束缚下裹足不前，其生产技术水平远远落后于英法等工业化国家，综合国力更是每况愈下。1853～1856 年，沙皇俄国为争夺巴尔干岛的控制权与英法联军展开了克里米亚战争，战争以俄国惨败告终。这场战争充分暴露了君主专制和农奴制的腐朽，此时，沙皇政府认为，只有改革才是解困之道。1861 年，亚历山大二世颁布《关于农民摆脱农奴制依附地位的总法令》以废除农奴制，此后又进行了一系列的改革，包括 1864 年地方自治改革和 1864 年司法改革，前者构建的议会体制"已经有了代议制的色彩"，后者将司法与行政相分离，"司法机构成为独立部门，司法程序具有公开性……审判最高机构为最高法院，之下设各法庭，遵守俄罗斯人在法律面前人人平等的原则……这次改革最大的宪法价值在于，它逐渐规范了社会基本的法律秩序，以法律手段应对专制和混乱。"● 俄国开始了艰难的现代化进程，经过将近半个世纪的发展，俄国基本上奠定了相当的工业基础，综合国力有所增强，资产阶级的自由主义思想、民主主义思想和无产阶级的马克思主义思想和列宁主义思想纷纷涌现，但是改革并未触及俄国君主专制，这导致社会各阶层与沙皇专制统治的矛盾日益激烈，1905 年日俄战争期间，俄国国内爆发了革命，矛头指向专制制度，尼古拉二世被迫于 8 月 6 日颁布《关于设立国家杜马的诏书》、《国家杜马章程》和《国家杜马选举条例》。沙皇时代的杜马不同于现代国家杜马，前者的权力极其有限，类似于咨询机关。1905 年 10 月，俄国发生全国政治总罢工，沙皇于 10 月 17 日签署了《整顿国家秩序宣言》，宣告建立君主立宪制国家，保障公民的基本政治自由权利。1906 年 4 月 23 日，沙皇颁布《国家根本法》，标志着君主立宪制在法律上得以正式确认。该法确立了国家杜马、国务会议共同组成的两院制体制，赋予了国家杜马立法权、预算权及行政监督权，确定了沙皇的权限范围，明确了根本法的法律效力优于一般法，保障公民的公众权利或者政治权利不受侵犯，但沙皇仍掌控了最高专制权力、行政管理权、法律动议权及批准权、王位继承等诸多权力，"这样，国家缓慢地但是确定地在朝宪法专制方向发展"，❷ 不过，关于 1906 年根本法是否为宪法的问题在俄罗斯史上存在诸多争议，"大多数革命前的俄国法史学家及现代西方俄罗斯问题研究家认为，根本法即宪法，国家杜马及重新恢复的国务会议即是两院议会。"

● 韩冰："俄罗斯宪法历史发展进程研究"，载《黑龙江省政法管理干部学院学报》2012 年第 2 期。

❷ 同上。

这种观点得到了俄罗斯史学家的认同，"1906 年根本法同西方的宪法极为相似，具有宪法最为典型和最为本质的特点，根本法是事实上的宪法，只不过它未被冠以宪法的名称而已。"❶

二、苏俄时期的宪法

1917 年 11 月 7 日，以列宁为首的布尔什维克党领导俄罗斯工人和农民取得了十月社会主义革命的胜利，创建了世界上第一个社会主义国家。十月革命后，资产阶级、孟什维克和右派社会革命党人企图以立宪会议代替苏维埃政权，为了阐明党的有关立场和对立宪会议的态度，列宁起草了《被剥削劳动人民权利宣言》，布哈林和斯大林参加了部分起草和修订工作。这是苏俄第一部重要的宪法性法律文件，宣言规定了苏维埃俄国的政体和国体，宣布"全部政权属于苏维埃"，苏维埃国家的阶级基础是工兵农，它是无产阶级专政的国家。其次，宣布了社会主义革命的基本纲领，规定了无产阶级专政的初期任务。再次，制定了苏维埃政权的对外政策：坚持国际主义精神，反对帝国主义战争，国家一律平等，支持民族独立，废除秘密条约，为各国人民摆脱资本的压迫和社会主义的胜利而奋斗。最后，阐明了立宪会议和苏维埃政权的关系。指出将二者对立起来是错误的，立宪会议的任务仅限于规定社会主义改造的原则和俄罗斯苏维埃共和国联邦的根本原则。❷ 1918 年 1 月 25 日，第三次全俄工兵农代表苏维埃代表大会通过了该宣言，这次代表大会闭幕后，苏维埃政权又陆续颁布了一些法令。在 1917 年 11 月至 1918 年 7 月之间颁布的法令被统称为"十月法令"。它们的颁布和实施为第一部苏维埃宪法的制定奠定了基础。

1918 年 7 月 10 日，第五次全俄苏维埃代表大会正式通过了《俄罗斯社会主义联邦苏维埃共和国宪法（根本法）》，这是人类历史上第一部社会主义宪法。其中，《被剥削劳动人民权利宣言》被列为宪法第一编。宪法除序言外，共有 6 编 17 章 90 条。其主要内容如下：

（一）确认国家性质和政权组织形式

宪法第 1 条规定，"俄国宣布为工兵农代表苏维埃共和国。中央和地方全部政权均归苏维埃掌握。"宪法第 10 条规定，"俄罗斯共和国为俄罗斯全体劳动者自由的社会主义社会。俄罗斯社会主义联邦苏维埃共和国的全部权力都属于联合在城乡苏维埃之中的本国全体劳动居民。"

（二）指明宪法基本任务

宪法第 9 条规定，"以现今过渡时期为基础的俄罗斯社会主义联邦苏维埃共

---

❶　杨昌宇："俄罗斯公民宪法权利的文本转变"，载《北方法学》2010 年第 3 期。

❷　列宁："被剥削劳动人民权利宣言"，载《列宁全集（第 33 卷）》，人民出版社 1985 年版，第 224～229 页。

和国宪法的基本任务，为确立强大的全俄苏维埃政权形式的城乡无产阶级与贫农专政，以便完全镇压资产阶级，消灭人对人的剥削，而奠立没有阶级划分、没有国家权力的社会主义。"

（三）明确劳动者权利和义务

宪法第13～23条主要规定了劳动者的权利自由及基本义务，依据宪法规定，劳动者享有信仰自由，实行教会与国家分离，学校与教会分离；劳动者享有言论、出版、结社、集会、游行自由；劳动者享有免费受教育权；对于居住俄罗斯共和国境内从事劳动并属于工人阶级或不使用他人劳动的农民中的外国人民，给予俄国公民的一切政治权利，公民不分种族及民族享有平等权利，剥夺利用权利损害社会主义革命利益的个别人士和集团的权利。此外，宪法第四篇专门规定了公民的选举权和被选举权。义务方面，宪法规定公民应当履行劳动义务及保卫祖国的义务等。宪法特别强调，武装保卫革命的光荣权利只给予劳动者，不劳动分子则须履行其他军事义务。

（四）规定国家机关体系

宪法第24条规定，"全俄苏维埃代表大会为俄罗斯社会主义联邦苏维埃共和国的最高权力机关。"全俄苏维埃代表大会闭幕期间的最高国家权力机关是全俄中央执行委员会，中央执行委员会完全对全俄苏维埃代表大会负责。宪法第37条规定，"俄罗斯社会主义联邦苏维埃共和国的一切政务总的管理属于人民委员会。"人民委员会完全对全俄苏维埃代表大会及全俄苏维埃中央执行委员会负责。州、省、县、乡、市、村的国家权力机关，是州、省、县、乡苏维埃代表大会和市、村代表苏维埃。其同级苏维埃执行委员会负责管理该区域内的地方性事务。

三、苏联时期的宪法

1925年宪法、1937年宪法和1978年宪法，是俄罗斯联邦作为苏联加盟共和国时颁布的宪法。它们分别依据1924年苏联宪法、1936年苏联宪法和1977年苏联宪法制定。它们符合或完全符合苏联宪法的原则和结构，仅在部分规定上反映了俄罗斯联邦的特点。❶

（一）1925年宪法

十月革命胜利后，苏维埃政权并未得到任何一方国家的承认，1918年3月6日，布尔什维克政府与德意志帝国签订《布列斯特－立陶夫斯克条约》，并宣布和德意志帝国停战及退出一战。此举激怒了国内和国外各种反对布尔什维克的民族主义者，他们伙同外国帝国主义武装企图推翻新生苏维埃政权，经过三年国内战争，红军击溃了苏俄领土上所有反对力量的军队，取得战争的胜利。基于发展

---

❶ 刘向文、宋雅芳：《俄罗斯联邦宪政制度》，法律出版社1999年版，第4页。

国内经济和防范外来侵略的需要，有必要联合各苏维埃社会主义共和国的力量，❶ 1922 年 12 月 30 日，全苏维埃第一次代表大会通过了《苏联成立宣言》和《苏联成立条约》，宣告苏维埃社会主义共和国联盟成立，简称苏联。1924 年 1 月 31 日，苏联苏维埃第二次代表大会通过了《苏维埃社会主义共和国联盟根本法（宪法）》。这是第一部苏联宪法。这部苏联宪法由两部分组成：第一部分是最高苏维埃第一次代表大会通过的关于成立苏联的宣言和条约，主要确立苏联成立的事实；第二部分共十一章，主要规定了苏联的国家机关体系，并划定了联盟与加盟共和国之间的权限范围，宪法第 3 条规定，"加盟共和国的主权，仅受本宪法所定范围和联盟所属职权的限制。除此以外，每一加盟共和国均得独立行使自己的国家权力。苏维埃社会主义共和国联盟保护各加盟共和国的主权。"此外，宪法还赋予每一加盟共和国自由退出联盟的权利。

1924 年宪法第五条规定，"各加盟共和国得根据本宪法的规定对自己的宪法进行修改。"作为加盟共和国，俄罗斯于 1925 年 5 月 11 日通过了《俄罗斯社会主义联邦苏维埃共和国宪法（根本法）》，是为 1925 年宪法。1925 年宪法基本上继承了 1918 年宪法的内容，但也增加了一些与 1924 年苏联宪法相关的内容，比如确定了俄联邦和其他共和国联合成立联盟国家的法律事实，规定了俄联邦和联盟国家之间的相互关系，宪法 19 条规定，苏联各最高国家机关在苏联宪法规定的范围内，就联盟国家职权范围内问题通过的决议，俄联邦必须执行。需要指出的是，1925 年宪法也规定了一些反映地方立法特色的内容，如地方各级国家机关体系、选举制度、公民的法律地位等。

（二）1937 年宪法

1924 年列宁逝世后，苏联人民在斯大林为首的联共（布）的领导下继续沿着社会主义道路前进，在推行社会主义工业化的同时实行农业集体化，为了巩固苏联社会主义改造和社会主义建设的胜利成果，1936 年 12 月 5 日，非例行的第八次苏维埃代表大会通过了《苏维埃社会主义共和国联盟宪法（根本法）》。1936 年宪法共 13 章 146 条，其基本内容主要包括：一是确认了苏联的国家性质及基本社会制度，宪法规定，苏联是工农社会主义国家，其经济基础是社会主义经济体制和生产资料的社会主义所有制，实行各尽所能、按劳分配的原则。政治基础是劳动者代表苏维埃，全国国家政权属于劳动者，国家最高权力机构是最高苏维埃及其主席团（取消原苏维埃中央执行委员会）；二是确认了共产党的领导地位，宪法规定，共产党是劳动群众一切社会团体和国家机关的领导核心；三是规定了苏联国家权力机关体系，宪法规定，苏联最高苏维埃是最高国家权力机

---

❶　十月革命胜利后，除俄罗斯社会主义联邦苏维埃共和国之外，先后成立的苏维埃社会主义共和国有乌克兰、白俄罗斯、阿塞拜疆、亚美尼亚等国家。

关，苏联政府即苏联部长会议对苏联最高苏维埃负责并对它报告工作；四是首次专章规定公民的基本权利和义务，宪法规定，公民享有劳动、教育、休息、信仰、言论、出版自由等权利，公民人身不可侵犯，同时公民负有遵守法律、巩固社会主义所有制和保卫社会主义祖国等义务。此外，宪法改革了选举制度，实行普遍、平等、直接和无记名投票等选举原则。

1936 年苏联宪法第 16 条规定，"每一加盟共和国都有根据本共和国的特点而制定的并与苏联宪法完全相符合的宪法。"1937 年，根据这一规定制定的《俄罗斯苏维埃联邦社会主义共和国宪法（根本法）》在内容和结构上与 1936 年苏联宪法基本相似，不同之处在于 1937 年宪法首次确认了民族专区的法律地位，增设了苏维埃社会主义自治共和国国家管理机关和自治州国家权力机关等内容。

（三）1978 年宪法

1953 年斯大林逝世后，苏联人民在赫鲁晓夫、勃列日涅夫为首的苏联共产党的领导下取得了经济建设的巨大成就，到了 20 世纪 70 年代中期，苏联已跻身于超级大国行列，为反映"苏联已经建成发达的成熟的社会主义社会"及"作为无产阶级专政产生的我们国家已发展为全民国家"的事实，1977 年 10 月 7 日，第九届苏联最高苏维埃非例行的第七次会议通过了新的《苏维埃社会主义共和国联盟宪法（根本法）》。1977 年苏联宪法除序言之外共 9 编 21 章 174 条，其基本内容包括：一是宣称苏维埃国家已经完成无产阶级专政的任务，已成为全民国家，苏联已经建成发达的社会主义社会。二是规定了发达社会主义国家的基本标准，宪法序言指出，发达的社会主义具有强大的生产力、先进的科学和文化，人民的福利不断提高，这个社会有成熟的社会主义社会关系，这个社会中劳动人民具有高度的组织性、思想性和觉悟，这个社会的生活准则是大家关心每个人的福利和每个人关心大家的福利。这个社会有真正的民主，它的政治制度保证有效地管理一切社会事务，保证劳动人民越来越积极地参加国家生活，保证公民的现实权利和自由同公民对社会的义务和责任相结合。三是规定了社会的基本制度。宪法规定，苏联的政治基础是"人民代表苏维埃"，苏联经济基础是"生产资料社会主义所有制"。四是明确了共产党的性质和作用，宪法序言指出，苏联共产党是"全体人民的先锋队"，宪法第 6 条规定，"苏联共产党是苏联社会的领导力量和指导力量，是苏联社会政治制度以及国家和社会组织的核心。苏共为人民而存在，并为人民服务"。"各级党组织都在苏联宪法范围内进行活动"。五是用两章的篇幅规定了公民的基本权利和自由，并首次将其置于国家机构的篇章之前，尤其值得注意的是，为了保障公民权利的实现，宪法还明确国家相应的义务。例如，宪法第 50 条规定，"为了适合人民的利益以及巩固和发展社会主义制度，保障苏联公民享有言论、出版、集会、游行和示威自由。""实行这些政治自由的保证是：为劳动人民及其组织提供公共场所、街道和广场，广泛发布消息和提供利用报刊、电视及广播的机会。"这样的立法体例使得公民权利的实现更具有可行性和可操作性。此外，宪法还规定了国家权力机关体系。

1977 年苏联宪法第 73 条规定，"加盟共和国有符合苏联宪法并考虑到共和国特点的自己的宪法。"1978 年 4 月 12 日，非例行的第九届俄罗斯联邦最高苏维埃第七次会议通过了新的《俄罗斯苏维埃联邦社会主义共和国宪法（根本法）》。1978 年宪法在内容和结构上基本上和 1977 年苏联宪法保持一致，不同之处在于规定了俄罗斯联邦的民族国家结构和行政区域结构、国家象征等内容。

（四）戈尔巴乔夫时期的宪法修改

到了 20 世纪 80 年代，高度集中的社会主义计划体制已成为苏联经济发展的障碍和社会矛盾加剧的催化剂，1985 年 4 月 23 日，戈尔巴乔夫在社会主义面临严峻考验的时刻担任苏共中央总书记，并开始在经济领域进行改革，但改革成效不大，于是，改革的重心转向政治领域，戈尔巴乔夫改革的指导思想，也从完善社会主义制度转为否定现实的社会主义制度，为适应政治改革的需要，苏联在 1988 年 12 月 1 日至 1991 年底对 1977 年苏联宪法进行了 5 次修改，主要内容包括：一是取消有关苏共领导地位的规定，实行多党政治；二是取消生产资料社会主义所有制是苏联经济制度基础的规定，确认多种所有制形式平等发展、平等保护原则；三是实行人民代表竞选制；四是实行西方议会民主制度；五是设立苏联总统、副总统职位，由苏联总统直接领导内阁，确立三权分立原则；六是改革苏联宪法监督制度，增设专门宪法监督机关——苏联宪法监督委员会；七是取消马列主义学说的主导地位，实行新闻出版自由等。❶ 与此相适应，俄罗斯对 1978 年宪法也进行了 6 次修改补充，在宪法中规定了设置总统职位，确认多党制等内容。频繁的宪法修改极大地破坏了宪法的稳定性，削弱了宪法固有的功能和作用，也进一步激化了苏联潜在的各种矛盾，致使苏联遇到了全面的社会危机。

四、俄联邦时期的宪法

（一）苏联解体后 1978 年宪法的修改

1991 年 12 月 25 日，戈尔巴乔夫宣布辞去总统职务，苏联解体，俄罗斯完全独立。❷ 俄罗斯分别于 1992 年 4 月 21 日、1992 年 12 月 9 日、1992 年 12 月 10 日对 1978 年宪法进行了修改，修改的内容主要包括：一是将"俄罗斯苏维埃联邦社会主义共和国"更名为"俄罗斯""俄罗斯联邦"；二是确认三权分立原则，1992 年 4 月 21 日修订的宪法第 3 条明确规定，"俄联邦的国家权力体系在立法

---

❶ 刘向文、宋雅芳：《俄罗斯联邦宪政制度》，法律出版社 1999 年版，第 18 页。

❷ 需要注意的是，1990 年 6 月 12 日，俄罗斯联邦第一次人民代表大会通过了俄联邦国家主权宣言，苏联作为主权国家还未解体。俄罗斯仍然是苏联的加盟国家，这一天于 1994 年被定为俄罗斯独立日。

权、执行权、司法权分立的基础上构建"；三是在国家权力体系中，规定人民代表大会是最高国家权力机关，最高苏维埃是人民代表大会的常设机构，总统是执行权首脑，俄联邦政府是部长会议，总统领导部长会议的活动，在各项权力关系当中，作为议会的人民代表大会相对于俄罗斯总统占据明显优势。这也为当时俄罗斯政坛中总统与议会的权力斗争埋下了伏笔。

（二）俄罗斯联邦现行宪法的制定

实际上，俄罗斯联邦早在苏联解体前已经开始了制定新宪法的准备工作，1990 年 6 月 12 日，第一次俄罗斯苏维埃联邦社会主义共和国人民代表大会通过了国家主权宣言。宣言首次提出根据其宣布的原则，起草俄罗斯苏维埃联邦社会主义共和国新宪法的任务。第一次人民代表大会还选举产生了以俄罗斯苏维埃联邦社会主义共和国最高苏维埃主席叶利钦为首的宪法委员会，负责起草新宪法。"俄罗斯宪法诞生的历史是：费时 3 年多时间，广泛吸收世界级专家参加编制，甚至还邀请反对派代表参加讨论，而从 1999 年到 1993 年先后产生了近 20 种草案。"❶ 在苏联解体前阶段，制宪委员会曾拟定公布了一部宪法草案，苏联解体后，以叶利钦为首的俄联邦宪法委员会和以哈斯布拉托夫议长为首的俄联邦最高苏维埃都投入制宪工作，但双方就政权组织形式的确认上发生分歧，前者主张扩大总统权力，建立美国式的总统制，后者主张总统与议会拥有平等权力，实行高效率议会和高效率总统体制，俄罗斯先后于 1992 年 4 月 18 日、1993 年 7 月 12 日拟定公布了两部宪法草案，但均未获得通过，政治理念的分歧终于演变为血腥的权力斗争，1993 年十月事件爆发，叶利钦总统武力攻占议会大厦、逮捕议长哈斯布拉托夫及副总统鲁茨科伊等反对派领导人，从此结束了两派长达两年的政治斗争，俄联邦最高苏维埃不复存在。叶利钦总统抓住有利时机，于 1993 年 11 月 10 日公布了第四部宪法草案，1993 年 12 月 12 日，俄罗斯联邦以全民公决形式通过了确认法国式总统制的《俄罗斯联邦宪法》，即俄罗斯联邦现行宪法。该宪法自 1993 年 12 月 25 日公布之日起生效。

（三）俄罗斯联邦现行宪法的主要特征

1. 确认俄罗斯联邦作为独立主权国家的事实

俄罗斯联邦现行宪法在序言中指出，"恢复俄罗斯的主权国家体制"是制定宪法的目的之一。为强调俄联邦作为独立主权国家的存在，宪法第 4 条规定，"俄罗斯联邦主权及于其全部领土"。为彻底摆脱苏联宪法的影响，俄联邦现行宪法删去宪法中所有苏联的词汇及反映俄罗斯加盟共和国地位的相关规定，并将国名改为俄罗斯联邦、俄罗斯。

---

❶ 李有观："俄罗斯宪法诞生历程"，载《检察风云》2009 年第 22 期。

2. 建立西方式宪政民主制度

"俄罗斯1993年的宪法，在许多地方吸纳了西方宪法制度的原则，已基本融入西方宪法体系"。❶ 俄罗斯联邦现行宪法第一章确认的诸多制度原则充分保证俄罗斯联邦宪法的根本法效力，确保将俄罗斯联邦建设成为资本主义宪政国家，如民主国家原则、人民主权原则、联邦制原则、共和制原则、三权分立原则、地方自治原则、多党制原则、意识形态多元化原则等。

3. 政权组织形式为法国式的总统制

俄罗斯联邦现行宪法确认政权组织形式为法国式的总统制，在俄罗斯联邦总统制下，总统由选民直接选举产生。总统作为国家元首，不仅拥有美国式总统制国家元首所拥有的权力，还拥有美国式总统制国家元首所不拥有的一些权力。例如，监督宪法的遵守，采取措施以保障各种国家权力机关协同一致地工作和相互作用；解散国家杜马；决定举行全民公决等。需要指出的是，俄罗斯联邦现行宪法赋予总统的权力远超过法国总统的权力。例如，俄罗斯联邦总统独立作出解散国家杜马的决定，不需同总理和两院议长磋商；他发布的命令，也不需总理或有关部长副署；个人决定国内外政策的基本方针；根据自己的动议决定政府辞职等。可见，俄罗斯的政权组织形式同时吸纳了法国总统制和美国总统制中有利于加强总统权力、减少对总统权力制约的成分和机制。这种带有个人集权色彩的总统制和俄罗斯崇尚个人权力和精英政治的文化传统不无关系，俄罗斯人民习惯于把国家的前途、民族的命运及个人的安危寄托在强权政治人物的身上。对此，俄罗斯学者曾尖锐地指出，俄罗斯民众认为，"民主是一个误区，俄罗斯社会还没有成熟，俄罗斯人缺少法制观念……俄罗斯应该像蜜蜂、蚂蚁一样组织起来，他们渴望领袖和训导。"❷ 耐人寻味的是，连俄罗斯高层政治人物也认同这种高度集权的体制，普京在《千年之交的俄罗斯》一文中提到，"在俄国，国家及其体制和机构在人民生活中一向起着极为重要的作用。对于俄罗斯人来说，一个强大的国家并不是什么异己的怪物，不是要与之作斗争的东西，恰恰相反，它是秩序的源头和保障，是任何变革的倡导者和主要推动力。"❸

---

❶ 董晓阳："俄罗斯宪法制度的演变与时代特征"，载《俄罗斯中亚东欧研究》2003年第1期。

❷ 鲍·米罗诺夫："人民期盼强权"，载《俄罗斯报》1993年11月9日，转引自范建中：《当代俄罗斯——政治发展进程与对外战略选择》，时事出版社2004年版，第71页。

❸ 普京：《普京文集》，中国社会科学出版社2002年版，第9页。

第二节 总 统

一、联邦总统的产生

（一）联邦总统的当选资格

俄罗斯联邦现行宪法第 81 条第 2 款规定，"凡年满 35 岁，在俄罗斯联邦定居 10 年以上的俄罗斯联邦公民，可以当选为俄罗斯联邦总统。"按照上述规定，当选俄罗斯联邦总统需要满足下列条件：

1. 须为俄联邦公民

当选俄罗斯联邦总统者，必须是俄罗斯联邦公民。外国公民和无国籍人士无当选资格。需要指出的是，俄罗斯联邦现行宪法并没有规定当选总统国籍的取得方式，无论是出生国籍还是继有国籍均符合国籍方面的要求。

2. 须年满 35 周岁

当选俄罗斯联邦总统者，必须是年满 35 岁的俄罗斯联邦公民。俄罗斯联邦宪法自设置总统职位以来一直规定 35～65 岁之间的公民可当选为总统，俄罗斯现行宪法取消了年龄上限的规定，比较符合国际上通行的做法，实际上年龄和执政能力并不存在必然联系，如里根 70 周岁当选美国总统，而肯尼迪当选美国总统时年仅 43 周岁。

3. 在俄联邦居住不少于 10 年

当选俄罗斯联邦总统者，必须在俄罗斯联邦定居 10 年以上。俄罗斯联邦现行宪法的此项新规定，其用意有三：一是体现当选总统对国家的忠诚度；二是可以充分衡量当选总统对国家基本情况的了解程度；三是便于选民对未来总统的个人品德、执政能力有全面的把握。

（二）联邦总统的选举

1. 俄罗斯联邦总统选举的基本原则

俄罗斯联邦现行宪法第 81 条第 1 款规定："俄罗斯联邦总统由俄罗斯联邦公民按照普遍、平等、直接的选举制，并采用无记名投票方式选举产生。"按照上述规定，俄罗斯联邦总统选举的基本原则主要体现为选举的普遍性原则、平等性原则、直接选举原则和无记名投票原则。

2. 俄罗斯联邦总统的选举程序

按照俄罗斯联邦现行总统选举法的规定，俄罗斯联邦总统的选举程序包括下述六个阶段：（1）俄联邦委员会确定总统选举日期。依据 2003 年《俄联邦总统选举法》规定，总统选举日是上一届总统投票月份的第二个星期日，联邦委员会提前 90～100 天作出公布选举投票日期的决定。

（2）划分选区和成立选举委员会。俄总统的选举，按全联邦选区进行。选举委员会包括俄中央选举委员会，俄联邦主体选举委员会，区域性选举委员会，选举分区委员会。其中，中央选举委员会为常设性机构，每届四年任期；而其他各级选举委员会则为临时机构。

（3）选民登记。选民信息主要载于选民手册，选民手册会在选举日至少20日前由选举委员会公布，选民若对选民手册有意见，可向选举委员会提出申诉，相关争议的处理决定最晚应在选举日投票结束前向当事人公布。

（4）总统候选人的提出和登记。每个政党和竞选联盟可以推荐一名总统候选人，自荐的候选人须取得由500人以上选民组成的选民小组的支持，且每个选民小组只能支持一名自荐的总统候选人；此外，提名俄总统候选人的政党、竞选联盟必须为候选人征集到200万选民的签名支持单（此条件并不排除自荐的总统候选人），其中，每个联邦主体征集到的选民签名支持单数不得超过5万，但在国家杜马选举中获得席位的政党、竞选联盟不需要征集选民签名支持单，可直接在中央选举委员会进行登记。

（5）竞选。各总统候选人在竞选阶段宣布竞选纲领，总统候选人的竞选班子开始实施竞选策略，通过会见选民、电视广播讲演和辩论、张贴散发传单标语等各种形式拉取选票。而个人竞选基金的建立为竞选提供了充分的物质保障。

（6）投票。登记的总统候选人达到两名以上时，总统选举方可举行，一半以上选民参加投票时，总统选举才会有效。

（7）总结总统选举结果。获得参加投票选民半数以上选票的总统候选人，当选为俄罗斯联邦总统。如果任何一名候选人都未获得半数以上支持，则票数领先的前两名候选人进入第二轮选举。在复选时，获得最多选票的候选人当选俄罗斯联邦总统。但是，他获得的选票数，必须多于反对所有候选人的选票数（完全反对票）。

3. 总统选举无效和重新选举的情形

（1）选举无效的情形。遇有下列情形之一时，中央选举委员会认为总统选举无效：一是参加投票的选民人数未超过登记选民的半数；二是得票最多的候选人所得的赞成票数量低于完全反对票数量；三是如果候选人只有两名，他们都没有得到半数以上投票选民的支持。

（2）重新选举的情形。如出现下列三种情况，俄联邦委员会将宣布重新举行选举：一是总统选举被认为无效；二是参加第二轮投票的候选人在投票当日撤选或由于其他原因退选；三是参加第二轮投票的候选人无一当选。在重新举行总统选举时，那些因其行为而造成选举无效或第二轮投票选举无效的候选人不能再度成为候选人。

二、联邦总统的任期

（一）联邦总统的任期

俄罗斯联邦总统自总统选举结果正式颁布之日起的第 30 日，在联邦会议两院议员和俄罗斯联邦宪法法院法官出席的仪式上宣誓就职。总统向人民作如下宣誓，"我宣誓：在行使俄罗斯联邦总统权限时，尊重和维护人和公民的权利与自由，遵守和捍卫俄罗斯联邦宪法，捍卫国家的主权、独立、安全和完整，忠实地为人民服务。"俄罗斯当选总统从宣誓就职时起开始行使总统权限，到任职届满、新当选总统宣誓就职时起停止行使总统权限。

俄罗斯联邦现行宪法曾规定，俄罗斯联邦总统每届任期 4 年，俄罗斯联邦总统得连选连任，但连续任职不得超过两届以上。2008 年 12 月 30 日，俄罗斯总统梅德韦杰夫正式签署通过俄宪法修正案，将俄联邦总统的任期由 4 年延长至 6年。按照最新的宪法修正案，2012 年再度当选的普京总统任期将至 2018 年。

（二）提前停止行使总统权限

俄罗斯联邦总统在辞职、由于健康原因不能履行总统职责或受到弹劾时，提前停止行使总统权限。俄罗斯联邦新总统的选举，应当自原总统停止行使权限时起的 3 个月内举行。1999 年 12 月 31 日，叶利钦总统在世纪之交宣布辞去总统职务，根据宪法的规定，叶利钦总统在决定辞职时签署了把俄罗斯总统职权交给政府总理普京的命令，从而成为俄罗斯联邦首位提前停止行使总统权限的总统。

三、联邦总统的职权范围

依照俄联邦现行宪法第 80 条的规定，俄罗斯联邦总统是国家元首，是俄罗斯联邦宪法、人和公民的权利和自由的保证人。他按照俄罗斯联邦宪法规定的程序，为维护俄罗斯联邦主权、独立和国家完整而采取措施，保证国家权力机关协调地行使职能并相互配合。他根据俄罗斯联邦宪法和联邦法律确定国家内外政策的基本方向，作为国家元首在国内和国际关系中代表俄罗斯联邦。可见，俄罗斯总统享有极为广泛的职权，这些职权几乎涉及全部国家权力。

（一）保障宪法实施

1. 协调国家权力机关运行

根据俄罗斯联邦宪法第 85 条第 1 款之规定，俄罗斯联邦总统可利用协商程序解决俄罗斯联邦国家权力机关和俄罗斯联邦各主体国家权力机关之间的分歧。在不能达成一致决定的情况下，他可将争议的解决转给相应的法院审议。

2. 对相关立法文件实施宪法监督

俄联邦总统可以废除与俄罗斯联邦宪法、联邦法律、联邦总统命令相抵触的俄罗斯联邦政府的决议和命令；中止与俄罗斯联邦宪法、联邦法律、俄罗斯联邦国际义务相抵触的，或者侵犯人和公民权利与自由的联邦主体文件的效力，一直到有关法院解决这一问题为止；俄联邦总统还可就联邦法律，联邦委员会、国家杜马、俄罗斯联邦政府的规范性文件是否符合俄罗斯联邦宪法问题，就俄罗斯联邦宪法的解释问题向俄罗斯联邦宪法法院提出询问等。

（二）立法提案权和否决权

俄联邦现行宪法第 84 条规定，"俄罗斯联邦总统向国家杜马提出法律草案"，这说明俄联邦总统拥有立法提案权。俄联邦宪法第 107 条在程序上明确了这条规定，"被联邦会议通过的联邦法律得在 5 日内送交俄罗斯总统签署公布。总统得在 14 日内签署和公布法律。如果总统在收到联邦法律起的 14 日内否决了联邦法律，国家杜马和联邦委员会按照俄罗斯宪法规定的程序重新审议该法律。"上述规定表明俄总统拥有对联邦法律的否决权。

（三）发布命令和指示权

俄罗斯联邦总统为了实现其职能和权限，有权发布命令和指示。总统的命令和指示在俄罗斯联邦全境必须执行。但是，总统的命令和指示不得与俄罗斯联邦宪法和联邦法律相抵触。一般来说，命令通常针对重要的政治事项发布，而指示通常针对组织机构或人事问题或总统附属机构的工作问题发布，命令具有规范性，而指示不具有规范性效力。

（四）对国家杜马的控制权

俄罗斯联邦总统有权按照俄罗斯联邦宪法和联邦法律的规定，召集国家杜马的会议，确定国家杜马的选举；他也有权在宪法规定的情况下，并按照宪法规定的程序解散国家杜马。依据宪法第 117 条之规定，国家杜马对俄罗斯联邦政府表示不信任之后，俄罗斯联邦总统有权宣布俄罗斯联邦政府辞职或不同意国家杜马的决定。在国家杜马三个月内再次对俄罗斯联邦政府表示不信任的情况下，俄罗斯联邦总统宣布俄罗斯联邦政府辞职或者解散国家杜马。俄罗斯联邦政府总理可向国家杜马提出关于对俄罗斯联邦政府的信任问题。如果国家杜马拒绝表示信任，俄罗斯联邦总统在 7 天内作出俄罗斯联邦政府辞职的决定或者解散国家杜马和举行新的选举的决定。

（五）外交权

外交权是国家元首最重要的职权，也是国家元首的重要标志，俄罗斯联邦宪法规定，总统在国内和国际关系中代表本国；总统领导俄罗斯联邦的对外政策，进行谈判并签署俄罗斯联邦的国际条约，签署已经批准的国书，接受派驻俄罗斯联邦的外交代表的国书和召回文书。

（六）军事权

依据俄联邦现行宪法第 87 条之规定，俄罗斯联邦总统是俄罗斯联邦武装力量最高统帅。在对俄罗斯联邦进行侵略或者发生直接侵略威胁的情况下，俄罗斯联邦总统在俄罗斯联邦境内或其部分地区实行战时状态并立即向联邦委员会和国家杜马通告此事。此外，总统还有权批准俄罗斯联邦的军事理论。

（七）对政府的统领权

俄罗斯联邦政府由政府总理、副总理和各部部长组成，联邦政府既对联邦会议负责，又对联邦总统负责，但主要是对联邦总统负责，俄联邦现行宪法第113条规定，"俄罗斯联邦政府总理根据俄罗斯联邦宪法、联邦法律和俄罗斯联邦总统命令规定俄罗斯联邦政府活动的基本方针并组织政府工作"。可见，俄联邦总统在政府的运行当中扮演着重要的角色，依据宪法的规定，总统有权主持俄罗斯联邦政府会议，总统有权废除违背总统命令的政府决议和指示，总统有权批准俄罗斯联邦政府总理关于联邦执行权力机关机构的建议；总统可以接受也可以拒绝政府辞职；总统还可以自行作出政府辞职的决定。此外，在人事任免方面，俄联邦总统经国家杜马同意，任命俄罗斯联邦政府总理；根据俄罗斯联邦政府总理提议，任免俄罗斯联邦政府副总理、联邦部长。

（八）司法官员的任免权

依据俄联邦现行宪法第83条第6款之规定，俄罗斯联邦总统有权向联邦委员会提出俄罗斯联邦宪法法院、俄罗斯联邦最高法院、俄罗斯联邦最高仲裁法院法官的人选；向联邦委员会提出俄罗斯联邦总检察长的人选，并提出解除其职务的问题。俄罗斯联邦总统拥有对其他联邦法院法官的任命权。

（九）荣典权

俄联邦现行宪法第82条第2款规定了俄联邦总统的荣典权，主要包括授予俄罗斯联邦国家奖，授予俄罗斯联邦荣誉称号、高级军衔和高级专门称号。

除了上述权力之外，俄联邦总统还拥有解决俄罗斯联邦国籍问题、提供政治避难问题及实施特赦的权力。

四、宪法确立的制约总统权力的有限机制

从上述总统的权限范围可以看出，宪法赋予了总统最大限度的广泛权力，对此，俄罗斯学者表达了某种担忧，"俄罗斯总统从三权分立体制中分离出来，被置于所有国家权力机关之上……（总统权力）既有从总统制共和国（美国）借鉴的，也有从半总统制共和国（法国）借鉴的，但同时《俄罗斯联邦宪法》中却没有这两种总统制模式中规定的对总统权限的制衡。这样一来，俄罗斯就破坏了三权分立原则、权力平衡原则"。❶实际上，这种担忧并非无中生有，仅仅从总统和政府的关系来看，由于政府运行完全依赖于总统的命令，总统的意志曾导致了政府的不断更迭，1998年至1999年，一年半的时间里就更换了五届政府，俄联邦宪法却显得无能为力。然而，若断言总统权力完全不受宪法的约束并不符合宪法规范的现实，俄联邦现行宪法还是确立了制约总统权力的有限机制。

---

❶ Ю. И. 斯库拉托夫："俄罗斯宪法在现阶段的发展"，转引自黄道秀主编：《俄罗斯法研究（第一辑）》，中国政法大学出版社2013年版，第36页。

（一）立法权方面的制约

首先，俄罗斯联邦委员会有权批准是否准许俄罗斯联邦总统在俄罗斯联邦全境或者部分地区实行战时状态和紧急状态。依照《俄罗斯军事状态法》第4条第7款之规定，"俄罗斯联邦总统的军事状态令，若未被联邦委员会批准，则自该决定通过之日的第二天终止效力"。而根据《俄罗斯紧急状态法》第7条第4款之规定，"俄罗斯联邦总统的紧急状态命令，未获得俄罗斯联邦会议联邦委员会批准，应自公布之刻起72小时之后失效"。

其次，俄罗斯联邦委员会有权根据总统提议审议通过有关在国外动用军事力量的决定。如在2014年2月爆发的乌克兰冲突中，俄罗斯联邦总统普京就向联邦委员会提议在乌克兰领土动用俄军事力量，直至该国社会及政治形势恢复稳定。而俄联邦委员会于3月1日同意普京总统的提议。

最后，国家杜马有权对俄罗斯联邦总统的叛国罪或其他严重罪行进行弹劾，俄罗斯联邦委员会有权罢免俄罗斯联邦总统的职务。根据俄联邦宪法第93条之规定，"俄罗斯联邦总统只能由联邦委员会根据国家杜马所提出的叛国罪或实施其他重大犯罪的指控予以罢免，这一指控须由俄罗斯联邦最高法院关于俄罗斯联邦总统行为中具有犯罪特征的结论和俄罗斯联邦宪法法院关于提出指控符合规定程序的结论所证实。国家杜马关于提出指控的决定和联邦委员会关于罢免总统职务的决定，应根据不少于1/5的国家杜马议员的动议在两院中的每一院内以2/3票数予以通过，并要具有国家杜马专门委员会的结论。联邦委员会关于罢免俄罗斯联邦总统职务的决定应在国家杜马对总统提出指控后的3个月内作出。"

（二）司法权方面的制约

一方面，俄罗斯联邦现行宪法规定，俄罗斯联邦宪法法院有权根据联邦委员会、国家杜马、1/5联邦委员会代表、1/5国家杜马代表、俄罗斯联邦政府、俄罗斯联邦最高法院、俄罗斯联邦最高仲裁法院、俄罗斯联邦主体的立法权力机关和执行权力机关的询问，审理俄罗斯联邦总统的行为（包括规范性文件）是否违宪的案件。总统的行为一旦被俄罗斯联邦宪法法院宣布违宪，必须立即纠正；总统的文件一旦被俄罗斯联邦宪法法院宣布违宪，便丧失法律效力。另一方面，针对国家杜马所提出的俄联邦总统犯有叛国罪或实施其他重大犯罪的指控，俄罗斯联邦最高法院有权作出关于俄罗斯联邦总统行为中具有犯罪特征的结论，俄罗斯联邦宪法法院则可就提出的指控是否符合规定程序作出法律上的结论。

第三节　议　　会

一、联邦会议的组成

联邦会议作为俄罗斯联邦立法代议机关，主要由联邦委员会和国家杜马两院

组成。通常人们习惯上把联邦委员会称为联邦会议的上院，把国家杜马称为联邦会议的下院。现将联邦会议的组织结构详述如下：❶

（一）国家杜马

（1）议长与副议长。国家杜马设议长、首席副议长和副议长。议长、首席副议长和副议长由国家杜马议员秘密选举产生，国家杜马也可制定决议公开选举产生。议会党团有权提出议长候选人，获得国家杜马半数以上得票的候选人即认定其当选议长。议长的主要职责是：管理国家杜马会议；组织国家杜马委员会活动；领导国家杜马工作机构，签署国家杜马决议等。副议长的职责是：受议长的委托管理议员会议，协调各常设委员会的活动等。

（2）国家杜马委员会。国家杜马委员会的设立旨在解决议会组织活动的筹备和运转问题，委员会中拥有决定性表决权的成员包括国家杜马议长，首席副议长和副议长。议长主持国家杜马委员会会议。国家杜马委员会的职权是：在例行会议上制定有关国家杜马立法草案工作的计划案；制定国家杜马例会的工作程序案；依俄联邦总统的建议、依议会党团的要求、依不少于1/5议员的要求或依国家杜马议长的建议召集非常会议并确定会议举行的日期等。

（3）议会党团。赢得选举的政党会分得相应的国家杜马议员席位，由这些议员在国家杜马所组成的组织即为议会党团，党团的名称使用选举时的政党名称，党团成员超过100名时可创立党团内部机构，议会党团实际上是各政党在国家杜马中的利益代言人，他们在国家杜马的实际运行当中起着重要的作用，如党团有权提出国家杜马议长、副议长候选人，常设委员会的人员构成要体现党团的代表比例等。

（4）常设委员会。国家杜马常设委员会一般是根据体现议会党团代表比例的原则组成。每一个常设委员会的成员由国家杜马确定，但一般不少于12人，同时不超过35人。选举出代表一个党团的担任国家杜马议长、国家杜马副议长、常设委员会委员长及副委员长的议员总数不能超过该党团成员的50%。常设委员会的成员由国家杜马采用国家杜马全部议员表决多数通过的方式予以确定。每一位国家杜马议员，除了国家杜马议长之外，都必须成为一个国家杜马常设委员会的成员。

国家杜马常设委员会的职责是：预先审议法律草案并准备将法律草案提交国家杜马审议；准备法律草案的结论意见，准备由国家杜马审议的决议草案；依据议院的决议准备向俄罗斯宪法法院提出申请；依据国家杜马委员会的决定及国家杜马议长的委托准备国家杜马向俄联邦宪法法院派遣国家杜马代表的决议草案；对俄联邦预算案的相应部分给出结论意见和建议等。

---

❶　胡锦光主编：《外国宪法》，法律出版社2011年版，第302～304页。

（二）联邦委员会

（1）人员构成。联邦委员会主要的公职人员包括议长、副议长、常设委员会委员长等。联邦委员的议长和副议长由联邦委员会成员秘密选举产生。议长的职责是：召集联邦委员会会议；签署联邦委员会决议；划分联邦委员会各副议长之间的义务等。联邦委员会副议长的职责是：根据议长的委托签署议院决议，颁发指示，向联邦委员会提交议院活动的报告等。

（2）机构设置。联邦委员会的主要机构包括议院委员会、联邦委员会常设委员会和临时委员会。议院委员会是联邦委员会的常设机构，是为了筹备和解决联邦委员会活动问题而设立的。

联邦委员会常设委员会是为了对联邦委员会行使宪法权限提出建议、为了预先审议国家杜马通过的法律等设立的；临时委员会是为了解决具体问题在一定期限内设立的委员会。

二、议员的产生

（一）联邦委员会议员的产生

依据 2013 年 1 月 1 日起实施的《俄罗斯联邦会议联邦委员会组成程序法》，联邦委员会由各联邦主体选任的两名委员组成——联邦主体的立法会和执行机关各选一名，其中，联邦主体立法会选任的委员应为联邦立法会议员，其候选人由联邦主体立法会主席、立法会中的党派或者 1/5 以上的立法会议员提名，并由立法会通过投票产生；由联邦主体执行机关选任的委员由联邦主体行政长官任命。不过，在联邦主体行政长官大选时，其候选人应提出 3 位联邦委员会委员候选人，并在当选后从中选一人任联邦委员会委员。现在的俄罗斯联邦拥有 83 个联邦主体，因此，俄联邦委员会共 166 名委员。

（二）国家杜马议员的选举

依据俄联邦现行宪法的规定，国家杜马由 450 名议员组成，凡年满 21 岁并有权参加选举的俄罗斯联邦公民均可当选为国家杜马议员，国家杜马议员的选举程序由联邦法律规定。迄今为止，俄罗斯联邦总共制定颁布了五部国家杜马议员选举法，它们通过的时间分别是 1995 年、1999 年、2002 年、2005 年和 2014 年。

根据 2002 年国家杜马选举法的规定，国家杜马议员共 450 名，其中一半议员由 225 个单名制选区选举产生，每一个选区产生一名议员；另一半议员则在联邦选举区内采用比例制原则分配产生。在联邦选区获得 5% 以上选票的政党、选举联盟才有资格分配议员席位。

2005 年国家杜马选举法相对于 2002 年杜马选举法有一些变化的内容：一是取消了单名制选区，即 450 名议员全部按照比例制原则在全联邦选区里选举产生；二是取消了 2002 年选举法中有关竞选联盟可以提出候选人名单的规定，规定只有政党才能提出议员候选人名单；三是将政党分配席位的资格由原来的 5%

提高到 7%。

2014 年 2 月 24 日，俄罗斯总统普京签署了《俄罗斯联邦会议国家杜马议员选举法》，该法案经由普京签署后立即生效，这是俄罗斯联邦颁布的第五部国家杜马议员选举法，2014 年国家杜马选举法相对于 2005 年杜马选举法，内容主要有以下变化：❶ 一是选举方式恢复了 2006 年之前一直采用的混合选举制，在杜马总共 450 个席位中，一半席位继续由政党比例制选举产生，即获得超过 5% 选票进入议会的政党按照得票比例分配在杜马中的席位；其余的一半即 225 个席位由单名制选区选举产生，即在全国设立 225 个单名制选区，一区一席，根据优势胜出的原则每个选区选举产生一名议员，直接进入议会。为体现选举的公平性，新法案规定，每个联邦主体必须有不少于一个单名制选区，而在人数较多的联邦主体将分为多个单名制选区；二是政党进入议会门槛进一步降低。新法案规定，在选举中得票率超过 5% 的政党即可进入议会。❷ 目前，俄杜马由四个政党组成，进入议会的门槛降低，将有利于其他政党进入议会，参与俄政治进程。三是候选人资格发生变化。新法案规定，在上届杜马选举中得票率不低于 3% 的政党及在联邦或地方议会中拥有席位的政党可以不用征集签名而自动获得竞选资格。对于新组建的政党，需征得不少于 20 万选民的签名，且在一个俄罗斯联邦主体内的签名不得多于 7 000 个。新法案规定，政党除了自己的党派成员外，可以提名非党派人士，但不能超过总数的 50%，也不能提名其他党派成员。针对单名制选区候选人，新法案规定，由无需征集选民签名的政党推荐的候选人不需要征集选民签名；由选区直接推举产生的候选人需征集到所在选区不少于 3% 的选民签名，如果所在选区选民数量少于 10 万人，所征集的选民签名数量应不少于 3 000 个；四是增加了选举的透明度。新法案规定，在所有投票站点将设置监控设备，观察员可在投票地点拍照、录像，媒体代表可以参与报道杜马选举的所有环节，并可进行网上直播。

三、联邦会议的职权

（一）两院的共有权限

联邦会议两院共有的权限，包括立法权、监督权、决定内部组织问题权。监督权，又可以划分为监督政府权和弹劾总统权。

---

❶ 中国普法网站：http://www. legalinfo. gov. cn/Extraterritorial/content/2014 - 03/04/content_ 5329312. htm，最后访问日期：2014 年 4 月 12 日。

❷ 根据 2012 年修改的《俄罗斯政党法》规定，只要 500 人就可以成立一个党派，全俄目前有 75 个政党，而俄罗斯司法部官方统计显示，俄境内准备注册的政党超过 100 个。

1. 立法权

（1）议决权。依据俄罗斯联邦宪法第 105 条之规定，联邦法律由国家杜马议员总数的多数票予以通过，法律由国家杜马通过后在 5 天内移交联邦委员会审议。如果联邦委员会委员总数的半数以上投票对其表示赞成或者联邦委员会 14 天内未予审议，联邦法律即为联邦委员会批准。联邦委员会可决定委托联邦委员会议长将法律送至总统处签署。在联邦委员会否决联邦法律的情况下，两院可成立协商委员会以消除已经产生的分歧。此后，联邦法律应由国家杜马复审，如果复审时国家杜马议员总数 2/3 以上的人投赞成票，则联邦法律即为通过，可送交总统签署。宪法第 106 条明确了联邦委员会审议的联邦法律所涉及的问题，主要有：联邦预算；联邦税收和集资；财政、外汇、信贷和海关调整、货币发行；批准和废除俄罗斯联邦的国际条约；俄罗斯联邦国家边界的地位和保护；战争与和平。对于联邦性法律的通过，联邦宪法第 108 条规定，联邦宪法性法律由不少于联邦委员会成员总数 3/4 和不少于国家杜马议员总数 2/3 的多数赞成即为通过。

（2）修宪建议权。按照俄罗斯联邦现行宪法第 135 条的规定，联邦会议无权重新审议和修改宪法第一、二、九章的条款。此三章主要涉及宪政制度原则、人和公民的权利与自由、宪法的修改与重新审议等内容，但是，修改上述三章条款的建议，若能获得联邦委员会委员和国家杜马议员各自总数 3/5 的票数支持，则可以按照制宪会议法（联邦宪法性法律）的规定召开制宪会议，以确定是否需要修改上述条款，是否需要制定俄罗斯联邦新宪法草案。

（3）修宪权。依照俄罗斯联邦宪法第 136 条之规定，对宪法第三至八章的修改，应按照为通过联邦宪法性法律而规定的程序予以通过，并在不少于 2/3 以上的俄罗斯联邦各主体立法权力机关批准之后生效。此六章所涉及的内容依次是联邦结构、俄罗斯联邦总统、联邦会议、俄罗斯联邦政府、司法权、地方自治。

2. 监督权

（1）财政监督权。财政监督权，主要是对联邦预算执行情况的监督权，而批准联邦预算则属于联邦会议的立法权。依据联邦宪法第 101 条第 5 款之规定，联邦委员会和国家杜马组成审计院专门对联邦预算的执行情况实行监督，俄联邦审计院是根据国家杜马 1994 年 11 月 18 日通过的《俄罗斯联邦审计院法》而建立的国家财政监督常设机构，隶属于俄罗斯联邦会议并向其报告工作。审计院以合法性、客观性、独立性和公开性的原则为基础，对联邦预算和预算外基金及俄罗斯联邦金融机构中的联邦预算资金和联邦预算外基金进行审计监督，并定期向联邦委员会和国家杜马提交关于联邦预算执行情况的报告。

根据《俄罗斯联邦审计院法》的规定，审计院在向俄罗斯联邦会议上下两院通报审计效果时必须包括预防及打击腐败的问题。俄联邦政府要求采取措施加强对联邦预算拨款、联邦主体预算及地方预算使用情况的监督，审计院主要对预算运用的合法性及效益性进行审计，揭示使用过程中的腐败行为及其原因，将其通报给国家和执法机构，同时对所发现的制度性缺陷进行研究，制定相应的预防措施。❶

（2）听证权。按照俄罗斯联邦宪法第 101 条第 3 款之规定，联邦会议两院有权就其管辖的问题举行议会听证会。议会听证会除为行使立法权而举行外，还可以就政府、各部、委和主管部门及其公职人员违法（包括侵犯公民权利）举行。

（3）质询权。依据质询主体的不同，质询可分为议会质询和议员质询，联邦委员会和国家杜马有权向政府总理、政府成员、俄联邦总检察长、中央选举委员会主席及联邦主体国家权力机关首脑等就其管辖的问题提出议会质询，被质询者对议会的质询应当在议会提出质询之日起 15 日内或者在相应议院规定的期限内进行口头答复或者书面答复。联邦委员会成员、国家杜马议员有权向政府总理、政府成员、俄联邦总检察长、中央选举委员会主席以及联邦主体国家权力机关首脑等就其管辖的问题提出质询。被质询者，应当在收到质询之日起的 30 日内或按照相应规定的其他期限作出书面答复。❷

3. 弹劾总统权

按照俄罗斯联邦现行宪法的规定，国家杜马有权对俄罗斯联邦总统提出犯有叛国罪或其他重罪的指控，联邦委员会有权按照法定程序作出是否弹劾总统的决议。此部分内容在第二节已有介绍，于此不再赘述。

（二）联邦委员会的专有权限

1. 联邦主体疆界变动的批准权

俄联邦主体之间的疆界可根据联邦主体之间签署的协议进行变更，但上述变更的批准权属于联邦委员会。

2. 监督总统权

宪法规定，联邦委员会拥有批准俄罗斯联邦总统关于实行战时状态和实行紧急状态命令的权力，此外，针对在俄罗斯联邦境外动用俄罗斯联邦武装力量的可能性问题也由俄联邦委员会决定。

3. 确定总统选举权

俄罗斯联邦总统每届任期 6 年，总统的正常选举或者提前离职等非正常情况下的总统选举，都由俄联邦委员会确定。

4. 人事任免权

依据俄联邦宪法之规定，俄联邦委员会可以罢免俄罗斯联邦总统职务；任命俄罗斯联邦宪法法院、俄罗斯联邦最高法院、俄罗斯联邦高等仲裁法院法官职

---

❶ 张晓瑜："俄罗斯联邦审计院在国家反腐败体系中的作用及其主要举措"，载《国外审计观察》2013 年第 1 期。

❷ 胡锦光主编：《外国宪法》，法律出版社 2011 年版，第 306 页。

务；可以任命和解除俄罗斯联邦总检察长职务；也可以任命和解除审计院副院长职务及其半数成员。

（三）国家杜马的专有权限

1. 监督联邦政府权

一方面，在联邦政府总理的任命上，俄罗斯联邦现行宪法规定，俄罗斯联邦总统征得国家杜马同意后，任命俄罗斯联邦政府总理，这意味着国家杜马拥有对俄罗斯联邦政府总理任命的同意权，这便使得国家杜马在组建联邦政府的关键环节拥有了监督权。当然，这种监督依然受到总统权力的制约。依据俄联邦宪法第111条第3款之规定，国家杜马三次否决俄罗斯联邦政府总理的候选人资格后，俄罗斯联邦总统任命俄罗斯联邦政府总理，同时，解散国家杜马并确定新的选举。❶

另一方面，国家杜马可以通过对政府的不信任案。依据俄联邦宪法第117条之规定，国家杜马通过不信任案有两种情况：一是国家杜马可以对俄罗斯联邦政府表示不信任。关于不信任俄罗斯联邦政府的决议由国家杜马议员总数的多数票予以通过。国家杜马对俄罗斯联邦政府表示不信任之后，俄罗斯联邦总统有权宣布俄罗斯联邦政府辞职或不同意国家杜马的决定。在国家杜马3个月内再次对俄罗斯联邦政府表示不信任的情况下，俄罗斯联邦总统宣布俄罗斯联邦政府辞职或者解散国家杜马；二是俄罗斯联邦政府总理可向国家杜马提出关于对俄罗斯联邦政府的信任问题。如果国家杜马拒绝表示信任，俄罗斯联邦总统在7天内作出俄罗斯联邦政府辞职的决定或者解散国家杜马和举行新的选举的决定。

显然，由于总统权力的制约，国家杜马监督政府的作用极其有限，很多情况下，国家杜马为了维持自身的存在，不得不屈从于总统的意志，这也反映了俄罗斯总统权力相对于国家杜马的优越性。

2. 人事任免权

依据俄联邦宪法的规定，国家杜马拥有对部分公职人员的任免权，包括：（1）任命和解除俄罗斯联邦中央银行行长职务；（2）任命和解除审计院院长及其半数成员的职务；（3）任命和解除根据联邦宪法性法律开展活动的人权全权

---

❶ 在俄罗斯联邦的政坛历史上，国家杜马曾经历过险些被解散的命运。1998年3月27日，叶利钦正式提名35岁的谢尔盖·基里延科出任总理，并威胁一旦被俄罗斯国家杜马否决，他将解散杜马，提前进行杜马选举。在叶利钦固执的坚持下，4月24日，俄罗斯国家杜马在第三次投票表决中通过了对基里延科的总理提名，避免了被解散的命运，而基里延科则成为俄罗斯联邦历史上最年轻的总理。

代表的职务。❶

3. 大赦权

依据俄联邦宪法的规定，国家杜马有权宣布大赦，国家杜马曾就政治、经济、社会领域的法律问题多次宣布大赦。2013 年 7 月 2 日，俄罗斯国家杜马通过"经济大赦"法令，该法令规定，无论刑期长短，免除第一次被判刑或因涉及商业活动的刑法典第 27 条被追究责任人员所受的监禁惩罚。同时，嫌疑人或被告应该返还相应财产或因赔偿所造成的损失。

四、议员活动的保障

为了保证联邦会议两院议员充分行使自己的权限，俄罗斯联邦现行宪法规定了议员活动最基本的组织保障和法律保障。联邦会议两院议员地位法不仅使上述宪法原则具体化，而且规定了议员活动的其他保障。按照联邦宪法和联邦法律的规定，联邦会议两院议员活动的基本保障分类如下：

（一）组织保障

俄罗斯联邦现行宪法规定，联邦会议是由联邦委员会和国家杜马两院组成的常设机关。国家杜马议员根据职业、常设原则工作。国家杜马议员不得兼任国家公务，不得兼任其他国家代表机关和地方自治机关的代表，不得从事其他有报酬的活动。但是，从事教学、科学和其他创作性活动除外。联邦会议两院议员地位法进一步规定，当选国家杜马议员的现役军人、内务机关干警、检察机关工作人员，在任职期间停止其在军队、内务机关和检察机关中的工作。停止的条件和程序，与到国家执行权力机关和俄罗斯联邦总统办公厅工作的上述人员类同。联邦委员会议员则根据非常设原则工作。俄罗斯联邦现行宪法还规定，同一个人不得同时是联邦委员会议员和国家杜马议员。

（二）工作条件保障

1. 日常工作保障

联邦会议两院议员地位法规定，议员有参加本院会议和两院联席会议的权利，有参加本院常设委员会和两院协商委员会工作的权利。国家杜马议员还有参加议员联合组织（议会党团和议员团）工作的权利。国家杜马议员有出席联邦委员会一切会议的权利，联邦委员会议员也有出席国家杜马一切会议的权利。国家权力机关、地方自治机关、企业、机构和组织的公职人员和其他工作人员若阻

---

❶ 依据《俄罗斯联邦人权全权代表法》的相关规定，俄罗斯联邦人权全权代表的职务是根据俄罗斯联邦宪法规定设立，旨在保证公民的权利与自由受到国家保护，保证国家机关、地方自治机关和公职人员遵守并尊重公民的权利与自由。人权全权代表独立行使自己的职权，并且不从属于任何国家机关和公职人员。人权全权代表职务的任免由国家杜马以秘密投票的方式，以占国家杜马议员总数多数票通过。

挠行使上述议员权限，将按照俄罗斯联邦现行立法的规定被追究责任。

2. 走访国家机关的工作保障

由于议员活动的缘故，议员要经常会见国家机关的领导人员，走访各种国家组织和其他组织。应当指出的是，议员有权直接参加对其在走访要求中提出的问题的审议，其中包括参加相应机关秘密会议的审议。禁止调查机关、侦查机关和法院干涉议员活动。

（三）信息保障

1. 重要文件和资料的保障

联邦会议两院议员有权及时获得联邦会议两院通过的文件，及时获得俄罗斯联邦总统办公厅、俄罗斯联邦政府、俄罗斯联邦宪法法院、俄罗斯联邦最高法院、俄罗斯联邦最高仲裁法院及其他国家机关和社会联合组织正式散发的文件、其他的信息资料、参考资料。

2. 走访国家机关时的信息保障

在议员走访国家权力机关、地方自治机关、社会联合组织、企业、机构和组织时，公职人员得就有关问题向议员提供专家咨询，并且不受文件机密级别的限制立即向议员提供必要的信息和文件。

3. 发布信息的保障

议员受本院、本院常设委员会或临时委员会、代表联合组织的委托，向国有大众新闻媒体提供的资料，国有大众新闻媒体得在与议员协商的期限内（最迟不得超过7日）优先公布。而且，未经议员同意，国有大众新闻媒体不得擅自编辑改动议员提供的资料。

（四）法律保障

1. 议员不受侵犯

联邦会议两院议员在其整个任期内享有不受侵犯权。非经联邦会议相应院的同意，议员不得被按照司法程序追究刑事责任或行政责任，不得被拘留、逮捕、搜查或讯问。但是，在犯罪现场被拘留的情况除外。除为了保障议员安全，联邦法律另有规定者外，联邦会议两院议员也不得被搜身。议员的不受侵犯权，还适用于议员的住宅、办公用房、行李、个人的和履行公务用的交通工具、书信、通信器材、个人所有的文件。联邦会议两院议员被剥夺不受侵犯权的问题，由联邦会议相应的院根据俄罗斯联邦总检察长的提议作出决定。

2. 在任期内的发言、表决等不受追究

联邦会议两院在任期内的发言、表决时的立场及符合议员地位的其他行为，在任期内及任期结束后，均不得被追究刑事责任或行政责任。但是，这一规定不适用于实施的公开诽谤、诬告他人的行为以及联邦法律规定的其他违法行为。

3. 议员生命和健康的国家保险

联邦会议两院议员地位法规定，国家必须以某个议员年工资额的预算资金，为议员的生命和健康投保。如果议员因行使其权限而受到肉体伤害或健康受到其他伤害，最终导致死亡，或者造成残废，或者导致长期或短期的丧失劳动能力，国家保险机关应当支付其保险金。

4. 议员在劳动关系领域权利的法律保障

议员在劳动关系领域权利的法律保障包括：（1）解除担任国家公务的联邦委员会议员的职务，必须征得联邦委员会的同意。（2）国家杜马议员的任期，得计入其总工龄和连续工龄，或者专业工龄、服役期。而且，在议员任期结束后到上班之间3个月时间，也计入连续工龄。（3）国家杜马议员任期结束后，仍从事原工作或任原职。如果征得议员同意，也可以在原单位从事另一同等劳动报酬的工作和职务，或者到其他企业、机构、组织工作。

5. 议员有权拒绝举证

议员因履行其议员职责而了解到一些民刑事案件的情况。联邦会议两院议员地位法规定，议员有权拒绝就上述民刑事案件举证。

（五）物质条件保障

议员活动的物质条件保障，主要包括议员的工资和与实施议员活动相关支出的补偿两个方面。国家杜马议员的工资额，包括职务工资和附加工资两个部分。其工资总额和俄联邦政府部长的工资相当，而国家杜马主席领取的月工资总额和俄联邦政府总理的工资相当，俄联邦委员会议员工资基本上和国家杜马议员的工资相当。联邦会议议员与实施议员活动相关的支出，由国家按月给予其补偿。此外，联邦会议议员享受每年48个工作日的休假待遇，休假期间，议员除照常领取工资外，还同时领取相当于两个月工资额的医疗补助金。议员们还享有为俄联邦政府成员规定的医疗服务和日常生活服务条件。

（六）代表活动的其他保障

为保证联邦会议两院议员必要的工作条件，联邦会议两院议员地位法还规定了其他的一系列保障。例如，联邦会议两院议员有权在本院办公楼里，拥有自己的办公用房。他们在实施活动时，有权使用国家权力机关、地方自治机关、企业、机构和组织的通信设备。其费用支出，由国家预算资金补偿。但他们有权免费打电话、免费乘坐飞机、火车、公共汽车、水上运输工具和城市、市郊的其他运输工具。联邦会议两院议员都有权拥有5位在编助手。其中，1位随议员在相应院工作，其他4位在本选区或地区工作。他们还可以拥有编制外助手。联邦会议两院议员为实施公务活动而外出时，享受有关单位的优先服务。

第四节 政 府

一、联邦政府的组成

（一）联邦政府的组成人员

俄罗斯联邦现行宪法第 111 条规定，俄罗斯联邦政府由联邦政府总理、联邦政府副总理和联邦部长组成。这是关于俄罗斯联邦政府组成人员的原则性规定。与苏联时期宪法（包括苏联解体前后生效的宪法）不同的是，俄罗斯联邦现行宪法杜绝了把非联邦部长级官员列入俄罗斯联邦政府组成人员的可能性。

（二）联邦政府的组成程序

1. 联邦政府总理的任免

（1）联邦政府总理的任命。俄罗斯联邦政府总理，由俄罗斯联邦总统征得国家杜马同意后任命。具体程序为：

第一，总统就职后两周内向国家杜马提出俄罗斯联邦政府总理人选，国家杜马在一周内审议总理的候选人资格，并作出相应决定。

第二，总统在俄罗斯联邦政府辞职后两周内向国家杜马提出俄罗斯联邦政府总理人选，国家杜马在一周内审议总理的候选人资格，并作出相应决定。

第三，总统在俄罗斯联邦总理人选被国家杜马否决后的一周内，向国家杜马提出俄罗斯联邦政府总理人选，国家杜马在一周内审议总理的候选人资格，并作出相应决定。

提出关于总理人选的建议应不迟于新当选的，或在国家杜马否决候选人后的一周内。

无论按照哪种程序任命政府总理，国家杜马三次否决俄罗斯联邦政府总理的候选人资格后，俄罗斯联邦总统任命俄罗斯联邦政府总理，解散国家杜马并确定新的选举。

（2）俄罗斯联邦政府总理的免职。按照俄罗斯联邦政府法第 7 条的规定，俄罗斯联邦总统可以在下述两种情况下，解除俄罗斯联邦政府总理的职务：其一，俄罗斯联邦总统根据俄罗斯联邦政府总理的辞职声明，解除其职务。其二，俄罗斯联邦总统在俄罗斯联邦政府总理难以履行其职权的情况下，解除其职务。解除俄罗斯联邦政府总理职务，将导致俄罗斯联邦政府同时辞职。

2. 联邦政府其他组成人员的任免

俄罗斯联邦政府总理在被任命后的一周内，得向俄罗斯联邦总统提交关于俄罗斯联邦执行权力机关结构的建议。在建议被采纳后，俄罗斯联邦政府总理向俄罗斯联邦总统提出俄罗斯联邦政府副总理和联邦部长的人选。根据上述提名，俄罗斯联邦总统任命俄罗斯联邦政府副总理和联邦部长。对上述人员的任命，无须征得国家杜马同意。

俄罗斯联邦政府副总理、联邦部长由俄罗斯联邦总统根据俄罗斯联邦政府总理的提议解除职务，他们也有权提出辞呈。

3. 对政府组成人员的义务规定

俄罗斯联邦政府法首次对俄罗斯联邦政府组成人员的义务作出相应规定。

第一类是消极义务的规定，主要表现为：（1）俄罗斯联邦政府组成人员不得兼任联邦会议两院议员，联邦主体立法（代表）机关代表和地方自治选任机关代表。（2）他们不得在国家权力机关和地方自治机关中担任其他职务。（3）他们不得直接从事或者通过代理人从事企业家活动，其中包括不得参与管理各种法律组织形式的经济主体。如果他们在任职前拥有商业组织法定资本份额或股票额，那么他们在任职期间必须按照联邦法律规定程序将其交付受国家保障的委托管理。（4）他们不得从事其他有报酬的活动，但是从事教学工作、科学工作和其他创作性活动除外。（5）他们不得担任诉讼中的第三人在国家权力机关中的代理人或者代表。（6）他们不得为了非公务目的，使用只有从事公务活动时才使用的信息、物质技术设备、财政信息保障。（7）他们以俄罗斯联邦政府成员名义发表文章、演说时，不得收取酬金。（8）他们不得因行使职权而从自然人或法人处获得联邦法律没有规定的贷款、礼品、金钱或其他报酬，其中包括提供服务、酬金、娱乐和休养。（9）他们未经俄罗斯联邦总统允许，不得接受外国的荣誉称号、专门称号、勋章和其他奖章。（10）他们也不得利用自然人或法人资金到俄罗斯联邦境外公出，但按照俄罗斯联邦法律、俄罗斯联邦国际条约的规定，或者根据联邦国家权力机关同外国国家机关、国际组织、外国组织协商的互惠原则实施的公出除外。

第二类是积极义务的规定，根据原俄罗斯联邦政府法第 10 条的规定，俄罗斯联邦政府所有成员在被任命时，以及开始任职后的每年 4 月 1 日以前，必须向联邦税务机关提供上一财政年度内，自己获得的、作为征税客体的收入、有价证券的报表以及自己拥有的、作为征税客体的财产报表。联邦税务机关得把上述报表送达俄罗斯联邦总统和联邦会议两院。上述报表可以公布。2013 年 1 月 1 日生效的俄罗斯联邦政府法修正案规定，俄罗斯政府官员家庭不仅要申报收入和财产情况，其大额支出也被纳入申报范围。其 2012 年 1 月以来购买土地、其他不动产、交通工具、有价证券、股份金额超过申报者和配偶此前三年收入总和的交易，俄联邦政府成员要提交有关自己、配偶和未成年子女的收入信息，包括每一个购买土地、其他不动产、交通工具、有价证券、股份的交易。并须说明交易所用收入的来源。

4. 联邦政府代理的产生程序

按照俄罗斯联邦政府法第 8 条的规定，俄罗斯联邦政府代总理可以在下述两种条件和程序下产生：（1）在俄罗斯联邦政府总理被免职的情况下，俄罗斯联邦总统在任命新的俄罗斯联邦政府总理之前，有权委托一名政府副总理担任俄罗斯联邦政府代总理，任期不超过两个月。❶（2）在俄罗斯联邦政府总理出国访问、休假等暂时不在的情况下，一名俄罗斯联邦政府副总理根据俄罗斯联邦政府主席的书面委托，担任俄罗斯联邦政府代总理。

二、联邦政府的职权范围

（一）联邦政府总的权限

俄罗斯联邦政府在其权限范围内，负责组织实现国家内外政策；实施社会经济调整；保证俄罗斯联邦执行权力体系的统一，指导和监督执行权力体系的活动；拟定各种联邦目标纲领，并保障它们的实现；实现赋予其的立法提案权。

俄罗斯联邦政府根据同俄罗斯联邦主体执行权力机关达成的协议，可以将自己的部分权限转交俄罗斯联邦主体执行权力机关行使。但是，与俄罗斯联邦现行宪法和联邦法律相抵触的情况除外。俄罗斯联邦主体执行权力机关根据同联邦执行权力机关达成的协议，也可以将自己的部分权限转交联邦执行权力机关行使。按照俄罗斯联邦宪法和俄罗斯联邦政府法的上述规定，俄罗斯联邦政府已同许多联邦主体执行权力机关达成协议，将属于联邦财产的众多企业交付联邦主体执行权力机关管理。部分联邦主体执行权力机关也已将自己的部分权限转交联邦执行权力机关行使。

（二）联邦政府在国家生活各领域的权限

俄罗斯联邦政府法详细规定了俄罗斯联邦政府在国家生活各个领域里的权限。具体如下：

1. 在经济领域的权限

俄罗斯联邦政府有权调整经济进程；保证经济空间统一、经济活动自由和商品、劳务、资金的自由流动；预测国家社会经济的发展，制定和实施重要经济部门的发展纲领；制定国家的经济结构政策和投资政策，并采取措施实现这些政策等。

2. 在预算、财政、信贷和货币政策领域的权限

俄罗斯联邦政府保证奉行统一的财政、信贷和货币政策；编制并向国家提交联邦预算，并保证联邦预算的执行；向国家杜马提交联邦预算执行情况的报告；制定并实现税收政策等。

---

❶ 在第一种情况下，代总理是较为普遍的政治现象，像俄罗斯著名的政治人物维克多·切尔诺梅尔金、维克托·赫里斯坚科、谢尔盖·基里延科、弗拉基米尔·普京都曾有过担任俄罗斯联邦政府代总理的政治经历。

3. 在社会领域的权限

俄罗斯联邦政府保证奉行统一的国家社会政策，保证实现公民在社会保障方面的宪法权利，促进社会保障和慈善事业的发展；采取措施，实现公民的劳动权利；制定减少和消灭失业者的纲领，并保证这些纲领的实现等。

4. 在科学、文化、教育领域的权限

俄罗斯联邦政府制定并实施国家支持科学发展的措施；保证国家支持基础科学和具有全国性意义的实用科学方向；保证奉行统一的国家教育政策等。

5. 在自然利用和环境保护领域的权限

俄罗斯联邦政府保证在环境保护和保证生态安全领域奉行统一的国家政策；采取措施，实现公民的良好环境权，保证生态安全等。

6. 在保障法制领域的权限

俄罗斯联邦政府参与制定和实现保障个人、社会和国家安全方面的国家政策；采取措施，保障法制，保护公民的权利自由，保护财产和社会秩序，同犯罪和其他危害社会的行为开展斗争等。

7. 在保障国防和国家安全领域的权限

俄罗斯联邦政府实施必要的措施，保障国防和国家安全；组织运用武器、军事技术装备、物质资料和劳务保障俄罗斯联邦武装力量的工作等。

8. 在外交政策和国际关系领域的权限

俄罗斯联邦政府实施领导，以保障俄罗斯联邦同外国和国际组织的关系；保障俄罗斯联邦在外国和国际组织中的代表机构；在自己的权限范围内缔结俄罗斯联邦国际条约，保证履行俄罗斯联邦的国际条约义务等。

9. 其他权限

在宣布实施战时状态或紧急状态制度的情况下，俄罗斯联邦政府按照相应的战时状态或紧急状态制度法的规定行使权力。俄罗斯联邦政府还行使联邦宪法、联邦法律、俄罗斯联邦政府命令赋予的其他权限。

（三）联邦政府对各联邦部和其他联邦执行机关的领导监督权

俄罗斯联邦政府领导各联邦部、委和主管部门的工作，并监督它们的活动。具体表现为：（1）联邦政府为了实施其职权，可以组建自己的地方机关，并任命公职人员。（2）联邦政府划分联邦执行权力机关之间的职责，批准联邦各部条例和其他执行权力机关条例，确定各机关工作人员的最多人数及在联邦预算规定的目标资金范围内，确定机构拨款额。（3）联邦政府规定联邦执行权力机关地方机关的组建程序和活动，并在联邦预算规定的目标资金范围内，确定其所有机构的拨款额。（4）根据联邦部长和联邦政府所属机关、机构负责人的提议，联邦政府任免联邦政府联邦各部副部长、联邦政府所属联邦执行权力机关负责人及其副职及联邦各部所属的联邦执行权力机关负责人的职务。（5）联邦政府有权废止联邦执行权力机关的文件，或者暂时中止这些文件的效力。（6）联邦政府有权设立组织，成立协调和咨询机关以及其他俄罗斯联邦政府下设机关。

但是，俄联邦政府法第12条指出，"本法第32条赋予了政府对联邦各部及其他联邦执行权力机关在某些问题方面进行领导的特殊性。"俄联邦政府法第32条规定，"俄罗斯联邦总统领导联邦国防、安全、内务、司法、外交、预防紧急情况与消除自然灾害后果执行权力机关的活动，俄罗斯联邦政府根据俄罗斯联邦宪法、联邦宪法性法律、联邦法律、俄罗斯联邦总统命令和指示负责协调上述联邦执行权力机关的活动。"可见，在特定问题的处理方面，总统权相对于政府的领导监督权具有优势地位。

（四）联邦政府对联邦主体执行权力机关活动的监督权

俄罗斯联邦现行宪法第77条规定，在俄罗斯联邦的管辖范围内，在俄罗斯联邦和俄罗斯联邦主体的共同管辖对象中俄罗斯联邦一方的权限范围之内，联邦执行权力机关和俄罗斯联邦各主体的执行权力机关组成俄罗斯联邦统一的执行权体系。根据上述宪法规定，俄罗斯联邦政府可以在实施执行权领域协调各联邦主体执行权力机关的活动。

俄罗斯联邦政府在属于俄罗斯联邦管辖的问题上，属于俄罗斯联邦和联邦主体共同管辖对象中俄罗斯联邦权限内的问题上，有权监督联邦主体执行权力机关的活动。在联邦主体执行权力机关的文件与俄罗斯联邦宪法、联邦法律、俄罗斯联邦的国际义务相抵触时，或者侵犯人和公民的权利自由时，俄罗斯联邦政府有权向俄罗斯联邦总统提出中止上述联邦主体文件效力的建议。

俄罗斯联邦政府在自己的权限范围内，有权解决联邦执行权力机关和联邦主体执行权力机关之间的争议，消除它们之间的分歧。

（五）联邦政府参与联邦立法权

1. 立法提案权

俄罗斯联邦政府拥有立法提案权。它行使立法提案权的方式有两种：一是向国家杜马提交自己的法律草案，二是按照国家杜马议事规程的规定，对国家杜马正在审议的法律草案提出修正案。关于实行和取消税收、免除纳税、发行国债、改变国家财政义务的法律草案、审议联邦预算外开支的其他法律草案，只能在附有俄罗斯联邦政府结论的情况下方可提出。俄罗斯联邦政府得在收到法律草案之日起一个月的期限内，将自己的书面结论意见送达立法主体和国家杜马。在同立法提案主体达成协议的情况下，上述期限可以延长。

2. 对联邦法律和联邦法律草案提出正式意见权

俄罗斯联邦政府有权对联邦会议两院审议的联邦法律和联邦法律草案提出自己的正式意见书。联邦委员会或国家杜马在本院会议上审议联邦法律和联邦法律草案时，必须向本院议员宣读或散发俄罗斯联邦政府的正式意见书。

3. 任命联邦政府驻联邦会议两院正式代表权

为了在联邦立法活动中，维护自己在上述结论意见、修正案、正式意见书中阐述的立场，俄罗斯联邦政府任命自己驻联邦会议两院的正式代表。

（六）颁布决议和命令权

俄罗斯联邦政府"根据并为了执行俄罗斯联邦宪法、联邦法律、俄罗斯联邦总统规范性命令，颁布决议和命令，并保证其执行"。俄罗斯联邦政府具有规范性的和具有重要意义的决定，以决议形式颁布，须依据《俄罗斯联邦政府章程》规定的程序制定；就某个具体问题作出的决定，以命令形式颁布。颁布决议和命令，既是俄罗斯联邦政府的权限，又是俄罗斯联邦政府行使上述 5 种权限的手段或方式。依照俄联邦政府法第 23 条之规定，俄罗斯联邦政府文件可以被起诉到法院。

三、联邦政府的领导体制

俄罗斯联邦政府实行集体领导和个人分工负责的领导体制。❶

（一）集体领导

俄罗斯联邦政府是会议制机关。它所管辖的重大问题，都要在俄罗斯联邦政府会议和俄罗斯联邦政府主席团的会议上，集体讨论研究，并集体作出决定。所以，它实行集体领导体制。

1. 俄罗斯联邦政府会议

俄罗斯联邦政府会议，每月至少举行一次。俄罗斯联邦政府组成人员，包括联邦政府副总理和联邦部长，必须亲自参加会议。若不能亲自参加会议，必须通知俄罗斯联邦政府总理。在政府全体组成人员 2/3 以上出席时，会议有效。会议由俄罗斯联邦政府总理主持。但按照联邦宪法规定，俄罗斯联邦总统有权主持俄罗斯联邦政府会议。

联邦会议两院、俄罗斯联邦宪法法院、俄罗斯联邦最高法院、俄罗斯联邦最高仲裁法院、俄罗斯联邦总检察院、俄罗斯联邦审计院、俄罗斯联邦中央银行的代表及其他人有权按照联邦法律的规定，或者按照俄罗斯联邦政府规定的程序（通常为与俄罗斯联邦政府总理事先协商），参加俄罗斯联邦政府会议。

俄罗斯联邦政府会议公开举行。但可以召开秘密会议，审议某些议题。俄罗斯联邦政府会议的决议，由政府全体组成人员 1/2 以上多数通过。俄罗斯联邦政府通过大众新闻媒体，向公民通报其举行会议的情况。俄罗斯联邦政府准备和举行会议，都要符合俄罗斯联邦政府议事规程的规定。

2. 俄罗斯联邦政府主席团的会议

俄罗斯联邦政府主席团的会议在必要时举行。俄罗斯联邦政府主席团的决

---

❶　韩大元主编：《外国宪法》，中国人民大学出版社 2013 年版，第 157～158 页。

议，由其全体组成人员 1/2 以上多数通过。俄罗斯联邦政府主席团的决议，不得与俄罗斯联邦政府会议的决议相抵触。俄罗斯联邦政府有权废止其主席团的任何决定。

（二）个人分工负责

俄罗斯联邦政府法第四章还明确规定了俄罗斯联邦政府组成人员的权限。

1. 俄罗斯联邦政府总理的权限

俄罗斯联邦政府总理领导俄罗斯联邦政府，依据俄罗斯联邦宪法、联邦法律和俄罗斯联邦总统命令确定俄罗斯联邦政府活动的基本方针和组织政府的工作。其拥有的权限主要包括：主持俄罗斯联邦政府会议，享有表决权；签署俄罗斯联邦政府文件；向俄罗斯联邦总统提交联邦执行权力机关组成建议，俄罗斯联邦政府副总理和联邦各部部长任免建议及奖惩建议；对政府成员进行职权分工；及时向俄罗斯联邦总统报告政府工作情况。

2. 俄罗斯联邦政府副总理的权限

俄罗斯联邦政府副总理的权限主要包括：在俄罗斯联邦政府会议上享有表决权，参与制定和落实俄罗斯联邦政府的政策；根据职责分工的不同，协调联邦执行权力机关的工作，并向其发出指示。对提交给俄罗斯联邦政府的建议、决议和命令草案进行初步审议。实施联邦宪法性法律、联邦法律、俄罗斯联邦总统命令及俄罗斯联邦政府决定所规定的其他职权。

3. 联邦部长的权限

联邦部长的权限主要包括：出席俄罗斯联邦政府会议并享有表决权；参与俄罗斯联邦政府决议和命令的准备工作，并保证决议和命令的执行；拥有俄罗斯联邦立法规定的有关联邦执行权力机关负责人的职权；协调和监督联邦部所属联邦执行权力机关的活动；根据联邦部所属联邦执行权力机关负责人提名，任免这些机构副职。俄罗斯联邦政府决定属于联邦部管辖的问题，必须有联邦部部长或者联邦部长代表的参与，联邦各部部长在实施其职权时，就已列入俄罗斯联邦宪法、联邦宪法性法律和联邦法律的俄罗斯联邦总统职权问题，要向俄罗斯联邦政府和俄罗斯联邦总统进行汇报。

第五节 法　院

一、联邦司法机关体系

俄罗斯联邦司法机关体系，又称俄罗斯联邦司法体系，是指俄罗斯联邦所有法院的总和。俄罗斯联邦现行宪法第 118 条规定，俄罗斯联邦的司法体系，由俄罗斯联邦宪法和联邦宪法性法律规定。按照俄罗斯联邦现行宪法第七章和《俄罗斯联邦司法体系法》的规定，俄罗斯联邦司法体系由联邦法院和联邦主体法院两部分组成。

（一）联邦法院的组成

联邦法院由三个分支系统组成。第一个分支系统是俄罗斯联邦宪法法院，第二个分支系统是普通法院系统，第三个分支系统是仲裁法院系统。

（1）俄罗斯联邦宪法法院是俄罗斯联邦实施宪法监督的司法机关。它负责解释俄罗斯联邦宪法，并按照宪法诉讼程序独立自主地审理宪法诉讼案。

（2）俄罗斯联邦普通法院系统包括：俄罗斯联邦最高法院，共和国最高法院，边疆区、州、联邦直辖市、自治州、自治专区法院，区法院，军事法院和专门法院。俄罗斯联邦司法体系法第 26 条还规定了通过修改补充该法而设立审理民事、行政案件的联邦专门法院的可能性。俄罗斯联邦普通法院按照民事、刑事、行政诉讼程序行使审判权。

（3）俄罗斯联邦仲裁法院系统包括：俄罗斯联邦最高仲裁法院，司法管辖区联邦仲裁法院，各联邦主体仲裁法院。俄罗斯联邦仲裁法院按照审理经济争议的仲裁程序行使审判权。

（二）联邦主体法院的组成

俄罗斯联邦主体法院包括联邦主体宪法法院和治安法官。

（1）俄罗斯联邦主体为了解释本联邦主体的宪法，为了审议联邦主体法律、联邦主体国家权力机关和地方自治机关的规范性法律文件是否符合联邦主体宪法，可以建立本联邦主体的宪法法院。值得指出的是，联邦主体宪法法院和俄罗斯联邦宪法法院的管辖不同。它们之间既不存在上下级的隶属关系，也不存在监督和被监督的关系。联邦主体宪法法院不属于俄罗斯联邦宪法法院体系。

（2）为了减轻联邦法院的重负，《俄罗斯联邦司法体系法》规定，在联邦主体最基层设置治安法官。治安法官在自己的管辖范围内，作为第一审级法院审理民事、行政和刑事案件。

二、司法机关审判的基本原则

俄罗斯联邦现行宪法和俄罗斯联邦司法体系法等规定了司法机关基本的审判原则，主要表现在以下几个方面：

（一）审判专业化及法治原则

俄罗斯联邦现行宪法第 118 条确认了审判专业化及法治原则。其内容包括：审判权仅由法院行使；审判权的实施必须遵守宪法、民事、行政、刑事诉讼程序或审理经济争议的仲裁程序；俄罗斯联邦的审判系统由俄罗斯联邦宪法和司法体系法确定；禁止设立特别法庭。

（二）法官独立及法官权利保障原则

俄罗斯联邦现行宪法第 120 条规定，"法官独立，只服从俄罗斯联邦宪法和联邦法律。"任何机关和公职人员无权干预法官和陪审员的审判活动，无权对他们施加压力，也无权指示他们作出何种判决。法官作出判决，只能依据俄罗斯联邦宪法、联邦法律和遵照自己的内心信念。为充分保障法官依法行使审判权，俄联邦现行宪法第 121 条规定，法官实行终身制，法官的职权只能基于联邦法律规定的程序和理由予以剥夺或中止。现行宪法第 122 规定，法官不受侵犯，非经联邦法律规定的程序，法官不得被追究刑事责任。此外，根据宪法第 124 条之规定，对法院的财政拨款只能出自于联邦预算，它应保证（法官）根据联邦法律完全而独立地进行司法活动的可能性。

（三）审判公开原则

各级法院审理案件一律公开进行。这就是说，诉讼参与人以及其他公民都可以进入审判庭。只有在联邦法律规定的情况下，才可以非公开审理案件。即使进行非公开审理，只要联邦法律允许，公众也可以旁听。

（四）辩论及平等原则

诉讼程序根据辩论和各方当事人平等原则进行。诉讼程序的辩论原则，不仅指被告人有权获得辩护人的帮助，而且包括联邦法律赋予被告人的许多权利。例如，被告人可以就对他的起诉作出解释，可以向法院和其他诉讼参与人提出请求和抗辩，可以提出证据和参加对证据的调查，可以对侦查员、检察长和法院的行为提出申诉等。对被告人辩护权的任何限制，或者说不遵循辩论原则和各方当事人平等原则进行审判，是撤销刑事判决的根据。

（五）审判形式多样化原则

法庭采取合议制形式审理案件，为保证全面、充分、客观地审理案件，真正地保障人权和自由，创造了必要条件。俄罗斯联邦法院组织法第 10 条规定，第一审法院审理民刑事案件时，可以有陪审团参加，可以有人民陪审员参加，也可以由 3 名职业法官组成的合议庭审理。法官在法律规定的情况下可以独任审理案件。俄罗斯联邦现行刑事诉讼法典、民事诉讼法典以及仲裁诉讼法典还规定了法官可以独任审理的案件范围。同时，俄罗斯联邦现行宪法第 47 条规定，任何人都不得被剥夺其案件由法定法院和法官审理的权利。此外，俄罗斯联邦现行宪法规定，在联邦法律规定的情况下，陪审团参加诉讼程序。经过多次修改补充的俄罗斯联邦刑事诉讼法典将上述宪法原则具体化。规定，有陪审团参加的法庭审理叛国罪、恐怖活动罪、破坏活动罪、号召用暴力改变宪政制度罪等许多特别严重犯罪的案件。有陪审团参加的法庭可以在边疆区、州、联邦直辖市法院一级设立，其组成人员为若干审判员和 12 名陪审团成员。对有陪审团参加的法庭所作出的判决，可以向俄罗斯联邦最高法院提出上诉或抗诉。

三、法官

（一）法官的任职资格

依据俄罗斯宪法和《俄联邦法官地位法》，法官的任职资格为：（1）是俄联邦公民而非外国公民，且无外国经常居住权；（2）受过高等法学教育；（3）名誉没有受损或没有受到有损名誉的刑事指控；（4）没有被法院认定为无行为能力人和限制行为能力人；（5）没有在戒毒所或精神疾病防治所治疗酗酒、麻醉瘾、毒瘾、精神失常和严重精神失常的记录；（6）没有妨碍法官行使职权的疾病。

在符合上述条件的同时，《俄联邦法官地位法》对不同法院的法官任职的年龄及司法工作背景又做了具体规定。俄联邦宪法法院法官须年满 40 岁且司法从业资历不少于 15 年；俄联邦最高法院、最高仲裁法院法官须年满 35 岁且司法从业资历不少于 10 年；共和国最高法院、边疆区法院、州法院、联邦直辖市法院、自治州法院、自治专区法院、地区军事法院、联邦地区仲裁法院、仲裁上诉法院的法官须年满 30 岁且司法从业资历不少于 7 年；联邦主体仲裁法院、联邦主体宪法（宪章）法院、区法院、卫戍军事法院法官及治安法官须年满 25 岁且司法从业资历不少于 5 年。

（二）法官的选任程序

在俄罗斯，任何公民达到法定年龄，受过高等法学教育，有司法从业资历且没有妨碍担任法官职务的疾病，都有权向相应法官资格考试委员会提交考试申请。只有非法官的公民可以参加法官资格考试，考试成绩自通过考试之日起 3 年内有效，担任法官后则是在担任法官的整个期间内有效。通过了法官资格考试的公民就有权向相应法官资格鉴定委员会提出单人空缺法官职务的申请。

法官选任程序采用竞争制。（1）法院院长公布空缺职位后须在 10 天之内通知相应的法官资格鉴定委员会。（2）法官资格鉴定委员会会在收到通知后的 10 天之内在媒体上公布空缺职位，同时要指明接收申请的时间和地点以及审查申请的时间和地点。（3）经过对申请审查，如果不符合相应要求，法官资格鉴定委员会可作出不推荐其担任法官的决定；对于符合要求的，法官资格鉴定委员会作出推荐候选人担任法官职务的决定，且在决定作出后的 10 天之内将该决定送至相应法院院长。（4）如果法院院长同意法官资格鉴定委员会的推荐决定，那么须在收到决定的 20 天之内依据规定的程序提交任命被推荐人为法官的呈文；如果法院院长不赞同法官资格鉴定委员会的意见，需要说明不予同意的理由。如果法官资格鉴定委员会以 2/3 多数维持原来的决定，那么法院院长必须在收到决定后 10 天内提交任命被推荐人为法官的呈文。

联邦委员会依据总统的呈文，任命最高法院法官和最高仲裁法院法官，该呈文吸收了最高法院院长及最高仲裁法院院长的意见。最高仲裁法院院长在收到相应法院院长有关任命被推荐者担任法官的呈文后的 30 日内向总统提交呈文，总统依据最高仲裁法院院长的呈文任命联邦地区仲裁法院将法官。最高法院院长、最高仲裁法院院长收到相应法院院长有关任命被推荐者担任法官的呈文之后 30

日之内向总统送交呈文，总统依据最高法院院长、最高仲裁法院院长的呈文任命其他联邦普通法院及仲裁法院法官。最高法院院长收到相应法院院长有关任命被推荐者担任法官的呈文 30 日之内向总统递交呈文，总统依据最高法院院长的呈文任命军事法院法官。

（三）法官的任期

在俄罗斯，法官任期没有限制，除非联邦宪法性法律及《俄联邦法官地位法》有例外规定。担任法官的年龄上限为 70 岁。除了俄联邦宪法法院法官、俄联邦最高法院法官、俄联邦最高仲裁法院法官之外，联邦法院法官首次任期是 3 年，此后任期就没有限制。治安法官首次任期由相应俄联邦主体法律确定，但是不得超过 5 年；第二次或之后担任治安法官的任期由相应俄联邦主体法律确定，但是不得少于 5 年。

（四）法官行为资格的限制

为保证法官独立行使审判权，法官本身应处于超然中立的地位，为此，其某些方面的行为资格也受到相应的限制，主要表现为：法官无权担任其他国家公职、国家职务、市政公职、市政职务，法官无权成为公断人或调解人。法官无权归属于政党，无权接受政党给予的物质支持，无权参与政党的政治行动或其他政治活动。法官无权公开表达自己对政党或其他社会组织的态度。法官无权从事商业活动或通过代理人从事商业活动，法官无权从事其他营利活动，教学、科研及其他创作性活动除外，但是从事教学活动不得妨碍法官履行义务，如果相应法院院长不赞同，那么从事上述活动不能成为缺席会议的正当理由。法官无权成为案件中自然人或法人的代办者或代理人（法定代理人除外）。法官无权基于行使法官职权之外的目的使用法官进行职务活动配备的物质技术保障、财政保障、信息保障。

（五）法官权利的保障

（1）禁止任何人威胁或干预法官行使司法权。对法官行使职权进行任何干预都将依法受到追究。法官无须对已经审结或正在审理的案件作出任何说明，也无须向想了解案件的人提交材料，诉讼法有明确规定的除外。

（2）法官享有退休权。依据《俄联邦法官地位法》，法官荣誉地退职或离职被认定为法官退休。法官退休后仍然保留法官称号、保障其人身不受侵犯、保留他作为法官协会成员资格。每个法官都权依据自己的意愿退休，而不受年龄限制。法官申请退休、由于健康原因或其他正当理由长期无法履行法官职权、达到法官任职年龄的上限或有任期的法官任期届满、法院生效判决宣告法官是限制行为能力人或无行为能力人等情形都是《俄联邦法官地位法》认定退休的依据。

退职或离职法官有权获得离职金，离职金按照法官任满一年给予 1 个月现职月薪的标准发放，但最低不得少于法官 6 个月的现职月薪。退休法官有权依据一般规定获得退休金。退休法官的工作资历不少于 20 年的可以选择依据一般规定获得退休金，或者获得相当于现任相同职位法官工资80%的免税月生活费。担任法官工作资历不足20年但年龄达到55岁（女性达到50岁）的退休法官，有权按照担任法官职位年数的比例获得月生活费。担任法官工作资历超过20年，每超过1年月生活费增加1%，但是不得超过现任同样职位法官月薪的85%。

（3）法官人身不受侵犯。法官人身不受侵犯，还包括法官住所、办公室、法官使用的个人交通工具和办公用的交通工具、法官的行李、证件及其他财产、通信和其他往来方式（包括电话交谈等）不受侵犯。

（4）国家给予法官物质保障和社会保障。《俄联邦法官地位法》在法官工资的构成、享受带薪休假方面作了比较全面的规定。在俄罗斯，法官的薪水由职务工资、等级工资和工龄工资，以及相当于法官职务工资50%的不得降低的针对特殊工作条件而设立的报酬组成。拥有法学博士学位或教授职称的法官，其职务工资增加10%，获得"俄联邦功勋法律人"称号的法官，其职务工资增加10%。法官每年可带薪休假30天。工作在极端北方地区的法官甚至可以带薪休假51天。依据法官从事法律职业的年限，每年可以增加带薪休假天数，5～10年的可增加5天；10～15年的可增加10天，15年以上的可增加15天。法官的生命、健康及财产受国家保护，费用列入联邦预算。对法官的生命及健康投保数额须是15年工资总额。

第六节　宪法法院

一、宪法法院的性质

俄罗斯联邦早在苏联解体前就成立了自己的宪法法院。1991年5月6日通过的《俄罗斯苏维埃联邦社会主义共和国宪法法院法》，仅规定宪法法院的性质是专门宪法监督机关。苏联解体后，1993年12月12日通过了俄罗斯联邦现行宪法。依据俄罗斯联邦现行宪法，俄罗斯联邦总统于1994年7月21日签署批准了《俄罗斯联邦宪法法院法》，于1996年12月31日签署批准了《俄罗斯联邦司法体系法》。上述两个法律都明文规定，俄罗斯联邦宪法法院是负责宪法监督的司法机关。❶

二、宪法法院的组织

（一）宪法法院法官的产生和任期

1. 法官的任职条件

按照俄罗斯联邦宪法法院法的规定，宪法法院法官必须是品行端正，受过高

---

❶　韩大元主编：《外国宪法》（第四版），中国人民大学出版社2013年版，第167页。

等法律教育,有 15 年以上法律工作经验,在法学领域具有公认的高级专业技术职称,年龄在 40 岁以上的俄罗斯联邦公民。

2. 法官的产生

俄罗斯联邦宪法法院由 19 名法官组成。他们由联邦委员会根据俄罗斯联邦总统的提名任命。具体程序如下:联邦会议两院议员、联邦主体立法机关、各最高司法机关、联邦司法部、全俄法学会、法律科研机构和院校就宪法法院法官候选人,向俄罗斯联邦总统提出自己的建议。自获得总统关于宪法法院法官提名时起的 14 日内,联邦委员会审议法官任命议题。每个法官都单独任命,并采用无记名投票方式,获得联邦委员会全体代表 1/2 以上赞成票的候选人,被视为获得法官任命。俄罗斯联邦宪法法院在不少于全体法官的 3/4 到位的情况下就有权开展自己的工作。俄罗斯联邦宪法法院法官缺员时,俄罗斯联邦总统在宪法法院缺员之日起一个月内向联邦委员会提出接替该空缺职位的人选。

3. 法官的任期

依据 2005 年修正案的规定,俄罗斯联邦宪法法院法官任期没有限制。在任法官的最高年龄为 70 岁。俄罗斯联邦宪法法院法官的任期从其宣誓就职之时起算。其年满 70 岁当月的最后一天为该法官卸任之日。俄罗斯联邦宪法法院法官达到任期年龄后,在新法官任命之前,或在其经手的案件审理终结之前,该法官将继续履行自己的职责。

(二) 宪法法院的内部组成

1. 两院制结构

俄罗斯联邦宪法法院由分别包括十位与九位俄罗斯联邦宪法法院法官的两个院组成。根据联邦宪法法院规章的有关规定,两院的所有成员均通过抽签的方式确定。俄罗斯联邦宪法法院全体会议由所有法官参加,两院会议由各院成员参加。俄罗斯联邦宪法法院的院长与副院长不得在同一个院内任职。两院的所有成员不得连续三年在同一院内任职。各院成员轮流主持院会议的次序由院会议确定。

2. 内部领导和组织机构

俄罗斯联邦宪法法院的领导和组织机构,是宪法法院院长、副院长、秘书。他们由宪法法院法官在本院全会上以无记名投票形式逐个选举产生。获得全体法官半数以上选票者,被视为当选。每届任期三年,连选得连任。俄罗斯联邦宪法法院还规定了提前解除三位领导人的程序。例如,如果五名以上宪法法院法官认为,院长、副院长或秘书不认真履行自己的职责,或者滥用自己的权限,就可以提出提前解除其职务的建议。有关问题的决议,由宪法法院全体法官以 2/3 以上多数投票赞成通过。

3. 审理案件的事项范围

俄罗斯联邦宪法法院在本院全会和两院会议上审理案件。

俄罗斯联邦宪法法院全会有权审议本院职权范围内的任何问题。同时，俄罗斯联邦宪法法院法把最重要的问题列为全会的专有权限。全会的专有权限包括两类：一类是同宪法法院的基本职能（实施宪法监督）相关的一些问题。例如，审理共和国宪法和其他联邦主体宪章是否符合俄罗斯联邦宪法的案件；解释俄罗斯联邦宪法；提出关于对俄罗斯联邦总统犯有叛国罪或其他重罪的指控是否遵守已规定程序的结论意见；通过俄罗斯联邦宪法法院咨文；决定是否就宪法法院权限内问题提出立法提案。另一类是同宪法法院的领导、组织工作相关的一些问题。例如，选举产生宪法法院院长、副院长、秘书；决定宪法法院两院的组成人员；通过宪法法院的议事规程，并对其进行修改补充；规定在全会上审理案件的顺序，分配应由两院审理的案件；通过关于中止或终止宪法法院法官权限的决定，关于提前解除宪法法院院长、副院长和秘书职务的决定。

俄罗斯联邦宪法法院的两院会议解决属于宪法法院管辖、但不由宪法法院全会审理的案件。具体地说，两院会议审理下述三类案件：第一类是法律文件合宪性的案件。包括联邦法律文件合宪性案件；除联邦主体宪法（宪章）以外联邦主体其他法律文件合宪性的案件；联邦未生效的国际条约合宪性的案件；联邦国内条约合宪性的案件。第二类是职权纠纷案件。包括联邦各国家权力机关之间的职权纠纷案；联邦和联邦主体的国家权力机关之间的职权纠纷案；联邦主体最高国家机关之间的纠纷案。第三类是根据公民关于侵犯其宪法权利与自由的控告或者法院的询问，审理在具体案件中适用的或应当适用的法律的合宪性案件。

（三）俄宪法法院的职权

按照俄罗斯联邦宪法法院法第 3 条的规定，宪法法院拥有 7 种权限。这些权限大致可以分为下述四类：第一类是宪法诉讼案的审理权。俄罗斯联邦宪法法院作为审理宪法诉讼案的司法机关，有权审理法律文件合宪性的案件、职权纠纷案件、具体案件中所适用法律合宪性的案件、与指控弹劾总统相关的案件。第二类是宪法解释权。俄罗斯联邦宪法法院无权根据自己的动议解释宪法。它只能根据俄罗斯联邦总统、联邦委员会、国家杜马、俄罗斯联邦政府、联邦主体立法权力机关的询问，解释俄罗斯联邦宪法。俄罗斯联邦宪法法院的宪法解释，属于正式解释。一切立法、行政、司法权力机关、地方自治机关、企业、机构和组织、公职人员、公民及其联合组织都必须遵守执行。第三类是立法提案权。俄罗斯联邦宪法法院有权就其管辖内问题，向联邦会议提出立法动议。第四类是立法提案权。俄罗斯联邦宪法法院有权行使俄罗斯联邦现行宪法、联邦条约和联邦宪法性法律赋予的其他权力。例如，联邦和联邦主体国家权力机关之间签署的划分管辖对象和权限的条约所赋予的权力，它也可以行使。但是，与其性质和使命相抵触的权力除外。

三、宪法诉讼程序❶

（一）诉讼程序的参与人

俄罗斯联邦宪法法院诉讼程序的参与人包括当事人及其代表、证人、鉴定人和翻译。

（1）当事人及其代表。宪法诉讼程序中的当事人指的是向联邦宪法法院提出审理请求的机关或个人、制定或签署有违宪嫌疑的法律文件的机关或其负责人、其职权范围存在争议的国家机关。当事人代表可以是在提交给联邦宪法法院的案件审理请求书上签字的机关领导人、制定引起质疑的法律文件的国家机关领导人、参与了有关职权范围争议的机关领导人、签署了有争议法律文件的负责人、提出询问的联邦委员会或国家杜马的任何一位议员。律师或者持有证明其职务的证件和法律专业学位的学者也可以作为当事人的代表，任何一方的代表均不得超过3人。

各方及其代表有权了解案件材料，陈述自己对案件的看法，向诉讼参与人提问，提出申请，包括希望法官予以回避的申请。一方当事人可以对审理请求提出应纳入案件材料之列的书面意见，也可以了解对方的意见。同时，当事人各方或他们的代表有义务接受联邦宪法法院的传讯参加会议，解释并回答问题，除有一方请求案件审理应在其到场时进行并说明了自己不能出席会议的正当理由外，当事人双方或其代表不出席联邦宪法法院的会议并不妨碍进行案件的审理。

（2）证人。为了明确法律事实，宪法法院可以要求掌握有关情况和材料的人作为证人提供证词，证人在提供证词前要宣誓并被告知为提供虚假证词负责。证人必须向联邦宪法法院报告其了解的所有涉及被审理案件的重要情节，并回答联邦宪法法院法官和当事人各方提出的补充问题。

（3）鉴定人。具有被审理案件所涉及的专业知识的人可以作为鉴定人被准许参加联邦宪法法院会议。鉴定人发言之前要进行宣誓并被告知为故意提供虚假鉴定结论承担法律责任。经宪法法院同意，鉴定人有权了解案件材料，向当事人各方和证人提问，并可请示提供补充材料。作出结论后，鉴定人有责任回答联邦宪法法院法官提出的补充问题。

（4）翻译。当事人各方使用非俄语的语言参加诉讼时，翻译要协助其进行诉讼，当事人各方所提供的资料用非俄语的语言表述时，翻译要负责将其译成俄文资料。

---

❶ 本部分内容主要参考2005年《俄罗斯联邦宪法法院法》第七章第40～70条的相关规定，相关法律术语的界定以该法的中译本为主。

（二）宪法诉讼程序的基本阶段

1. 对案件审理请求的预审

首先，提交联邦宪法法院的请求书必须进行登记。向俄罗斯联邦宪法法院提出的案件审理请求需以书面形式寄送，并且要有负责人（或几位负责人）的签字，联邦宪法法院秘书处对请求书进行审查。如果请求审理的案件内容明显不属于联邦宪法法院的职权范围，联邦宪法法院秘书处可以将该请求书发往有权解决这一问题的国家机关或组织。如果请求书的格式不符合法律要求、请求者没有缴纳诉讼费或者请求主体不适格，秘书处须向请求人发出其请求书不合法的通知，请求者只有在修正请求书后或者缴纳诉讼费用后才有权再次向宪法法院提出审理请求。

其次，宪法法院法官须对审理请求书进行预先审查。俄罗斯联邦宪法法院院长根据联邦宪法法院规定的程序委托一名或者几名法官，在请求书登记后两个月内，对该请求书进行预先审议，宪法法院法官对请求书预先审议所作的结论要向联邦宪法法院全体会议报告。

最后，宪法法院全体会议作出是否受理审理请求的决定，在法官（几位法官）对请求书进行预审后 1 个月内，联邦宪法法院全体会议对审理请求的受理问题作出决定，联邦宪法法院通过的决定通知当事人各方。

在以下情况下联邦宪法法院拒绝受理案件审理请求：（1）请求书提出的问题不属于联邦宪法法院的职权范围；（2）案件审理的申请书不符合宪法法院法的要求；（3）联邦宪法法院对案件审理请求书中提出的具体问题曾作出至今仍有效的决定。

2. 案件审理准备阶段

首先，宪法法院在接受案件审理请求后 1 个月内，全体会议通过有关分配需要在联邦宪法法院全体会议或者两院会议上审理的案件的决定，决定中应指明案件审理的次序。在没有法律的特殊规定下，宪法法院全体会议和两院会议使用统一程序对案件进行审理。如果出现同类性质的案件审理请求，宪法法院可以将其合并到一个诉讼程序中进行审理。

其次，宪法法院指定一名或者几名法官为报告人，他们的主要任务是负责案件审理的准备，起草联邦宪法法院决定草案并在会议上对材料进行说明。在对请求书进行预先审议和准备案件审理时，法官报告人根据联邦宪法法院的职权负责索取必要的文件和其他材料，制定进行审查、鉴定与检验的诉讼程序，采纳专家的意见以及发放征询信。法官报告人和院长共同确定需要被邀请或者传讯到会的人名单，发布有关通知开会地点和时间，以及向诉讼程序参加人寄送必要材料的命令。

最后，俄罗斯联邦宪法法院会议的通知，审理申请书及对申请书回复的复印件，被审议法令的复印件，以及其他必要文件，应在宪法会议开始前 10 天内分发给各法官和诉讼参与人。对审理请求的回复信应该保证在会议开始前两周内送达申请人手中。有关宪法法院会议的公告应张贴在公众容易看到的地方，或利用大众媒介进行宣传。

3. 案件审理阶段

（1）出席者已到达会议规定的法定人数被确认后，会议执行院长在指定的时间内宣布联邦宪法法院会议开始，并报告要审理的案件内容。会议执行院长对诉讼参与人的到会情况和当事人各方代表的职务的合法性进行审查。当发现有诉讼参与人缺席或某一方代表的职务缺乏合法性时，会议执行院长可以建议对此案不予审理。如果联邦宪法法院认定此案不能审理，则表明该案件已被拒绝审理。

（2）法官报告人宣读案件审理的理由和根据，案件的性质，有关材料的内容，以及在准备案件审理时采取的措施。联邦宪法法院的其他法官可以向法官报告人提问。法官报告人发言后，联邦宪法法院要听取当事人各方的建议并通过有关案件审理程序的决定。由联邦宪法法院决定的案件审理程序只有联邦宪法法院才能进行修改。在案件审理过程中，联邦宪法法院对法官根据案件审理程序提出的建议应立即进行研究。

（3）听取诉讼参与方的解释、鉴定结论和证人证词。根据联邦宪法法院决定规定的程序，会议执行院长建议当事人各方说明被审理案件的具体情况，提出证实自己立场的法律依据。当某一方的立场分别由它的几位代表进行阐述时，其发言的长短与内容由该方掌握。当事人各方及其代表无权利用在联邦宪法法院会议上发言的机会发表政治声明和宣言，不得肆意发表针对国家机关、社会联合体、诉讼参与人、负责人以及公民的侮辱性言论。联邦宪法法院要充分听取当事人各方的申诉。某一方当事人申诉后，联邦宪法法院法官和另一方当事人可以向他提问，鉴定人取得联邦宪法法院的允许也可以提问。法官听取诉讼参与方解释后，即听取鉴定人的结论意见和证人的证词，同样，他们发言完毕后，法官和诉讼参与方也可向其提问。

（4）法庭调查结束时，当事人各方作最后陈述。根据各方的请求，联邦宪法法院可以提供准备最后陈述的时间。当事人各方在自己的最后陈述中无权引证未被联邦宪法法院审查的证明文件和有关事实。在当事人进行最后陈述后，如果联邦宪法法院认为有必要查清那些对了结本案有重要意义的补充事实，或对一些新的证据进行审查，则联邦宪法法院可以通过对某些问题进行补充审理的决定。补充审理结束后，当事人有权再次进行最后陈述，但是陈述的内容仅限于有关的新材料和新证据。

（5）案件审理的结束。当联邦宪法法院确认已完成对案件有关问题的审理后，会议执行院长宣布对该案件的审理结束。对被审理案件的结论性决定在联邦宪法法院非公开会议上通过。出席会议的只能是参与该案件审理的联邦宪法法院法官。从事会议记录和保障会议正常举行的联邦宪法法院机关的工作人员也可以进入会议室。在会议过程中，俄罗斯联邦宪法法院法官有权自由阐述对所审议问题的观点，并有权请求其他法官更明确地表达他们的看法。对会议发言的人数与发言的时间不得予以限制。予以表决的问题和表决的结果写进会议记录。会议记录要由所有出席会议的法官签字并予以封存。法官和其他出席非公开会议的人不得泄露会议辩论的内容和表决的结果。

五、宪法法院的决定❶

（一）决定种类

联邦宪法法院全体会议和两院会议通过的决定，统称为联邦宪法法院决定。宪法法院的决定共有三种类型：其一，决议。宪法法院对宪法法院法第3条第1款第1、2、3、4项列举的任何一个问题所作的结论性决定，就其性质而言，应成为决议。各项决议均以俄罗斯联邦的名义发布。其二，结论。对指控俄罗斯联邦总统犯有判国等严重犯罪的合乎程序问题提出质疑所作出的总结性决定，就其性质而言，应称为结论。其三，裁决。俄罗斯联邦宪法法院在实现宪法诉讼程序过程中通过的所有其他决定可称为裁决。

（二）决定的要求

1. 联邦宪法法院的决定应以联邦宪法法院审定的材料为基础。

2. 联邦宪法法院对案件所作的决定不仅包括对被审议法律文件的字面意义进行评价，同时还包括从该法律文件所处的法律体系地位出发，对该法律文件被官方或以其他形式，以及在实际适用时所赋予的新的解释进行评价。

3. 联邦宪法法院发布的决议和结论只针对案件审理请求中指出的那部分内容，或仅限于对某机关的法律文件或职权范围是否符合宪法提出异议的那些问题。联邦宪法法院在通过决定时，不应受请求书中提出的理由和依据的限制。

4. 联邦宪法法院的决议和结论要以单行文件的形式进行编写，并在文件中写明通过的理由。

（三）决定的通过

联邦宪法法院的决定以公开的表示方式予以通过。通过时逐一征询法官的意见，法官在表决时不得投弃权票或回避表决。在任何情况下，会议执行院长都将最后一个表决。除另有规定外，获半数以上参加表决的法官批准的联邦宪法法院决定即可认为已被通过。在通过有关法律文件、国家权力机关之间的协议及尚未生效的俄罗斯联邦国际条约是否符合宪法的决定时，如果表决结果同意和反对各

---

❶　本部分内容主要参考2005年《俄罗斯联邦宪法法院法》第八章第71~76条的相关规定，相关法律术语的界定以该法的中译本为主。

半，则表示通过了被认为被审理的条款不违反宪法的决定。有关职权范围争议的决定，只能在获得多数同意时才可通过。有关解释俄罗斯联邦宪法的决定必须在不少于总数2/3的法官表示同意后才能被通过。

不赞同联邦宪法法院决定的法官有权阐述自己的不同意见。联邦宪法法院法官的不同意见应纳入案件材料并同联邦宪法法院决定一起刊登在《俄罗斯联邦宪法法院公报》上予以公布。

联邦宪法法院法官对联邦宪法法院根据被审理问题的性质所通过的决议和所作出的结论表示赞同，但是对其他问题或有关通过决定的论据持反对意见，且在法官中为少数，则该法官有权以书面形式说明自己与大多数法官所持的不同意见。在这种情况下，该法官提出的书面反对意见可以纳入案件材料并应刊登在《俄罗斯联邦宪法法院公报》上。

第七节　人和公民的权利与自由

一、现行宪法中人和公民权利与自由的特点

（一）彰显人权保护的最高价值

俄联邦现行宪法第2条明确宣布，"人、人的权利与自由是最高价值，承认、遵循和捍卫人与公民的权利和自由是国家的义务。"这就将人、人的权利与自由的最高价值视为宪法的核心要素，通过规定国家的人权保护义务进一步理顺了俄联邦时期人和国家的关系定位，从而确立了俄联邦现行宪法上的人权原则。

为进一步体现人权价值优先的法律地位，在宪法结构上，俄联邦现行宪法以专章的形式规定了《人和公民的权利与自由》，而不是像1978年俄罗斯联邦宪法那样将其规定在第二编《国家和个人》之下的章节；此外，现行宪法将《人和公民的权利与自由》列为第一编第二章，仅次于《宪政制度的原则》，位列各国家机关之前，突出了人权在宪法上的重要性。

（二）权利和自由的主体范围进一步扩大

1978年俄联邦宪法规定了公民的权利和自由，权利和自由的主体为公民，俄联邦现行宪法规定了人和公民的权利与自由，将权利和自由的主体明确界定为人和公民，享有人权的主体范围由"公民"扩大至"人和公民"，反映了俄联邦现行宪法中人权观念的开放性和进步性，人权不同于公民权利，有俄罗斯学者指出，"人权是具有起源性的权利，所有人从出生时就拥有，不取决于其是否为居住国家的公民。公民权利则限于当某人是某一国家公民时所拥有的权利，这样，某一国家的公民既享有具有人权特征的那些权利，也享有国家所承认的那些公民

权利"。❶ 这意味着外国人的权利和自由也得到了俄联邦现行宪法的承认和保障，俄联邦现行宪法第 63 条第 3 款规定，外国公民和无国籍人士在俄罗斯联邦同俄罗斯联邦公民平等地享有权利和承担义务。联邦法律或俄罗斯联邦国际条约另有规定的情况除外。

（三）以古典自然法人权理论为立宪基础

当代俄罗斯权利观已经在形式上放弃了马克思主义理论，转而以古典自然法的权利理论作为其发展与实施的基础。俄联邦现行宪法第 17 条第 1 款宣布，"依据公认的国际法原则和准则并按照宪法，俄罗斯联邦承认保障人和公民的权利与自由"，第 2 款指明，"人的基本权利与自由不可被剥夺并且每个人生来就具有。"从这些规定可以看出，俄罗斯联邦现行宪法接受了联合国宪章所确立的原则，该宪法更侧重于从国际人权角度出发对人和公民的权利与自由进行明确与保护。❷

（四）权利和自由的实现获得全面的保障

为了充分捍卫和保障宪法上规定的人和公民的权利与自由，俄罗斯联邦现行宪法规定了多方面的保障机制。一是宣示了国家保障人权的义务，"承认、遵循和捍卫人与公民的权利和自由是国家的义务"，这也是国家机关体系运行的基本原则和价值追求。二是总统保障人权机制，依据俄联邦现行宪法第 82 条第 1 款之规定，联邦总统就职时要向人民宣读誓词，宣誓的内容中首要强调的便是"尊重和维护人和公民的权利与自由"，总统通过自身的地位和影响保障国家机关对人权原则的维护。此外，俄罗斯联邦还设立了总统驻联邦主体的全权代表制度，用以监督联邦主体维护人和公民权利和自由的情况。三是立法机关保障人权机制，俄罗斯联邦会议通过制定联邦法律的形式，具体落实宪法上规定的人和公民的权利与自由。为此，俄罗斯陆续制定了《最低生活标准法》《最低劳动工资法》《执行低收入补助金法》《俄罗斯联邦社会服务基础法》《劳动保护法》《对侵犯公民的权利和自由的行为和决定向法院提起控告法》等。❸ 四是执行机关保障人权机制，依据俄联邦现行宪法第 114 条之规定，俄罗斯政府的重要职责之一就是采取措施以保障人和公民的权利与自由。同时，为了规范俄罗斯政府的行为以防止其侵犯人和公民的权利与自由，俄罗斯还通过了《俄罗斯联邦行政违法法典》，更加突出对人和公民的权利与合法利益的维护和保障。五是司法机关保障人权机制，各司法机关通过行使审判权为人和公民的权利与自由提供最终的司法

❶　胡锦光主编：《外国宪法》，法律出版社 2011 年版，第 325 页。

❷　杨昌宇："俄罗斯公民宪法权利的文本演变"，载《北方法学》2010 年第 3 期。

❸　哈书菊："试析俄罗斯公民的请愿制度"，转引自黄道秀主编：《俄罗斯法研究》（第一辑），中国政法大学出版社 2013 年版，第 51 页。

保障。特别是俄罗斯联邦宪法法院，它有权根据侵犯公民宪法权利与自由的控告，根据法院的询问，依照联邦法律规定的程序审查在具体案件中适用的或应当适用的法律的合宪性。可以说，宪法诉讼是保障人权和公民宪法权利最有效的方式。❶

二、人和公民权利与自由的主要内容

依据俄联邦现行宪法的规定，可以把人和公民权利与自由的内容分为五个部分：个人权利与自由、公民的政治权利与自由，社会经济权利与自由、特定人的权利与自由、捍卫权利和自由的权利，现择要予以介绍。

（一）个人权利与自由

1. 平等权

俄联邦现行宪法第 19 条详细规定了平等权，其基本含义如下：（1）在法律和法庭面前人人平等。（2）国家保障人和公民的权利与自由平等，不论性别、种族、民族、语言、出身、财产状况和职务状况、居住地点、宗教态度、信仰、对社会团体的归属关系及其他情况。禁止因社会、种族、民族、语言或宗教属性而对公民权利作出任何限制。（3）男女拥有同等的权利和自由并拥有实现权利和自由的同等条件。

2. 生命权

俄联邦现行宪法首次确认了生命权，依据宪法第 20 条之规定，"每个人均有生命权。在死刑废除之前，死刑由联邦法律规定为对危及生命的特别严重罪行的特殊惩罚措施。但是，得赋予被告由有陪审团参加的法庭审理其案件的权利"。该条除了宣告生命权之外，主要对死刑的适用作了相应的限制：一是死刑须由联邦法律规定；二是死刑适用于危及生命的特别严重罪行；三是赋予死刑被告选择陪审团参与审判的诉讼权利。

3. 尊严权

俄联邦现行宪法第 121 条规定，"人的尊严受国家保护。任何事项均不得成为诋毁人格的理由。任何人不应遭受刑讯、暴行、其他残酷的或有损人格的对待或处罚。任何人未经自愿同意不得经受医学、科学或其他实验"。

4. 人身自由权

人身自由权是其他权利自由的基础和先决条件，离开人身自由，其他权利和自由无从谈起，俄联邦现行宪法第 22 条规定，"每个人都有自由和人身不受侵犯的权利。只有根据法院的决定才允许逮捕、关押和监禁。在法院作出决定之前不得将人关押 48 小时以上。"

---

❶ 赵晓毅："俄罗斯宪法上的人权保障机制"，载《法制日报》2013 年 5 月 8 日，第 10 版。

5. 隐私权

俄联邦现行宪法规定，每个人都有私生活、个人和家庭秘密不受侵犯、维护其荣誉和良好声誉的权利。每个人都有通信、电话交谈、邮政及电报和其他交际秘密的权利。只有根据法庭决定才可限制这一权利。未经本人同意不得搜集、保存、利用和扩散有关其私生活材料。

6. 自由迁徙权

俄联邦现行宪法第 27 条规定，"每个合法居住在俄罗斯联邦境内的人均有自由迁徙、选择逗留和居住地点的权利。每个人都可以从俄罗斯联邦自由出境。俄罗斯联邦公民有不受阻挠地返回俄罗斯联邦的权利。"

7. 宗教信仰自由权

俄联邦现行宪法第 28 条规定，"保障每个人的信仰自由、信教自由，包括单独地或与他人一道信仰任何宗教或者不信仰任何宗教、自由选择、拥有和传播宗教的或其他的信念和根据这些信念进行活动的权利"。需要明确的是，俄联邦现行宪法将信仰自由和信教自由进行了相应的区分，前者还包括了政治信仰的自由，这不同于苏俄宪法和苏联宪法将信仰自由局限为宗教信仰的规定。❶

除此之外，个人的权利和自由还包括"知情权"（宪法第 24 条）、"住宅不受侵犯权"（宪法第 25 条）、"自由决定民族属性权"（宪法第 26 条）、"语言选择权"（宪法第 26 条）等权利。

（二）公民的政治权利和自由

1. 思想及言论自由权

思想及言论自由权是公民基本的政治权利和自由，是公民在文明民主社会的表达理性意见的保证，俄联邦现行宪法第 29 条规定了思想及言论自由权，基本含义主要包括：一是宣告宪法保障每个人的思想和言论自由；二是规定任何人不得被迫表达自己的意见和信念或予以放弃；三是明确宪法保障舆论自由，禁止新闻检查；四是指明每个人都有利用任何合法方式搜集、获取、转交、生产和传播信息的权利。构成国家秘密的信息清单由联邦法律规定。同时，宪法界定了思想及言论自由权行使的界限，即不许进行激起社会、种族、民族或宗教仇视与敌意的宣传或鼓动，禁止宣传社会、种族、民族、宗教或语言的优越论。

2. 结社、集会、游行、示威权

俄联邦现行宪法第 30 条规定，"每个人都有结社权，包括成立工会以保护其利益的权利。保障社会团体的活动自由。任何人不得被迫加入任何团体或者留在团体中。"宪法第 31 条规定，"俄罗斯联邦公民有和平集会、不携带武器、举行会议、集会示威、游行和庆祝的自由。"

---

❶　韩亚光：《俄罗斯宪法研究》，知识产权出版社 2012 年版，第 184 页。

3. 参政权

参政权具体规定在俄联邦现行宪法第 31 条，其基本内容包括：第一，俄罗斯联邦公民有直接或通过自己的代表参加管理国家事务的权利。第二，俄罗斯联邦公民有选举或被选入国家权力机关和地方自治机关及参加公决的权利，亦即公民的选举权和被选举权及参加全民公决权，其中，公决权是公民以秘密投票的方式直接参加国家政治事务管理的权利，2004 年通过的《俄罗斯联邦全民公决法》专门就全民公决的原则、内容、程序等问题作了详细的规定；此外，宪法规定，法院确认为无行为能力的及根据法院判决关押在剥夺自由地点的公民没有选举权和被选举权。第三，俄罗斯联邦公民有进入国家机关的平等机遇。第四，俄罗斯联邦公民有参与履行司法职能的权利。

4. 请愿权

所谓请愿权，是指"人们对于国家政治设施或其本身权益，向民意机关或行政机关陈述其愿望或者意见，希求国家机关作为或者不作为之权利"。❶ 俄联邦现行宪法第 33 条规定，"俄罗斯联邦公民有亲自诉诸于国家机关和地方自治机关，以及向这些机关发出个人的和集体的呼吁的权利。"这在宪法规范层面上规定了公民的请愿权，2006 年出台的《俄罗斯联邦审理公民请愿的规则》从制度层面上具体体现了请愿权作为维护和保障公民其他基本权利的程序性救济权利的属性。此外，请愿权还具有监督公权力的属性，主要通过行使建议权、声明权对国家机关、地方自治机关和公职人员的工作的完善提出建设意见及对工作的不足提出批评意见。

（三）社会经济权利和自由

1. 经济活动权

俄联邦现行宪法第 34 条规定，每个人都有利用自己的能力和财产从事经营活动和法律未禁止的其他经济活动的权利。不允许进行旨在垄断和不正当竞争的经济活动。

2. 私有财产权

俄联邦现行宪法第 35 条规定，私有财产权受法律保护。每个人都有权拥有为其所有的财产，有权单独地或与他人共同占有、使用和处分其财产。任何人均不得被剥夺其财产，除非根据法院决定。为了国家需要强行没收财产只能在预先作出等价补偿的情况下进行。宪法第 36 条还肯定了公民对土地的所有权利，即公民有权拥有作为私有财产的土地。土地和其他自然资源的占有、使用和处分由其所有者自由地予以实现，除非其对环境造成损害、侵犯他人的权利和合法利益。

---

❶　法治斌、董保城：《宪法新论》，元照出版公司 2004 年版，第 266 页。

3. 劳动权及休息权

俄联邦现行宪法第 37 条规定了公民的劳动权及休息权，其含义主要包括：第一，劳动自由。每个人都有自由支配其劳动能力、选择活动种类和职业的权利。第二，禁止强制劳动。每个人都有在符合安全和卫生要求的条件下从事劳动、获得不带任何歧视的和不低于联邦法律所规定的最低劳动报酬额度的劳动报酬的权利，以及免于失业的权利。第三，承认利用联邦法律所规定的方式加以解决的个人或集体的劳动争议权，包括罢工权。第四，每个人都有休息权。保障根据劳动合同而工作的人享受联邦法律所规定的工作日长度、休息日和假日、带薪年假。使用土地的条件和程序根据联邦法律加以规定。

4. 住宅权

俄联邦现行宪法第 40 条规定，每个人都有获得住宅的权利。任何人不得被任意剥夺住宅。国家权力机关和地方自治机关鼓励住宅建设，为实现住宅权创造条件。向贫困者或法律指明的其他需要住房的公民无偿提供住宅，或者根据法律所规定的条例由国家的、市政的和其他的住宅基金廉价支付。

此外，社会经济权利和自由还包括"社会保障权"（宪法第 39 条）、"医疗帮助权"（宪法第 41 条）、"获得良好环境权"（宪法第 42 条）、"受教育权"（宪法第 43 条），"从事文学、艺术、科学技术创造和教学活动的自由"（宪法第 44 条）等等。

（四）特定人的权利自由

1. 被控犯罪者的权利

俄联邦现行宪法第 47 条规定，任何人都不得被剥夺在法律规定有管辖权的法院里，由法律规定有管辖权的审判员审理其案件的权利。被控告实施犯罪行为的人，在联邦法律规定的情况下，有权要求有陪审团参加的法庭审理其案件。宪法第 48 条规定，每个被控告实施犯罪行为并被拘留、羁押的人，自被拘留、羁押或被控告时起，有获得辩护人帮助的权利。宪法第 49 条规定，每个被控犯罪者在其罪名未经联邦法律规定的程序以证实和已经生效的法院判决所确认之前均为无罪。被告没有证明自己无罪的义务。无法排除的有罪的怀疑应作出有利于被告的解释。

2. 被判刑者的权利

俄联邦现行宪法第 50 条规定，任何人不得因同一起犯罪而再次被判刑。每个被判刑的人有要求上级审法院按照联邦法律规定的程序进行复审的权利以及请求赦免或减轻处罚的权利。

3. 受害者的权利

俄联邦现行宪法第 52 条规定，犯罪行为和滥用职权的受害者的权利受法律保护。国家保障其能诉诸法院，并保障所受到的损害得到赔偿。

特定人的权利和自由还包括"母亲、儿童和家庭受国家保护的权利"（宪法第 38 条）、"境外俄罗斯公民的权利"（宪法第 61 条）、"外国公民和无国籍人士的政治避难权"（宪法第 63 条）等。

（五）捍卫权利和自由的权利

1. 捍卫权利自由权

俄联邦现行宪法第 45 条规定，在俄罗斯联邦，国家保护人和公民的权利与自由。每个人都有权以法律未予禁止的一切方式维护其权利和自由。

2. 拒绝作证权

俄联邦现行宪法第 51 条规定，任何人都没有义务对自己、自己的配偶和近亲属作证，近亲属的范围由联邦法律规定。免除提供证据的义务的其他情况由联邦法律规定。

3. 司法救济权

俄联邦现行宪法第 52 条规定，宪法保障对每个人的权利和自由提供司法保护，对国家权力机关、地方自治机关、社会团体和公职人员的决定和行为（或不作为），可以向法院投诉。每个人都有权根据俄罗斯联邦的国际条约诉诸于维护人权与自由的国际组织，如果现有受法律保护的所有国内手段都已用尽的话。

4. 请求赔偿权

俄联邦现行宪法第 53 条规定，每个人都有权要求国家对国家机关或其公职人员非法行为（或不作为）而造成的损害予以赔偿。

思考题

1. 简述俄罗斯联邦现行宪法的主要特征，并比较 1906 年宪法与 1993 年宪法的异同。

2. 论述俄罗斯总统制和美国总统制、法国总统制的区别。

3. 论述俄联邦政府总理与俄联邦总统的关系。

4. 简述俄罗斯联邦议员活动的宪法保障，并论述对我国人大代表行使权力的启示意义。

5. 论述国家杜马与俄罗斯联邦总统的关系。

6. 论述中俄两国在法官权利保障制度上的异同。

7. 简述俄联邦宪法法院的职权范围。

8. 简述俄联邦人和公民权利与自由的特点。

参考文献

一、著作

[1] 何勤华. 英国法律发达史 [M]. 北京：法律出版社，1999.

[2] 沈权，刘新成. 英国议会政治史 [M]. 南京：南京大学出版社，1991.

[3] 蒋劲松. 议会之母 [M]. 北京：中国民主法制出版社，1998.

[4] 王名扬. 英国行政法 [M]. 北京：中国政法大学出版社，1987.

[5] 阎照祥. 英国政治制度史 [M]. 北京：人民出版社，1999.

[6] 龚祥瑞. 比较宪法与行政法 [M]. 北京：法律出版社，1985.

[7] 龚祥瑞. 英国行政机构和文官制度 [M]. 北京：人民出版社，1983.

[8] 王名扬. 英国行政法 [M]. 北京：北京大学出版社，2007.

[9] 李剑鸣. 美国通史（第 I 卷）[M]. 北京：人民出版社，2002.

[10] 李道揆. 美国政府和美国政治 [M]. 北京：商务印书馆，1999.

[11] 李昌道. 美国宪法史稿 [M]. 北京：法律出版社，1986.

[12] 张千帆. 西方宪政体系（上册美国宪法）[M]. 北京：中国政法大学出版社，2000.

[13] 张千帆. 西方宪政体系（下册欧洲宪法）[M]. 北京：中国政法大学出版社，2001.

[14] 王希. 原则和妥协——美国宪法的精神与实践 [M]. 北京：北京大学出版社，2005.

[15] 王名扬. 美国行政法 [M]. 北京：中国法制出版社，2005.

[16] 谭君久. 当代各国政治体制——美国 [M]. 兰州：兰州大学出版社，1998.

[17] 洪波. 法国政治制度变迁——从大革命到第五共和国 [M]. 北京：中国社会科学出版社，1993.

[18] 王名扬. 法国行政法 [M]. 北京：中国政法大学出版社，1988.

[19] 郭华榕. 法国政治制度史 [M]. 北京：人民出版社，2005.

[20] 陈新民. 德国公法学基础理论（上册）[M]. 济南：山东人民出版社，2001.

[21] 陈新民. 德国公法学基础理论（下册）[M]. 济南：山东人民出版社，2001.

［22］何勤华．德国法律发达史［M］．北京：法律出版社，2000．

［23］刘向文，宋雅芳．俄罗斯联邦宪政制度［M］．北京：法律出版社，1999．

［24］韩亚光．俄罗斯宪法研究［M］．北京：知识产权出版社，2012．

［25］黄道秀．俄罗斯法研究（第一辑）［M］．北京：中国政法大学出版社，2013．

［26］许崇德．宪法学（外国部分）［M］．北京：高等教育出版社，1996．

［27］韩大元．外国宪法（第四版）［M］．北京：中国人民大学出版社，2013．

［28］胡锦光．外国宪法［M］．北京：法律出版社，2011．

［29］祝捷．外国宪法［M］．武汉：武汉大学出版社，2010．

［30］沈宗灵．比较宪法——八国宪法比较研究［M］．北京：北京大学出版社，2002．

［31］吴大英，沈蕴芳．西方国家政府制度比较研究［M］．北京：社会科学文献出版社，1995．

［32］赵宝云．西方五国宪法通论［M］．北京：中国人民公安大学出版社，1994．

［33］何勤华，张海斌．西方宪法史［M］．北京：北京大学出版社，2006．

［34］姜士林．世界宪法全书［M］．青岛：青岛出版社，1997．

［35］［英］洛克．政府论（下）［M］．叶启芳，译．北京：商务出版社，1964．

［36］［英］戴雪．英宪精义［M］．雷宾南，译．北京：中国政法大学出版社，2001．

［37］［英］约翰·高兰．英国政治制度［M］．希铭，译．北京：世界知识出版社，1956．

［38］［英］麦基文．宪政古今［M］．翟小波，译．贵阳：贵州人民出版社，2004．

［39］［美］汉密尔顿，杰伊，麦迪逊．联邦党人文集［M］．程逢如，在汉，舒逊．译．北京：商务印书馆，2004．

［40］［美］戈德温·史密斯．英国宪法和法律史（英文版）［M］．纽约：多塞特出版社，1990．

［41］［德］康拉德·黑塞．联邦德国宪法纲要［M］．李辉，译．北京：商务印书馆，2007．

［42］［德］克劳斯·施莱希，斯特凡·科里奥特．联邦德国宪法法院：地位、程序和裁判［M］．李飞，译．北京：法律出版社，2007．

［43］［日］芦部信喜．宪法（第三版）［M］．林来梵，译．北京：北京大学出版社，2006.

［44］［俄］普京．普京文集［M］．北京：中国社会科学出版社，2002.

［45］［俄］Ю. И. 斯库拉托夫．俄罗斯宪法在现阶段的发展．转引自黄道秀．俄罗斯法研究（第一辑）［M］．北京：中国政法大学出版社，2013.

二、论文

［46］程汉大．"大宪章"与英国宪法的起源［J］．南京大学法律评论，2002（秋）．

［47］黎传综．英国内阁的由来及首相的产生［J］．世界历史，1982（2）．

［48］江国华，朱道坤．世纪之交的英国司法改革研究［J］．东方法学，2010（2）．

［49］汪再祥．英国宪政的历史性转折——英国"2004 年宪法性改革法案"述评［J］．法商研究，2005（3）．

［50］李树忠．1998 年"人权法案"及其对英国宪法的影响［J］．比较法研究，2004（4）．

［51］杨宇冠．国际人权法在英国的实施和欧洲人权法院［J］．人权，2006（6）.

［52］尤雪云．英国"1998 年人权法"［J］．人权，2002（3）.

［53］宋长军．关于日本宪法修改的几个问题［J］．外国法译评，1996（4）.

［54］孙伶伶．修宪预示日本未来政治走向［J］．日本学刊，2005（3）.

［55］刘金源．日本天皇制保留原因初探［J］．日本研究，1995（4）.

［56］张允起．日本宪法诉讼的理论、技术及其问题［J］．比较法研究，2007（5）.

［57］董晓阳．俄罗斯宪法制度的演变与时代特征［J］．俄罗斯中亚东欧研究，2003（1）.

［58］韩冰．俄罗斯宪法历史发展进程研究［J］．黑龙江省政法管理干部学院学报，2012（2）.

［59］杨昌宇．俄罗斯公民宪法权利的文本转变［J］．北方法学，2010（3）.

［60］张晓瑜．俄罗斯联邦审计院在国家反腐败体系中的作用及其主要举措［J］．国外审计观察，2013（1）.

后　记

　　自讲授外国宪法课程以来，我们就有编写一本适合本科生使用的《外国宪法》教材的设想。由于《外国宪法》作为选修课，其课时十分有限，在有限的36课时内，要全面讲授世界上众多国家的宪法是一件不可能完成的任务，即使走马观花地介绍，其效果也未必如人所愿。根据多年的教学经验，我们一般向本科生讲授英国、美国、法国、德国、日本和俄罗斯六个国家的宪法。我们选取这六个国家的宪法，一是因为六个国家的宪法是不同历史时期宪法的最典型代表，能反映近现代宪法产生和发展的概况；二是六个国家的宪法内容蕴含的宪法基本原理、基本精神、基本原则和基本规范，值得借鉴；三是六个国家的宪法所反映的宪法文化既有其本国特色，又有很强的辐射效应，对世界其他国家宪法的产生和发展有广泛而深远的影响。

　　本书各章大致按照宪法的历史发展、宪法的基本原则、国家权力架构和公民基本权利的内容结构，对该国宪法进行介绍和分析，以便学生清晰了解和掌握不同国家宪法的产生发展历程，各国宪法的基本制度和基本内容，也便于学生对外国宪法的基本精神和基本原则有一个总体上的把握。

　　全书写作分工是：孙大雄主编，负责大纲拟定和全书统筹，并编写第二章美国宪法，第三章法国宪法，第四章德国宪法，第五章日本宪法；吕红波编写第一章英国宪法；王岩编写第六章俄罗斯宪法。全书由主编统改定稿。

　　本书在编写过程中参考了相关外国宪法的著作、教材和论文。

　　由于作者水平有限，书中错讹之处恐难避免，敬请各位读者批评指正。

孙大雄

2014 年 8 月 17 日